아름다운 수식문서 작성 프로그램 [I] 기초편

LATEX

심송용 · 강희모 지음

KYOWOOSA
教友社

예제파일

머리말

TEX은 Donald Knuth가 만든 고급 문서 작성기이다. 처음 발표할 때 그리스 문자인 $\tau\epsilon\chi$으로 이름을 지었기 때문에 "텍"으로 발음하는 것이 관례이다. TEX은 컴퓨터 랭귀지와 같은 구조로 랭귀지에 익숙지 않은 사용자에게는 사용하기가 불편하였는데 Leslie Lamport가 TEX의 매크로 패키지인 LATEX을 발표하여 사용이 훨씬 편리해졌다. LATEX의 발음은 TEX의 발음을 따라서 "레이텍" 또는 "라텍"으로 하는 것이 관례이다. 요즘에는 일반 사용자들은 TEX을 사용하는 경우가 많지 않아서 TEX라고 하더라도 LATEX을 일컫는 경우가 많다. 특별히 LATEX이 아닌 TEX을 이를 때에는 plainTEX이라고 부른다. LATEX의 현재 버전은 LATEX 2_ε이며 LATEX3 프로젝트가

`http://www.latex-project.org/`

에서 진행 중이다.

TEX이 공개 프로그램이어서 TEX에 관련되거나 TEX에서 파생된 프로그램은 LATEX을 비롯한 거의 모든 것이 공개 프로그램으로 인터넷을 통하여 얻을 수 있다. TEX의 배포판은 여러 가지가 있으며 윈도우 계열의 운영체계에서 가장 많이 사용하는 것이 KC2008이나 MiKTEX인 것으로 보인다. 이 책에서 소개하는 내용은 한글 TEX 사용자 그룹(Korean TeX User Group; KTUG)의 KC2008과 MiKTEX 버전 2.4 + Hpack 및 MiKTEX 버전 2.7 및 `ko.tex`에서 테스트되고 그 결과로 얻어진 출력을 그대로 인쇄한 것이다. KC2008과 MiKTEX은 각각

`http://www.ktug.or.kr/`

및

`http://www.miktex.org/`

에서 얻을 수 있다.

LaTeX이나 TeX은 현재 영어뿐 원하는 언어의 글자와 부속 매크로, 패키지만 있으면 다른 언어도 사용가능하여 로마자 뿐 아니라 일본어, *漢字*까지 있다. LaTeX은 학자들 사이에 논문제작용으로 많이 사용되며 일부 학술지의 경우에는 LaTeX 파일로만 논문을 접수받거나 일부 대학의 경우 그 학교의 학위논문의 형식에 맞게 출력시켜 주는 LaTeX패키지가 만들어져 있다.

LaTeX은 보통의 사용자가 익숙해질 때까지 시간이 필요하지만 수식 편집, 표, 그림 등의 번호 및 면수 등은 자동으로 불러 쓸 수 있으며, 색인 만들기, 참고문헌 등도 많은 노력 없이 만들 수 있는 장점이 있다.

LaTeX을 처음 사용하거나 plainTeX 또는 AMSLaTeX만을 사용한 독자는 부록 B를 먼저 보아주기 바란다. 부록 B에는 몇 가지 틀과 그 틀을 만들기 위해 사용한 입력이 주어져 있다. 이들은 응용편에 첨부한 CD에 모두 수록하였으므로 따로 입력할 필요는 없을 것이다. AMSLaTeX을 LaTeX에서 사용할 수 있는 몇 가지 패키지는 4.19절 , 4.18절 및 4.20절에서 설명하였다.

전체의 페이지수가 다소 많아서 두 권으로 만들었으며 각각 기본적인 LaTeX 사용법과 응용된 LaTeX 사용법을 다루었다. 기본적인 LaTeX 사용법에서는 전체적인 모양, 글자체, 기본 개념, 수학식, 인용 등 LaTeX2.09에서부터 있던 LaTeX의 기능 위주로 다루되 응용편으로 연결될 수 있도록 상호 인용을 많이 하였다. 응용된 사용법에서 다양한 패키지의 소개 및 관련 프로그램의 응용, PostScript 및 PDF 관련된 내용 등을 다루었다.

기본적인 LaTeX 사용법의 구성은 다음과 같다. 제1장에서 소스 파일의 작성, 제2장에서는 페이지 디자인, 제3장에서는 LaTeX의 박스(box) 등을 포함하여 전체적인 LaTeX 소스 파일의 작성과 그에 따른 조정을 다루었다.

제4장에서는 수학식에 대한 내용을, 제5장에서는 목록만들기를, 제6장에서는 단원나누기 및 번호기에 대해 설명하였다. LaTeX에서 인용은 제7장에서 다루고, 새 명령의 정의는 제8장에서 소개하였다.

제9장에서는 그림과 표 등의 유동체를 소개하고 제10장에서는 참고문헌 데이터베이스를 만드는 BibTeX을 소개하였다.

LaTeX의 `picture` 환경, `eepic` 패키지, PGF를 사용한 그림그리기는 각각 제12장, 제13장, 제14장에서 설명하였고 `graphics`나 `color` 및 `colordvi` 패키지에 의한 그림은 제15장에 소개하였다.

응용된 LaTeX 사용법으로 LaTeXCAD를 사용한 그림은 16장에 설명하였다.LaTeX의 출력은 LaTeX이 설치되지 않은 컴퓨터에서 사용할 수 있도록 PostScript 형식으로 만드는 경우가 많았으나 최근 경향 중 하나는 출력을 PDF 형식으로 얻는 것이다. LaTeX과 관련된 PDF와 PostScript 형식의 출력 및 하이퍼링크에 대해서는 제17장에서 다루었다.

다른 프로그램이나 카메라 등으로 만들어진 (Encapsulated) PostScript, PDF, JPG, PNG, BMP, PCX, GIF 형식 등의 그림을 LaTeX 문서에 포함하거나, GNUplot 등을 사용한 그림 삽입 등은 제18장에서 설명하였으며, 제11장에서는 LaTeX에서 색인만들기를 알아보았다.

제19장에서는 관련된 장에서 소개하지 못하였으나 알아두면 좋은 여러가지 유용한 패키지를 소개하였고, 제20장에서는 LaTeXBeamer를 사용한 프리젠테이션, 멀티미디어 활용 및 `slides`나 `seminar` 클래스를 이용한 슬라이드 만들기를 설명하였다.

제22장 및 제23장에서는 KC2008 및 MiKTeX의 설치 및 필요한 설정에 대해서 알아보고, 제24장에서는 LaTeX의 한글화에 대해서 알아보았다.

부록에는 LaTeX의 부호, 예제 파일 및 LaTeX 컴파일 중에 자주 만나는 에러메세지에 대해 해결방법에 대해서 알아보았다. 예제 파일은 사용자가 간단하게 소스와 출력을 비교하는 것이 목적이기도 하지만 이 책의 형식과 양립할 수 없는 클래스나 패키지를 보여주기 위한 목적도 있다.

끝으로 이 책은 MiKTEX버전 2.7 및 한글LATEX KC2008로 테스트하고 최종출력은 DVI ⟶ PostScript ⟶ PDF로 만들어졌음을 밝힌다. 내부 버전은 TEX 3.141592 Metafont 2.718281이다.

2009년 6월 22일

심송용　　강희모

목 차

그림 목차

표 목차

알고리듬 차례[1]

[1] 이는 float 패키지를 설명하기 위한 예임.19.3절 참조.

제 1 장

입력파일 준비하기

LaTeX을 사용하여 문서를 만들기 위해서는 일반적으로 다음과 같은 순서를 따른다.

1. LaTeX 소스 파일을 만든다. 이 파일을 `test.tex`이라고 하자. 보통 `.tex`은 윈도우에서 연결프로그램이 지정되지 않으므로, 자주 사용하는 텍스트 에디터를 연결해두면 편리하다.

2. `% latex test.tex` 명령으로 컴파일한다.[1] 만들어진 소스 파일의 확장자가 `.tex`인 경우 LaTeX 컴파일 명령에서 확장자를 생략할 수 있다. 컴파일 중간에 에러가 발생되면 1번으로 가서 소스 파일을 수정하여 다시 컴파일한다. 컴파일 결과로는 확장자가 `.dvi`인 `test.dvi`라는 파일이 만들어진다.[2]

3. 사용하는 LaTeX의 종류에 따라 DVI 구동자를 부른다.

   ⊙ KC2008 사용자의 경우 `% dviout test`라고 명령하거나

[1]여기서 %는 윈도우의 커맨드 창이나 Unix 계열의 콘솔에서 프롬프트(prompt)를 의미하며 이는 입력하지 않는다. 이 책에서는 프롬프트를 표현하고자 할 때 %를 사용하기로 한다.

[2]최근에는 LaTeX 기반으로 목적에 따라 여러 가지의 컴파일 방법이 있어서 `latex` 명령어 대신 `pdflatex` 등을 사용하면 바로 PDF 파일로 결과가 얻어지기도 하며 `texify` 명령은 컴파일시 필요한 LaTeX 명령을 함께 수행해 주기도 한다.

- MiKTEX 사용자의 경우 % yap test라고 하면 작성된 문서를 확인할 수 있다.

위의 과정은 LATEX의 가장 기본적인 사용 순서를 표현한 것으로 경우에 따라서는 중간 과정에 dvips나 GSview 및 Ghostscript, Adobe PDFviewer 등이 필요할 수도 있다.[3]

최근에는 LATEX 소스 파일에서 .dvi 파일을 거치지 않고 PDF(Portable Document Format) 형식의 출력을 바로 얻기도 하는데 이런 경우 소스 파일에서

```
% pdflatex test
```

를 명령하면 바로 test.pdf로 출력을 얻을 수 있다.

1.1. LATEX 소스 파일 만들기

LATEX을 사용하기 위해서는 먼저 인쇄할 내용을 컴퓨터에 입력하여 파일로 만들어야 한다. 이 내용을 입력한 파일의 확장자는 LATEX 파일인 경우에는 확장자가 tex이라고 한다.

입력할 내용이 정하여졌으면 편집기를 이용하여 그 내용을 파일로 저장한다. 이 때 사용할 수 있는 편집기는 텍스트 편집기이면 어느 것이나 가능하다. 예를 들어 윈도우에서 사용하는 notepad(시작 ⟶ 프로그램 ⟶ 보조프로그램 ⟶ 메모장)도 사용할 수 있으며 UNIX 계열의 경우 emacs, vi[4] VMS에서의 ED(IT) 등이 그 예이다. GVIM과 EmacsW32는 윈도우 환경에서 사용할 수 있는 UNIX 계열에서 기원한 vi와 emacs 에뮬레이션 프로그램이다.

[3] dvips는 17.6절, GSview와 Ghostscript는 17.6.3절, PDF는 제17장에서 알아보기로 한다.

[4] 윈도우용 emacs와 vi 에뮬레이터가 공개 프로그램으로 나와 있는 것이 많다. 예를 들면 무료 프로그램인 GVIM이나 EmacsW32, Notepad++ 등이 있다. 이들은 무료이며 해당 사이트는 C.4절에서 얻을 수 있다.

또한 편집기로는 한글과 컴퓨터사의 ᄒᆞᆫ글[5]나 MSWord도 사용 가능한 편집기인데 저장할 때 아스키 파일로 저장하여야 한다.

그외 텍스트 편집 프로그램으로 많이 사용하는 것으로는 `PowerEdit`, `WinEdit` 등이 있다. 이들은 상용 프로그램이다.

LaTeX의 입력파일은 자판에 있는 모든 키를 사용할 수 있으나

```
# $ % & ~ ^ _ \ { }
```

는 LaTeX에서 사용하는 특수문자이므로 입력용으로는 사용할 수 없다.

1.2. 문장과 문단

LaTeX을 써보지 않은 독자는 먼저 부록 A를 참고하길 바란다.

한 문장은 LaTeX파일에서 문장으로 입력한다. LaTeX은 문장 안에서 하나 이상의 공간은 한 개의 공간으로 취급한다. 즉 두 개의 공간을 실수로 입력하여도 LaTeX은 자동으로 한 칸만 띄어쓰기를 한다.

This space that space .... `This space that     space`

문장이 연결되는 중에 편집기에서 줄을 바꾸어 쓰면 (Enter 키) LaTeX은 한 칸 띄어 쓰는 것으로 가정한다.

1.2.1. 문단

LaTeX의 문단은 한 줄 이상의 빈 줄을 주는 것으로 만들어진다. 두 줄(또는 그 이상)을 비워도 출력에는 한 줄을 비운 것과 같은 결과를 얻는다. 면은

[5] 73면에 ᄒᆞᆫ글을 만든 방법이 설명되어 있다.

사용자가 새 면에서 시작하라고 특별히 명령하지 않으면 한 면이 다 차면 자동으로 다음 면으로 넘어 간다. LaTeX은 사용자가 특별히 정해 주지 않으면 문단이 바뀔 때마다 자동으로 들여 쓰기(indent)를 하고 면이 바뀌는 것에 맞추어 자동으로 면수를 해당 면의 밑의 중앙에 인쇄하여 준다. 다음의 입출력을 보자.

LaTeX은 문장 안에서 하나 이상의 공간은 한 개의 공간으로 취급한다.

  LaTeX의 문단은 한 줄 이상의 빈 줄을 주는 것으로 만들어진다. 또한 `\par` 명령을 사용하여도 같은 결과를 얻는다.

```
\LaTeX      은 문장 안에서
하나     이상의 공간은
한 개의 공간으로 취급한다.

\LaTeX 의     문단은 한 줄
이상의 빈 줄을 주는
것으로 만들어진다.
```

위의 예에서 보는 것처럼 '하나'와 '이상' 사이의 여러 공간은 한 칸을 띄어쓰기하였고 두 번째 LaTeX은 자동으로 들여쓰기를 하였다.[6]

문단의 들여쓰기의 양은 `\parindent` 길이로 조정한다. 이 길이는

`\parindent=`*length* 나 `\setlength{\parindent}{`*length*`}`

로 바꾸어 준다. 예를 들어 `\parindent=5cm` 라고 하면 들여쓰기할 때마다 5cm씩 들여쓴다. 이 들여쓰기를 하지 않으려면 `\parindent` 값을 0으로 주면 된다. `\parindent` 값은 바꾸고 나면 그 효과가 계속 남아 있기 때문에 한두 번의 경우에만 들여쓰기를 하지 않을 경우에는 문단의 시작부분에 `\noindent`라고 하면 들여쓰기를 않는다.

두 개의 문단 사이의 높이는 `\parskip`으로 조정할 수 있으며 들여쓰기의 `\parindent`와 같이 `=`이나 `\setlength` 명령으로 바꾸어 줄 수 있다.

[6] `\LaTeX` 다음의 빈칸은 무시한다. LaTeX 다음에 빈칸을 주고 싶으면 '`\LaTeX\ `'를 사용한다.

두 줄 이상의 빈 줄이나 두 번 이상의 \par 명령을 하여도 한 번의 빈 줄 또는 한 번의 \par 명령과 같은 결과를 얻는다.

1.2.2. 줄바꾸기

LaTeX은 필요한 곳에서 적절하게 줄을 바꾸기 때문에 대개의 경우에는 일부러 줄을 바꿀 필요는 없다. 하지만 때로는 문장의 중간이나 특정한 위치에서 줄을 바꾸고자 할 필요가 있는데 이때는 \\나 \newline 명령을 사용한다. 이 때 여러 줄을 비우기 위하여 \newline을 여러 번 사용하면 한 번만 줄을 바꾼다. \\는 사용한 횟수만큼 줄을 바꾼다.

여기에
한 줄
Here go

two empty lines

```
여기에 \newline\newline 한 줄\\
Here go\newline \null
\newline two empty lines
```

\newline 명령으로 중간에 빈 줄을 만들고자 하려면 \newline 명령 사이에 \null을 사용하면 빈 줄을 만들게 된다.

여기에
한 줄
Here go

two empty lines

```
여기에 \newline 한 줄\\
Here go\newline \null
\newline two empty lines
```

\\ 명령에는 옵션으로 다음 줄과의 간격을 설정할 수 있다. 사용법은

\\[*length*]

이며 *length*에는 다음 줄과의 간격을 길이로 준다. 길이의 종류는 3.1절을

참고하기로 한다. 다음의 예를 보자..

여기에 한 줄

Here go
an empty lines

```
여기에 한 줄 \\[2cm]
Here go  \\ an empty lines
```

두 번째 줄은 2cm를 띄운 것을 볼 수 있다.

\\ 명령과 사용법이 같고 거의 같은 결과를 얻을 수 있는 명령으로 * 명령이 있다. 이 명령은

```
\\*[length]
```

로 사용하며 *가 붙은 명령과 그렇지 않은 명령의 결과는 줄을 바꾸는 중간에 페이지가 바뀌는 경우를 제외하면 같다. * 명령의 경우 줄을 바꾸는 중에 페이지가 바뀌어야 하더라도 페이지를 넘지기 않고 다음 줄을 같은 페이지에 포함시킨다.

1.2.3. 페이지 바꾸기

LaTeX은 자동적으로 면을 바꾸어 주는데 강제로 면을 바꾸고자 할 때는 그 위치에 `\newpage`를 입력하면 그 자리에서 면이 바뀐다. 이 때 `\newline`에서와 마찬가지로 `\newpage`를 두 번 사용하여도 두 면이 바뀌지는 않는데 빈 면을 만들고자 할 때는 `\newline`에서와 마찬가지로 `\null`을 사용하면 빈 면을 만들 수 있다.

LaTeX이 자동으로 면을 바꾸기 때문에 때로는 면을 바꾸고 싶지 않은

경우가 생기게 된다. 이는 수식이나 문단의 시작이나 끝, 한 절의 시작이 한 면의 끝 부근에 위치할 때 LaTeX이 그 문단이나 식, 또는 절을 현재 면이 다 채워지지 않은 상태에서 다음 면에서 문단, 식 등을 시작하려는 경향이 있기 때문이다. 이럴 때는 `\samepage{`*contents*`}` 명령을 사용하면 *contents*는 같은 페이지에 나오게 된다. 이 명령은 `\newpage`나 `\breakpage` 명령을 함께 사용하는 것이 일반적이다.

`\clearpage` 명령은 `\newpage` 명령과 마찬가지로 새 페이지를 시작하게 하지만 현재 페이지까지 출력하지 못 한 `table`이나 `figure` 환경에 의해 만든 유동체(floating body)를 모두 출력하고 새 페이지로 넘어간다. 유동체에 대해서는 제9장에서 다룬다.

LaTeX의 출력에서 의도하지 않은 곳에서 페이지가 바뀌는 경우가 있는데 이 경우는 대부분 다음의 출력 내용이 하나의 박스이고 그 박스가 현재 페이지에 모두 포함되지 않아서 발생한다. 이런 경우 한 페이지의 크기를 확대할 수 있으며

`\enlargethispage{`*size*`}` 또는 `\enlargethispage*{`*size*`}`

를 사용하여 한 페이지의 높이(`\textheight`)를 *size*만큼 추가로 키워준다.[7] 예를 들어

```
\enlargethispage{\baselineskip}
```

이라고 하면 한 페이지에 한 줄이 더 들어 갈 수 있다. *가 붙은 버전은 페이지에 최대한 집어 넣을 수 있도록 한다. 이 두 명령은 일반적으로 `\newpage`나 `\pagebreak` 명령과 함께 사용하여야 하며, 그렇게 할 경우에 `\newpage` 또는 `\pagebreak` 명령 이전의 내용이 최대한 한 페이지에 들어갈 내용이라는 것을 알려주게 된다.

[7] `\textheight` 명령은 3.1절 참조.

1.3. 따옴표

LATEX에서는 여는 따옴표와 닫는 따옴표는 다른 키를 사용한다. 작은따옴표 ‘와 ’는 `와 '로 만들어지고 큰따옴표 “와 ”는 ``와 ''로 `와 '를 두 번 주면 만들어진다. 주의할 점은 큰따옴표가 자판의 큰따옴표 "가 아니라는 것이다.

출력	입력
‘작은따옴표’와 “큰따옴표”는 만들기 쉽다.	`작은따옴표'와 ``큰따옴표''는 만들기 쉽다.

만일 따옴표의 좌우에 같은 '를 사용하면 ”인용”에서처럼 자연스럽지 못하다.

따옴표 안의 따옴표는 ```나 '''를 세 번 주면 모호하기 때문에 \,를 사용하여 ``\,` 또는 `\,`` 등으로 어느 것이 큰따옴표이고 어느 것이 작은 따옴표인지 구분하여야 한다.

“‘큰’ 따옴표는 ‘크다’.” ....``\,`큰' 따옴표는 `크다'.\,''

1.4. 대시 또는 하이픈

LATEX에는 세 가지 크기의 대시(dash)가 있다. 이들은 각 각 -, --, --- 로 만들어지는데 (-는 자판의 마이너스 키이다.) 그 크기는 아래에 보는 것과 같다.

-, –, — ....-, --, ---

위에서 보는 것처럼 -를 여러번 입력하더라도 LATEX의 출력은 하나의 대시로 만들어진다.

이 세 가지 가운데 -는 단어 사이에, 즉 co-operate에서처럼 사용하고, --는 참고문헌 등에서 면수를 나타낼 때 사용한다 (예 pp. 12–27). 마지막으로 ---는 설명이나 동치일 때 사용하기 알맞다 (예 A punctuation dash—like this).

1.5. \hyphenation

LaTeX에는 필요한 경우 자동적으로 하이픈을 만들어 주는 기능이 있다. (영문에서) 이 때 사용자가 특별히 해야 할 일은 없다. 다만 화면에 다음과 같은 메시지가 나타난다.

```
Overfull \hbox (30.68121pt too wide) in paragraph at lines
45--47 [] []\mjAtwl ^^Y*^^N$^^a5 \twlrm Ghostscript \mjAtwl
^^c1^^c6^^e7 \twlrm Ghost-Script \mjAtwl im !"^^Y$^^d3^^da^^e
7^^Y$ \mjBtwl ^^Y$^^c8\mjAtwl 2L !"UW \mjBtw l ^^W$^^ce\mjAtwl
^^cf^^da^^e7 \twlrm Ghostscript
```

이 메시지는 하이픈을 주어서 단어 사이를 끊지 않으면 출력의 범위가 `\textwidth`보다 30.68121pt 커진다는 뜻이며 그 해당 단어는 Ghostscript 인데 Ghost-와 Script로 하이픈을 주었다는 의미이다. `Overfull \hbox`로 시작하는 경고 메시지는 출력의 내용이 주어진 면의 가로 범위를 넘었다는 뜻이다.[8]

그러나 LaTeX이 모든 영어 단어에 대해 하이픈을 붙여 주지는 않는다. 예를 들어 Ghostscript라는 단어는 LaTeX의 하이픈 목록에 없기 때문에 이 단어가 문장 끝에 나올 때 하이픈을 붙이지 못한다. 이럴 경우에는 사용자가 Ghostscript가 어떻게 하이픈이 되는지 정해 줄 수 있는데 이 때는 `\-`를 사용한다. 만일 Ghostscript가 Ghost-Script 또는 Gho-stScript로 하이픈이 붙을 수 있다면 입력을

[8]hbox는 horizontal box이다.

```
Gho\-st\-Script
```

로 한다. 즉 \-를 입력하여 하이픈이 만들어 질 수 있는 자리를 지정할 수 있다.

텍스트로 그림을 저장한 Post-Script 파일을 화면으로 볼수 있게 하는 프로그램으로 Gho-stScript가 있다.	텍스트로 그림을 저장한 Po\-st\-Script 파일을 화면으로 볼 수 있게 하는 프로그램으로 Gho\-st\-Script가 있다.

다음은 \-를 사용하지 않은 경우의 출력 및 입력이다.

텍스트로 그림을 저장한 Post-Script 파일을 화면으로 볼 수 있게 하는 프로그램으로 Ghostscript가 있다.	텍스트로 그림을 저장한 PostScript 파일을 화면으로 볼 수 있게 하는 프로그램으로 Ghostscript가 있다.

위와 같이 \-를 이용하는 경우는 그 단어가 한두 번 나올 경우에는 쓸만 하지만 계속하여 그 단어를 사용할 경우에는 불편할 것이다. 이 때 사용할 수 있는 명령이 \hyphenation 명령이다. 예를 들어

```
\hyphenation{Ghost-Script}
```

라고 선언하면 LaTeX은 Ghost와 Script 사이에서 줄바꾸기가 될 때 하이픈을 준다. 다음의 \hyphenation 명령 전후의 출력을 비교하여 보자.

> 여기의 Ghostscript는 Ghost-Script로 하이픈을 하고 싶은 Ghostscript이다. 이 출력은 \hyphenation 선언이 있기 전의 출력이다.

> 여기의 Ghostscript는 Ghost-Script로 하이픈을 하고 싶은 Ghost-script 이다. 이 출력은 \hyphenation 선언이 위와 같이 주어진 경우의 출력이다.

특정한 단어의 하이픈이 어떻게 정의되어 있는지 보려면 `\showhyphens` 명령을 이용한다.

```
\showhyphens{word}
```

라고 하면 주어진 단어의 하이픈을 보여준다. 예를 들어

```
\showhyphens{difficult}
```

이라고 명령하면 화면에 다음과 같이 보여 주고

```
\verb|[] \OT1/cmr/m/n/10.95 dif-fi-cult|
```

또 `.log` 파일에 같은 내용을 저장한다.

1.6. 마침표

일반적으로 한 문장이 끝나면 그 문장과 다음 문장 사이에는 단어 사이의 공간보다 조금 더 많은 공간을 준다. 일반적으로 마침표가 나오면 문장의 끝일 것이다. 그러나 마침표는 영어 약자 뒤에도 사용하기 때문에(etc. 등) LaTeX이 마침표를 처리할 때 그 마침표가 영문 약자에서 나온 것인지 문장의 끝인지 알 수 없다. 이 때 LaTeX은 마침표 직전이 영문 대문자가 아니면 문장의 끝이라고 가정한다. 문장의 끝이 아니면서 마침표가 있을 때에는 `\␣`를 주면 LaTeX은 문장의 끝이 아닌 것으로 처리한다. 여기서 ␣는 한 칸의 빈 공간을 의미한다. 다음 두 가지 예를 보자

Johnson et. al. ABC	`Johnson et. al. ABC`
Johnson et. al. ABC	`Johnson et.\ al.\ ABC`

위에서 et와 al 사이의 공간의 양이 \␣의 유무에 따라 다름을 볼 수 있다.

위와는 반대로 문장의 끝인데 그 직전 문자가 대문자인 경우에는 LaTeX에 문장의 끝임을 알리기 위해 \@ 를 사용한다. 다음 두 문장에서 마침표 뒤의 공간을 비교해 보라.

We have I + I = II. Right? ....`We have I + I = II. Right?`
We have I + I = II. Right? ....`We have I + I = II\@. Right?`

1.7. 특수문자

앞에서 본 것처럼 다음에 보는 \ 나 \@ 등은 직접 \ 나 \@를 출력하는 것이 아니고 출력을 조절하는 특수한 의미로 쓰인다. 이러한 용도로 쓰이는 문자가 몇 가지 있는데 특수 용도로 사용하기 때문에 이 문자들을 입력하여 같은 내용을 출력시킬 수 없다.

`#   $   %   &   _   {   }   ^`

그러나 이 문자 앞에 \를 주면 해당 문자를 만들 수 있다.

$ % & _ { }.......................`\#  \$  \%  \&  \_  \{  \}`

이외의 세 개는 (~, ^ 및 \) 입력파일의 내용 그대로 출력하게 하거나(`\verb` 명령이나 `verbatim` 환경 참조) `\symbol` 명령을 사용할 수 있다. `\symbol` 명령은 주어진 수에 해당되는 문자를 출력하는데 `\symbol{64}`는 로마자 글자체에서는 “@”를 만든다.`\symbol`의 결과는 글자체에 따라 다르므로 부록 B의 표 B.1에서 B.8을 참고할 수 있다.

> 참고 : 색인을 만들 때의 \index 명령에서는 |와 !도 특별한 의미를 갖는 특수문자이다.

이러한 특수문자들은 또 글자체에서 바로 불러올 수도 있다. TEX명령인 \font 명령은 글자를 정의해 주는 역할을 하는데

```
\font\myfont=manfnt scaled 1095
```

라고 선언하면 \myfont 선언은 \rm 등과 마찬가지로 글자체를 바꾸는 명령이 된다. manfnt는 128개의 자소로 이루어져 있는데 표 B.8에 각 번호에 해당하는 manfnt의 자소를 실었다.

METAFONT METAFONT

는 아래 명령의 결과이다.

```
{\myfont \symbol{40}\symbol{41}\symbol{42}\symbol{43}%
\symbol{44}\symbol{45}\symbol{46}\symbol{42}} \space \space
{\myfont \symbol{47}\symbol{48}\symbol{49}\symbol{50}%
\symbol{51}\symbol{52}\symbol{53}\symbol{49}}
```

\symbol 대신에 \char 명령을 사용할 수도 있다. 다음의 METAFONT는

```
{\myfont\char66}{\myfont\char67}{\myfont\char68}%
{\myfont\char71}{\myfont\char72}{\myfont\char73}%
{\myfont\char74}{\myfont\char68}
```

의 결과이다. 자주 사용하는 글자체와 그 모양은 부록의 표 B.1부터 B.8까지 정리하였다.

참고로 \symbol이나 \char 명령에서 십진수가 아닌 8진수나 16진수를 사용할 수 있는데 이들은 숫자 앞에 '와 "를 각각 붙인다.

1.8. \LaTeX, \TeX, \today

\LaTeX을 입력하면 LaTeX이 만들어지고 \TeX을 입력하면 TeX이 만들어진다. 컴퓨터상의 오늘 날짜는 \today 명령으로[9] 만든다.

오늘은 2009년 6월 22일이다. .... 오늘은 \today 이다.

LaTeX 2_ε은 \LaTeXe 로 만들 수 있다.

TeX→ LaTeX→ LaTeX 2_ε .... \TeX $\rightarrow$ \LaTeX $\rightarrow$ \LaTeXe

1.9. 강조(영문)

강조하고자 할 때는 일반적으로 밑줄을 치거나 글자체를 바꾼다. 밑줄은 \underline을 사용하면 만들어진다.

여기에 밑줄 쫙 .... 여기에 \underline{밑줄} 쫙

\underline 명령을 사용하면 중간에 줄을 바꾸지 않기 때문에 내용이 길어지면 한줄을 넘기게 된다.[10]

밑줄이 길면 한 줄을 넘어가며 줄바

```
\underline{밑줄이 길면 한
줄을 넘어가며
줄바꾸기가 안됩니다.}
```

[9] 단기 연호를 사용할 수 있는 방법이 6.6절에 설명되어 있으니 참고하자.

[10] 이 책은 LaTeX으로 쓴 것이라 출력의 결과를 만들어지는 대로 보이기 위해 이처럼 엉뚱한 출력이나 페이지의 모양을 바꾸는 등의 일이 중간중간에 있음을 밝혀둔다.

단순 밑줄치는 것 외에 <u>very important</u>와 같이 여러 가지의 줄과 관련된 것은 19.8절의 `ulem` 패키지를 참고하기로 한다.

강조하는 또 다른 방법으로 `\emph{ }` 또는 `{\em }`[11] 안에 강조할 부분을 넣으면 그 부분이 이탤릭체로 만들어진다.[12]

이 부분 중요합니다	`이 부분 \emph{중요}합니다.`
This is *emphasized* text.	`This is \emph{emphasized} text.`

위의 예를 자세히 보면 *emphasized*와 text 사이에는 공간이 좁음을 알 수 있다. 이는 *d*가 기울어져 있기 때문인데 다음 글자가 붙어 있는 경우 *did*not에서는 그 정도가 심하다. 이를 방지하기 위해 사용하는 명령이 `\/` 이다.

*did*not, *did*not	`\emph{did}not, \emph{did\/}not`

앞의 `\symbol`이나 여기의 `\emph`에서 이미 본 것처럼 LaTeX의 명령들은 `\`로 시작하고 (그래서 `\`는 특수문자이다.) `{`와 `}`는 짝이 맞아야 한다. 즉 한 번 `{`를 사용하였으면 반드시 대응하는 `}`가 있어야 한다.[13]

1.10. 무시되는 입력 – 주석처리 하기

LaTeX은 `%` 이후의 입력은 무시한다. 단 `%`가 있는 시점으로부터 그 줄의 끝까지만 무시한다.

LaTeX에서는 % 이후 입력은 무시한다.

```
\LaTeX 에서는 \% 이후 % 여기서
입력은 무시한다. % 아무거나 $  &
```

[11] 영어 emphasize가 어원임.

[12] `{\em }` 형태로 글자체를 바꾸는 것은 권장하지 않는다. 이는 옛날 LaTeX2.09 버전의 방식으로 혹 옛날 LaTeX 파일의 소스를 보는 경우를 위해 설명에 추가한 것이다.

[13] `\{`와 `\}`는 짝이 맞지 않아도 상관 없다.

표 1.1: 강세를 만드는 명령어

ò	\`{o}	ó	\'{o}	ô	\^{o}
ö	\"{o}	õ	\~{o}	ō	\={o}
ȯ	\.{o}	ŏ	\u{o}	ǒ	\v{o}
ő	\H{o}	o͡o	\t{oo}	o̧	\c{o}
o̲	\b{o}	ọ	\d{o}	o̊	\r{o}

표 1.2: 영어 이외의 문자

œ	\oe	Œ	\OE	æ	\ae	Æ	\AE
å	\aa	Å	\AA	ø	\o	Ø	\O
ł	\l	Ł	\L	ß	\ss	¿	?`
¡	!`						

한 줄씩 주석처리하지 않고 한꺼번에 일정분량을 주석처리하고자 할 때는 verbatim 환경이나 19.14절의 comment 환경을 사용할 수 있다.

1.11. 영어 이외의 문자

표 1.1 에는 강세를 나타내는 예가 주어져 있다. 영어 이외의 문자는 표 1.2에 있다. 표 1.1과 표 1.2에 있는 강세나 특수문자는 수학 모드에서는 사용할 수 없다. 이 때는 \mbox를 이용하면 된다. 수학 모드에서 사용하는 강세는 제4장을 참고하기로 하자.

Ł$(x) =$ Æ $+$ î ...... `$\mbox{\L}(x) = \mbox{\AE} + \mbox{\^\i}$`

또 i와 j처럼 이미 점이 있는 경우 표 1.1의 강세는 i와 j의 점과 겹치므로 \i와 \j로 점이 없는 ı와 ȷ를 사용한다. (수학 모드에서의 $\imath$ (\imath),

$\jmath$ (\jmath) 참조)

1.12. 각주 달기

각주는 \footnote 명령으로 만들어진다. 이 명령은

```
\footnote[num]{text}
```

로 사용하는데 *num*은 각주의 번호이고, *text*는 각주의 내용을 기입한다. [*num*]을 생략하면 자동으로 1번부터 시작하여 \footnote가 나올 때마다 1씩 증가한다.[14] book 클래스나 report 클래스에서는 매 장(chapter)마다 번호가 1부터 다시 시작하며 article 클래스에서는 1번부터 시작하여 계속 증가한다.[15]

각주를 사용할 때 두 개 이상의 항목이 같은 번호를 갖는 수가 있는데 이럴 경우에는

```
\footnotemark[num]
```

를 이용하여 한 개를 제외한 나머지는 각주번호만 표시만 하고 마지막에만 \footnote 명령을 사용할 수 있다. 그러나 \footnotemark는 한 번 사용할 때마다 각주의 번호가 증가하므로 \setcounter[16]나 \addtocounter[16]명령을 이용하여 그 번호를 조정하여야 한다. 이 면 바로 윗줄의 \setcounter와 \addtocounter 의 각주를 만들기 위해 사용된 명령은

[14] LaTeX에서 [와] 사이에 들어가는 내용은 옵션이므로 항상 생략할 수 있다.

[15] article 클래스에는 원래부터 chapter가 정의되어 있지 않기 때문에 사용할 수가 없다.

[16] 6.4.1절 참조.

```
각 주의 번호가 증가하므로 \\
\verb+\setcounter+\footnotemark 나 \\
\verb+\addtocounter+\addtocounter{footnote}
{-1}\footnote{\ref{ss:cntnum}절 참조}
명령을 이용하여...
```

이다.

1.13. LaTeX명령의 두 타입

LaTeX의 명령들은 입력한 그 자리에만 사용되는 것이 아니고 다른 장소에서에서도 사용한다. 예를 들어 `\section{`*name*`}`의 *name*은 차례에 나타날 것이고 `\caption`에 주어진 제목은 표 차례 또는 그림 차례에 나타나고 `\footnote`의 정보도 다른 자리에 출력하기 때문에 움직인다. 또 색인을 만들기 위해 `\index`에 주어진 내용도 색인에 나타나기 위해서는 움직여야 한다. 뿐만 아니라 인용하는 페이지수, 절의 번호, 참고문헌 번호 등도 정보의 내용이 변하거나 움직이게 된다.

LaTeX에서 이렇게 내부의 정보가 움직이게 될 때 이 정보가 다른 명령의 매개변수로 가게 되면 그 정보가 깨지는 수가 있는데 이러한 명령을 *fragile*한 명령이라 하고 움직여도 깨지지 않는 명령은 *robust* 명령이라고 한다.

*fragile*한 명령이 다른 명령의 매개변수로 가게 되는 경우에는 그 명령 앞에 명령에는 `\protect`를 주면 된다. 예를 들어 *fragile* 명령인 `\(`, `\)`를 `\section`에 사용할 경우

```
\section{ \( a+b \)}
```

대신에

```
\section{ \protect\( a+b \protect\)}
```

을 사용하면 된다.[17]

그러나 \footnote 안에서 \verb (\verb는 *fragile* 이다.)를 사용할 때 제대로 \protect하는 것 같지 않는다. (원래 \verb 명령은 다른 명령의 변수가 될 수 없다.) 따라서 아래의 각주[17]는 다음 명령으로 만들었다.

```
\footnote{이 경우 \texttt{\$}는 \emph{robust}이기 때문에
굳이 \texttt{\symbol{92}protect}를 사용할 필요가 없다.}
```

\protect 명령의 사용예는 7.4.3절을 참고하기로 한다.

1.14. LATEX의 몇 가지 용어

이 절에서는 LATEX에서 사용하는 몇 가지 용어에 대해 알아보자.

선언 LATEX에서 선언이라고 하는 것은 출력을 만들지는 않지만 출력의 형식을 바꾸어 주는 명령어를 말한다. 이 선언의 효과는 } 나 \end 가 올 때 까지이다. 글자체를 바꾸거나 크기를 변화시키는 LATEX명령어 등이 이에 속한다.

명령 실제로 LATEX의 출력을 만들어 주는 명령어이다. \today 등이 이에 속한다. 많은 명령어는 \footnote 명령처럼 변수를 취하는데 그 변수는 { 와 } 사이 또는 [와] 사이에 입력한다. { 와 } 사이에 입력하는 변수는 반드시 있어야하는 변수이며 [와] 사이에 들어가는 변수는 옵션이라서 생략할 수 있다.

환경 앞서 본 verse 처럼

\begin{*name*}

과

\end{*name*}

[17] 이 경우 $는 *robust*이기 때문에 굳이 \protect를 사용할 필요가 없다.

사이에 입력하는 명령어가 있는데 이러한 방식의 명령어를 환경이라고 한다.

preamble LaTeX 파일은 전체적으로 볼 때 `document` 환경으로 되어 있는데
`\begin{document}`
이전 부분을 *preamble* 이라고 한다. 어떤 명령이 *preamble* 에서만 사용할 수 있다고 하면 그 명령은 `\begin{document}` 명령어보다 먼저 나와야 한다.

패키지 기본적인 LaTeX에는 포함되어 있지 않으나 필요에 의해 사용할 수 있는 프로그램이다. 일반적으로 확장자가 `.sty`이며 *preamble* 에서 사용하는 명령인 `\usepackage` 명령으로 패키지를 불러들인다.

클래스 LaTeX 2_ε에서 출력 형식 및 그에 관계되는 여러 가지를 미리 정해둔 프로그램으로 형식이 책인지 또는 보고서인지에 따라 다른 것을 사용한다. 2.1절 참조.

1.15. LaTeX에서 사용되는 확장자

이 절에는 LaTeX에서 사용되는 파일의 확장자를 알아보자.

`.tex` 영문 LaTeX인 경우는 사용자가 만든 입력파일의 확장자이고 한글인 경우 전처리기를 거친 파일의 확장자이다. LaTeX은
`latex filename`
명령을 운영체계 (DOS, UNIX, VMS 등) 에서 수행할 때 파일의 확장자를 입력하지 않으면 그 확장자가 `.tex` 라고 생각한다.

`.sty` `.sty`는 LaTeX 2.09에서는 스타일 파일이라 하고 LaTeX 2_ε부터는 패키지라 한다. LaTeX 2.09에서는 사용자가 정한 `article` 등의 출력 형식을 정해 주는 파일이다. LaTeX 2_ε에서 `.sty`는 특별한 용도로 사용하는 외부의 패키지 파일의 확장자이다. LaTeX 2_ε에서는 이런 확

장자를 갖는 파일을 불러들이는 명령이 `\usepackage`인데 *preamble* (`\begin{document}` 전)에 사용한다.

`.cls` 클래스(class) 파일이라 부르며 `\documentclass` 명령의 값으로 주어진다. 기본 클래스로는 `article`, `report` 등이 있는데 LaTeX 2_ε에서는 각각 `article.cls`, `report.cls` 등을 부른다.

`.ins` CTAN을 포함한 INTERNET 에서 공개 패키지를 다운로드하면 이 확장자 및 다음에 나오는 `.dtx` 확장자를 가진 파일이 있다. 이 두 파일은 항상 같이 있는데 `.ins` 파일로 `latex`을 수행하면 `.sty` 파일이 생긴다. 이 파일은 emTeX의 경우 `\EMTEX\TEXINPUT`의 하위 디렉토리에 가져다 놓아야 한다.

`.dtx` `.ins` 파일과 같이 있는 파일로 LaTeX의 DocStrip 기능을 이용하여 `.ins` 파일로 `latex` 명령을 수행하면 그 입력으로 `.dtx` 파일을 사용하고, 또 `.dtx` 형식의 파일로 `latex`을 실행하면 보통 그 패키지에 대한 설명문이 `.dvi` 파일로 만들어진다.

`.dvi` `.dvi` 파일을 포함하여 이후의 모든 파일은 LaTeX의 수행 결과 만들어지는 파일들이다. `.dvi` 파일은 LaTeX의 출력을 담고 있다. 예를 들어 LaTeX이 `temp1.tex`를 성공적으로 수행하였다면

```
Output written on temp1.dvi (2 pages, 4304 bytes).
```

가 화면에 출력되고 그렇지 못할 경우에

```
No pages of output
```

이 화면에 나타난다. 이 파일이 있어야 화면으로 보거나 프린터로 출력할 수 있다.

`.log` LaTeX을 수행하면서 컴퓨터 화면에 나온 모든 것과 추가 정보를 담아둔 파일이다.

`.aux` 참고문헌, 수식 등의 인용에 필요한 정보를 담고 있다. 여러 개의 `.tex` 파일이 사용된 경우[18] 각 파일마다 하나씩 생긴다. 제일 처음 LATEX을 수행시키거나 LATEX이 만들어 놓은 `.aux` 파일을 지우고 LATEX을 수행할 경우

```
No file temp1.aux
```

라는 메시지가 화면에 나타난다.

`.toc` 차례에 대한 정보를 담고 있는 파일. 이 파일은 `\tableofcontents` 명령으로 만들어진다. 이 파일은 사용자가 차례를 고치고자 할 때 편집할 수 있는데 이 때는 `\nofiles` 명령을 *preamble*에 주어 `.toc` 파일을 덮어쓰지 않게 하여야 한다.

`.lot` 이 파일은 `\listoftables` 명령으로 만들어진다. `.toc` 파일과 성격이 같은데 표차례의 정보를 담고 있다.

`.lof` 이 파일은 `\listoffigures` 명령으로 만들어진다. `.lot` 파일과 성격이 같은데 그림차례의 정보를 담고 있다.

`.idx` `.idx` 파일은 색인에 관한 정보를 담고 있다. 이 파일은 *preamble*의 `\makeindx` 명령으로 만들어진다.

`.ilg` `makeindex` 명령으로 색인을 만들 때 생성되는 로그 파일로 색인 만들기에서의 에러 메세지 등을 확인할 수 있다.

`.ind` `.ind` 파일은 `.idx` 파일의 색인정보를 입력으로 하여 커맨드 창이나 Unix 콘솔에서 사용하는 색인만들기 프로그램 `makeindex[.exe]`의 출력으로 만들어지는 파일이다. 이 파일을 입력으로 하여 LATEX이 색인을 만들기 때문에 이 파일을 `\input`, `\include`, `\printindex`하면 색인을 추가할 수 있다.

[18] 7.5절의 `\input` 및 `\include` 명령 참조.

.glo 어휘에 대한 정보를 담고 있는 파일. \makeglossary 명령으로 만들어진다.

.bbl \bibliography 명령으로 만들어진 파일로 참고문헌 데이터베이스에 관한 정보를 담고 있다.

.bib 참고문헌 데이터베이스의 참고문헌을 담고 있는 파일인데 사용자가 만든다.

.out hyperref 패키지를 사용하면서 pdflatex으로 컴파일하면 만들어지는 책갈피(bookmark) 파일이다. 만일 책갈피가 만들어지지 않는 상황이면 hyperref 패키지를 사용하고 pdflatex으로 컴파일 하더라도 .out 파일이 만들어지지 않는다.

.ltx 가끔 LaTeX 소스 파일의 확장자로 .tex 대신에 사용하기도 한다.

제 2 장

디자인하기

2.1. 출력 양식 지정 -LaTeX 2ε

LaTeX 2ε에서는 입력 파일의 시작 부분에서 어떤 형식의 출력을 원하는지 정하여 준다. 이 때의 명령이 \documentclass 이며 사용법은 다음과 같다.

```
\documentclass[options]{class}
```

여기서 *class*에 사용될 수 있는 기본적인 클래스는 다음과 같다.

book 책을 만들 때 유용하게 사용되는 클래스이다. 이 클래스를 사용하면 짝수면과 홀수면의 가장자리의 크기가 달라지며[1] \part \chapter 명령을 사용하면 그면은 반드시 홀수면에서 시작하게 된다.

report 이 클래스를 사용하면 book 스타일과 달리 홀수면과 짝수면을 구별하지 않고 \chapter 등이 아무면에서나 시작할 수 있다.

article 보통 너무 길지 않은 글의 형식으로 이용하고 따라서 \part 나 \chapter를 사용하지 않는다. 표지나 차례 등도 새 면에서 시작하지

[1] \documentclass 의 옵션인 twosides 참조.

않고 제목과 같은 면에 출력되나.

`slides` LaTeX 2.09에서는 `slitex` 이라는 명령어가 있었으나 LaTeX 2_ε에서 클래스를 포함시켰다. 이는 슬라이드를 만드는데 사용하여 글자체나 크기가 일반의 경우와 다른 것을 사용한다. 제20장 참조.

`letter` 편지쓸 때 유용한 클래스로 몇 가지 명령어로 편지 양식으로 출력한다. 2.14절 참조.

위의 기본 클래스 외에도 추가로 사용할 수 있는 클래스가 많으며 예를 들면 AMSLaTeX의 `amsart` 와 `amsbook` 이 잘 알려져 있는데 이들은 각각 LaTeX의 `article`과 `book`에 대응되며 주로 미국수학회(American Mathematical Society; AMS)에 제출할 글에서 이용된다. 또한 `beamer` 클래스(제20장) 등을 프리젠테이션용으로 사용할 수 있다.

*options*에서 사용할 수 있는 옵션들로는 다음과 같은 옵션이 있다.

`10pt|11pt|12pt` 이옵션은 글자의 크기를 정해주는 옵션인데 `12pt`가 큰 글씨이고 `10pt`가 작은 글씨이다. 이 옵션은 주지 않으면 `10pt`를 사용하며 `slides` 클래스에서는 아무 효과가 없다. 표 2.7에는 이 옵션에 따른 글크기가 정리되어 있으니 참고하기 바란다.

`letterpaper|legalpaper|executivepaper|a4paper|a5paper|b5paper` 이 옵션은 출력할 종이의 크기를 정해주는 옵션으로 LaTeX 2.09에서는 사용할 수 없는 옵션이다. 기본값은 `letterpaper`로 출력한다. 표 2.1에 각 옵션 별 종이 사이즈를 수록하였는데 그림 3.1와 함께 면의 디자인에 사용할 수 있을 것이다.

`landscape` 출력을 가로로 할 것임을 말해 준다. 이 옵션을 쓰면 각 크기의 가로와 세로의 크기가 반대로 된다. 이 책의 출력은 이 옵션을 사용하지 않은 것이다.

표 2.1: 종이 크기

letterpaper	8.5in × 11in	216mm × 280mm
legalpaper	8.5in × 14in	216mm × 356mm
executivepaper	7.25in × 10.5in	184mm × 267mm
a4paper	8.25in × 11.75in	210mm × 297mm
a5paper	$5\frac{7}{8}$in × 8.25in	148mm × 210mm
b5paper	7in × $9\frac{7}{8}$in	176mm × 250mm

final|draft LaTeX출력이 draft 로 정해지면 LaTeX출력이 오른쪽 가장자리를 벗어나게 될 때 (Overfull hbox) 그 줄은 검은 박스로 표시한다. 정하여 주지 않으면 final을 가정한다.

oneside|twoside LaTeX으로 인쇄한 것을 양면으로 만들 것인지 단면으로 만들 것인지 말하여 준다. 양면으로 (이는 홀수면만 먼저 인쇄하여 다시 뒤집어서 짝수면을 인쇄한다고 가정하면 된다.) 인쇄할 경우 제본할 것으로 가정하여 짝수면과 홀수면의 가장자리를 달리 준다. 사용자가 정하여 주지 않으면 book 클래스에서는 twoside로 나머지는 oneside로 정해준다.

openright|openany 새 장이 시작하는 것은 책으로 치면 반드시 오른쪽 면이 되고 그 면은 홀수로 시작한다. openright는 이러한 기능을 선택한다는 뜻이다. book 클래스에서는 따로 정하지 않으면 openright이고 그외의 경우는 openany이다.

onecolumn|twocolumn 한 면을 두 줄로 나누어서 인쇄할 것인지 (twocolumn) 한 줄로 인쇄할 것인지(onecolumn) 정한다. 지금 읽고 있는 이 책의 형태는 onecolumn이다. 사용자가 따로 정하지 않으면 onecolumn이 기본적으로 적용된다. \onecolumn 과 \twocolumn 명령으로 two column에서 one column으로 또는 그 반대로 바꿀 수 있다.

openbib 참고문헌을 open style로 할 것인지 말해 준다. letter 나 slides 클래스에서는 사용할 수 없다.

leqno 따로 정하지 않으면 수식 번호는 오른쪽에 오게 되는데 이를 왼쪽에 나오게 하고 싶을 때 선택한다.

fleqn LaTeX에서는 따로 정하지 않으면 디스플레이 스타일인 수학식은 중앙에 나오는데 이를 왼쪽으로 정렬할 것인지 정해준다.

위에서 본 클래스 옵션을 선택하였을 때 사용자가 따로 정해줄 수 있는 값으로 다음과 같은 것이 있다. (이 때 이 값은 미리 정해져 있으므로 특별히 사용자가 정하고 싶지 않으면 정하지 않아도 된다.)

\bibindent openbib 옵션에서 참고문헌 항목에서의 들여쓰기할 때의 양을 정해준다.

\colsep twocolumn 옵션에서 한 면을 두 줄로 나누어 쓸 때 그 둘의 간격을 정해 준다.

\colseprule twocolumn 옵션에서 한 면을 두 줄로 나누어 쓸 때 그 줄 사이에 선을 그을 수가 있는데 이 선의 굵기를 정해 준다. 이 선은 따로 정하지 않으면 굵기가 0이기 때문에 보이지 않는다.

\mathindent fleqn 옵션을 이용하여 수식을 왼쪽으로 정렬할 때 왼쪽 가장자리로부터 얼마나 들여쓸 것인지 정한다.

2.2. 출력 스타일 지정 - LaTeX 2.09

LaTeX2.09 입력 파일의[2] 첫 줄에는 출력의 형식을 지정하여 주는 명령

```
\documentstyle[options]{style}
```

[2] LaTeX2.09는 오래 전부터 사용되지 않고 있다. 다만 오래전에 작성된 문서가 때로 2.09 버전인 경우가 있고, 2.09 버전이 최근 버전에서 대부분 지원되므로 이 책에서 가끔 소개한다. 2.09 버전이 지원된다고는 하지만 사용하는 것을 권장하지는 않는다.

이 들어가는데 여기서 *style*에는 어떤 출력 형식을 사용할 것인지 정하여 준다. *style* 자리에 사용할 수 있는 스타일은 기본적으로 `book`, `report`, `article`, `letter` 및 `slides` 스타일이 있다.[3] `letter` 스타일은 편지 만들 때만, `slides` 스타일에는 슬라이드를 만들 때만 사용한다. 흔히 하는 잘못 중의 하나는 `article` 형식에서 `chapter` 환경을 사용하는 것인데 `article` 스타일에는 `chapter` 환경이 없음에 유의하자. `book` 이나 `report` 스타일에서는 `chapter`를 사용하지 않으면 `section`의 번호가 0.1 등으로 나타나니 역시 주의하여야 한다.

*options*에 사용할 수 있는 스타일 중 LATEX에 기본으로 주어진 것은 다음과 같다.

`11pt` LATEX에 사용되는 글자 크기를 정한다. `11pt`는 정하여 주지 않을 때의 글자 크기인 `10pt`보다 큰 글씨로 출력을 얻고자 한다는 의미이다.

`12pt` 위의 `11pt`보다 더 큰 글자로 출력한다는 의미이다.

`twoside` 양면인쇄용으로 한 면은 왼쪽으로 그 다음 면은 오른쪽으로 치우치게 하여 제본하였을 때 자연스럽게 보이게 한다. `book` 스타일에서는 정하지 않아도 `twoside` 스타일을 사용한다.

`twocolumn` 이 스타일은 한 면을 세로로 반으로 나누어서 출력한다. 이 책의 찾아보기가 `twocolumn` 스타일로 만들어진 것이다.

`titlepage` `article` 스타일에서만 사용하는데 `\maketitle` 명령으로 만든 표지와 `abstract` 환경으로 만든 요약문이 각각 새 면에 만들어지게 한다.

`leqno` 수학 모드에서 `equation`이나 `eqnarray` 환경을 사용하면 수식 번호가 자동으로 만들어지는데 이 번호를 왼쪽에 나타나게 한다. `leqno`가 주어지지 않으면 수식 번호는 오른쪽에 나타난다.

[3] LATEX 2_ε 이후에는 이들을 클래스라고 한다.

fleqn 수학 모드의 디스플레이 스타일의 수식은 수식이 중앙에 놓이는데 이 수식을 왼쪽으로 정렬하게 한다.

참고: 위에 주어진 스타일 외에도 수많은 스타일이 있는데 그런 스타일 파일도 *options* 자리에 넣으면 그 스타일 파일의 효과가 나타난다. 예로 더블 스페이스 출력을 만드는 doublespace 스타일 또는 출력면을 A4 또는 US letter 크기에 맞춰 주는 fullpage 스타일 또는 a4 스타일 등이 있다. 이들을 LaTeX 2_ε에서는 패키지라고 부른다.

2.3. LaTeX 2_ε의 기본 패키지

LaTeX 2_ε에서 패키지를 사용하고자 할 때는 먼저 \usepackage 명령을 이용하여 원하는 패키지를 불러들인다. 이 명령은

```
\usepackage[option]{package}
```

으로 사용한다. 여기서 *option*에는 각 패키지에서 사용할 수 있는 옵션을 정해주는 것이며 *package*는 패키지 이름을 입력한다. LaTeX의 표준 패키지에는 다음과 같은 것이 있는데 이 밖에도 수없이 많은 패키지가 있다. 요즘에는 LaTeX 배포판이 기본 패키지 외에도 많은 패키지를 포함하여 배포되므로 특별히 기본 패키지인지 아닌지 구별할 필요도 많이 없어졌다.

이 책에서는 각 장에서 다루는 내용과 직접 연관이 있는 패키지는 해당 장에서 해당 패키지를 설명한다. 특히 제15장, 제16장 및 제19장은 이러한 패키지만을 중점적으로 다루었다. 찾아보기의 패키지 항목에 이 책에서 설명한 모든 패키지가 열거되어 있으므로 참고하기로 하자.

alltt alltt 환경을 정의한다. 2.10절 참조.

amsmath $\mathcal{AMS}$LaTeX에서 사용하는 여러 수학기호 환경을 사용할 수 있게 한다. amstex 패키지는 amsmath 패키지로 통합되었다. 4.18절과 4.19, 4.20절 참조.

babel 영어가 아닌 외국어로 문서를 작성할 때 사용하는 패키지이다.

color LaTeX 2_ε에서 색을 사용할 수 있게하는 패키지로 DVI 구동기가 색을 인쇄할 수 있어야 한다. 15.2절 참조.

graphics 외부 파일로 만들어진 그림 등을 LaTeX의 출력에 사용하고자 할 때 사용한다. 그림의 회전, 축소 등의 기능이 있다. 15.1 절 참조.

graphpap 모눈종이를 만드는 명령 \graphpaper을 정의한다. 12.2 절 참조.

ifthen LaTeX 내에서 간단한 프로그램 랭귀지 구조를 정의할 수 있게 한다. 19.16절 참조.

latexsym LaTeX에서 특별한 문자를 사용가능하게 한다. LaTeX 2.09 사용에서 그냥 사용하던 일부 문자는 latexsym 패키지를 사용하여야 한다. 제4장 참조.

makeidx 색인을 만들 때 사용하는 것으로 몇 가지 명령을 추가로 사용할 수 있게 한다.

pict2e picture 환경(제12장 참조)에서 사용할 수 있는 직선의 기울기나 원의 지름에 대한 제약을 없앤다.

amstex \amsmath 패키지로 통합되었다.

2.4. 타이틀 페이지 – 제목과 요약

타이틀 페이지(titlepage)란 제목, 저자, abstract, keywords 등을 포함하는 면을 말하며 보통은 논문의 가장 앞 면의 형태라고 보면 된다. 여기서는 타이틀 페이지를 만드는 방법을 알아보기로 한다.

2.4.1. 제목면

타이틀 페이지는 LaTeX의 출력의 제목, 저자, 날짜 등을 포함하는 면을 말한다. 이 페이지에는 면수 등은 나타나지 않는다. 제목은 `\title`에 주고 저자는 `\author`에 주는데 두 명 이상의 저자는`\and`로 저자 사이를 구분한다. `\date`에는 날짜를 준다. `\date{}`를 주면 날짜를 인쇄하지 않으며 `\date` 명령이 없으면 컴퓨터상의 오늘 날짜인 `\today`가 인쇄된다.

`\maketitle`로 제목면을 만들면 `article` 클래스일 때는 새 면에서 시작하지 않으나 `report`나 `book` 클래스에서는 타이틀 페이지를 인쇄한 후 본문의 내용은 새 페이지에서 시작한다.

이 제목
Johnson, R. A. 심 송용*
May 7, 1995

* Supported by a grant.

```
\title{이 제목}
\author{Johnson, R. A. \and
심송용 \thanks{Supported
 by a grant.}}
\date{May 7, 1995}
   ...
\maketitle
```

`\thanks`는 저자별로 각주를 만들어 주기 때문에 주소나 감사표시 등을 각주로 만들 수 있다. 실제로 제목면을 만들어 주는 것은 `\maketitle` 명령이 나타날 때이다. `\maketitle` 명령은 `\begin{document}` 다음이면 어디에나 올 수 있다.

제목면을 만들 때 LaTeX이 만드는 제목이 마음에 들지 않을 수가 있는데 이 때는 `titlepage` 환경을 이용할 수 있다. 이 환경을 사용하면 그 면은 `empty` 페이지 스타일이 되고 새 면을 시작하게 된다. 이 때는 제목면을 사용자가 모두 정의하여야 한다. 사용법은 다음과 같다.

```
\begin{titlepage}
   원하는 제목의 내용
          ⋮
\end{titlepage}
```

2.4.2. 요약문 만들기

LaTeX에는 요약문을 만들기 위한 환경이 제공된다. 요약문은 그 내용을 `\begin{abstract}`와 `\end{abstract}` 사이에 입력하면 만들어진다. 요약문에서는 **Abstract**를 만들고 그 내용을 보통의 글자 크기보다 조금 작게 출력시킨다. 다음 예를 보자.

> **Abstract**
>
> This is a test of the abstract environment in LaTeX.

```
\begin{abstract}
This is a test of the
abstract environment
in \LaTeX.
\end{abstract}
```

참고로 `report`나 `book` 클래스에서는 `abstract` 환경으로 요약문을 만들면 그 면의 스타일은 `empty`가 되고 `abstract` 환경 이후의 입력은 새 면에서 출력된다. **Abstract** 대신에 다른 이름을 쓰고자 할 경우 `\renewcommand`를 이용하여 `\abstractname`을 바꾸어 줄 수 있다.[4] 제24장 참조.

2.5. 페이지 스타일

이 페이지를 포함한 몇 페이지는 설명 목적상 페이지 스타일이 다른 페이지와 다릅니다.

LaTeX의 출력은 각 면마다 머리글(*header*), 본문(*body*), 주석 (*footer*)으로 이루어진다. 이 면의 텍스트 부분이 *body*이고 면 수와 장 또는 절의 번호와

[4] 제8장 참조.

이름이 주어진 부분이 *header*이며 대 홀수 면마다 주어진 $\mathcal{S}_\mathcal{Y}\mathcal{S}$가 있는 부분이 *footer*이다.[5] 이 절에서는 이러한 *header* 및 *footer*의 네 가지 기본형에 대해 알아보기로 하자.

`plain` 기본형으로 아무것도 주어지지 않았을 때의 면의 출력형식이다. 여기서 *header* 부분은 비고 *footer*의 중앙에 면수가 나타난다. 이 책의 매 장의 시작 면의 출력형식이다.

`empty` *header*와 *footer* 부분이 모두 빈다. 따라서 이 형식을 사용하면 면 수도 출력되지 않는다. 지금 보는 이면의 출력형식이다.

`headings` `\documentclass` (또는 `\documentstyle`)에서 선택한 클래스 (스타일)에 따라 달라지는데 면수와 장 또는 절이 *header* 부분에 출력되고 *footer*는 빈다.

`myheadings` `headings`와 같으나 *header* 부분에 들어갈 정보를 사용자가 주어야 한다.

위의 네 가지 기본형은

```
\pagestyle{style}
```

에 주어진다. 이 때 *style*이 `myheadings`이면

```
\markright{right head}
```

또는

[5] 그림 3.1 참조.

```
\markboth{left header}{right header}
```

에 오른쪽 또는 양쪽 면에 들어갈 *header*를 주어야 한다. 이 두 명령은 각각 oneside와 twoside 옵션에서 사용한다. 이 면의 페이지 스타일은 다음 명령의 결과이다.

```
\markright{This header}
\thispagestyle{myheadings}
```

경우에 따라서는 한 면의 스타일만 바꾸고자 할 수 있는데 이 때는

```
\thispagestyle{style}
```

를 사용한다. LaTeX에서 기본적으로 제공하지않는 패키지 중에 *header* 와 *footer* 를 디자인 해주는 공개 패키지가 있는데 이는 19.5절에 소개하였다.

면수는 특별히 정해 주지 않으면 아라비아 숫자로 나타나는데 이는 다른 형식으로 바꾸어 줄 수 있다. 이 때의 명령은

```
\pagenumbering{number_style}
```

이다. 즉 \pagenumbering{Roman} 이라고 선언하면 로마숫자 대문자가 면수가 된다. 이외의 사용 가능한 *number_style*은 다음과 같다.

arabic 아라비아 숫자. 따로 정하지 않으면 이것을 사용한다.

roman 소문자 로마 숫자. ii, v 등.

Roman 대문자 로마 숫자. II, V 등.

alph 소문자 알파벳. b, e 등. alph는 27 이상은 될 수 없다.

Alph 대문자 알파벳. B, E 등. Alph는 27 이상은 될 수 없다.

\pagenumbering 명령을 이용하여 면수의 형식을 바꾸는 경우에는 이 책의 경우처럼 적당한 위치에서 면수를 다시 1부터 시작하는 경우가 많다. 이러한 경우 면수를 1로 다시 바꿀 수가 있는데 그 방법은 6.4.2절을 참고하자.

2.6. 글자체 및 크기

LaTeX에서 글자체를 바꾸는 방식은 두 가지 방식이 있다. 하나는 LaTeX 2.09 방식이며 하나는 LaTeX 2_ε 방식인데 후자의 방식을 사용하기를 권장하지만 글자체를 문서 내에서 자주 변경할 때는 이전 방식이 편하게 느껴지는 것도 사실이다.

2.6.1. LaTeX 2.09 형식

영문 글자체는 크기와 모양에 따라 몇 가지가 있다.[6] \em \rm \tt \it는 각각 강조체, 로마체, 타자기 모양의 글자체, 이탤릭체를 만든다. 일반적으로 글자체나 크기는 전체 중의 일부분에서만 바꾸어 주기 때문에 {\em ...} 등으로 { 와 }로 묶어 주게 된다. 표 2.2에는 LaTeX 2.09에서 사용하는 각 글자체와 그 이름이 요약되어 있다.

2.6.2. LaTeX 2_ε에서의 영문 글자체

LaTeX 2_ε에서는 이전의 \rm등이 그대로 사용될 수 있게 하였으나 새로운 명령 및 선언을 추가하였다. 글자체는 LaTeX 2_ε에서 세 개의 패밀리, 네 개의

[6] LaTeX2.09는 오래 전부터 사용되지 않고 있다. 다만 오래전에 작성된 문서가 때로 2.09 버전인 경우가 있고, 2.09 버전이 최근 버전에서 대부분 지원되므로 이 책에서 가끔 소개한다. 2.09 버전이 지원된다고는 하지만 사용하는 것을 권장하지는 않는다.

표 2.2: 영문 글자체 - LaTeX 2.09 형식

\rm	Roman	\em	*Emphasized*	\tt	`Typewriter`
\it	*Italic*	\sl	*Slanted*	\sc	SMALL CAP
\bf	**Bold Faced**	\sf	Sans Serif		

모양 그리고 두 개의 시리즈로 글자 모양을 나누고 이들의 조합으로 글자체가 만드는 방식으로 바꾸었다. 이들은 다음과 같다.

패밀리 세개의 글자체 스타일을 정해 주는데 로마체 (Roman), 산세리프체 (Sans serif) 및 타이프라이터체 (`typewriter`)가 있다.

- `\rmfamily` 로마자로 글자체를 바꾼다.
- `\ttfamily` 타이프라이터 꼴로 글자체를 바꾼다.
- `\sffamily` 산세리프로 글자체를 바꾼다.

모양 글자체가 기울어진 정도에 따라

- `\upshape`(Up Shape; 위로)
- `\itshape`(*Italic Shape; 이탤릭*)
- `\slshape`(*Slanted Shape; 기울어진*) 및
- `\scshape`(SMALL CAPS SHAPE; 한글은 해당없음)

의 네 가지로 나누었다.

시리즈 굵기에 따라 두 가지 시리즈

- `\mdseries` (Medium Series; 보통 굵기) 과
- `\bfseries`(**Bold Faced Seris; 굵게**)

로 나누었다.

이와 같이 LaTeX 2ε에서 글자체를 새로운 방법으로 정의함으로서 기본적으로 가능한 글자체의 조합은 (3가지 family) × (4가지 shape) × (2가지 series)로서 24가지가 되어 표 2.2에서 본 LaTeX2.09의 여덟 가지보다 훨씬 많은 글자체를 제공할 수 있게 되었다.

LaTeX 2ε방식의 글자체 정의의 사용예는 다음과 같다.

Abcd .... `{\bfseries\rmfamily\itshape Abcd}`
`Abcd` .... `{\bfseries\ttfamily\upshape Abcd}`
Abcd .... `{\bfseries\rmfamily\slshape Abcd}`
Abcd .... `{\mdseries\rmfamily\itshape Abcd}`
`Abcd` .... `{\mdseries\ttfamily\itshape Abcd}`
ABCD .... `{\mdseries\sffamily\scshape Abcd}`
Abcd .... `{\mdseries\sffamily\slshape Abcd}`

위에서 본 선언들 대신에 문장의 일부 글자체만 바꿀 경우에는 표 2.3 에 수록된 명령이 사용하기 편리하다. 위와 같이 LaTeX 2ε에서는 여러 가지

표 2.3: LaTeX 2ε의 글자체

패밀리	`\textrm{`*text*`}`	`\texttt{`*text*`}`	`\textsf{`*text*`}`
모양	`\textup{`*text*`}`	`\textit{`*text*`}`	`\textsl{`*text*`}`
	`\textsc{`*text*`}`		
시리즈	`\textmd{`*text*`}`	`\textbf{`*text*`}`	
강조	`\emph{`*text*`}`		
선언 없음	`\textnormal{`*text*`}`		

글자체 모양과 기울어짐 등을 조합함으로써 LaTeX 2.09에 비해 훨씬 많은 글자체를 얻을 수 있게 되었다. 예를 들어 굵은 이탤릭체 **Bold *italic***는 `\textbf{Bold \textit{italic}}`로 만들 수 있다. 다음은 몇가지 가능한 조합과 그 출력을 뽑아 본 것이다.

It's a **test** output .. `\textup{It's a \textbf{test} \textrm{output}}`
*It's a **test** `output`* . `\textit{It's a \textbf{test} \texttt{output}}`

표 2.4: 한글 글자체

모양	명조	고딕	그래픽
명령	`\textmj{명조}`	`\textgt{고딕}`	`\textgr{그래픽}`
영문대응	roman	`type writer`	sans serif

IT'S A **test** OUTPUT `\textsc{It's a \textbf{test} \textsf{output}}`

*It's a **test** output* `\textsl{It's a \textbf{test} \texttt{output}}`

2.7. 한글 글자체

KC2008 등과 같이 국내에서 제공되는 한글 LATEX의 경우 한글 사용이 지원되며, MiKTEX 등과 같이 외국에서 기원되는 LATEX의 경우 한글 글자체를 따로 설치해야 하는 경우가 있다(22.3절 참조).

한글이 설치된 경우 지원되는 글자체로는 한글 글자체로는 명조체, 고딕체, 그래픽체, 필기체, 붓글씨체 또는 궁서체 등이 있는데 이들은 각각 `\textmj`, `\textgt`, `\textgr`로 얻을 수 있다. 표 2.4에 이들 글자체의 사용과 그 결과로 얻어진 글자체가 나와 있다.

한글 글자체도 로마자 글자체처럼 LATEX2.09 형식의 글자체가 `\textgs` (붓글씨 또는 궁서), `\textpg`(필기체), `\textyg`(옛글) 등의 글자체가 제공되었으나 이제는 LATEX 2ε 형식으로 바꾸려고 한다. LATEX 2ε방식의 글자체 정의의 사용예는 다음과 같다.

가나다라 .... `{\bfseries\mjfamily\itshape 가나다라}`
가나다라 .... `{\bfseries\gtfamily\upshape 가나다라}`
가나다라 .... `{\bfseries\mjfamily\slshape 가나다라}`
가나다라 .... `{\mdseries\mjfamily\itshape 가나다라}`
가나다라 .... `{\mdseries\gtfamily\itshape 가나다라}`

표 2.5: 한글 글자체에서 지원되는 특수 문자

\openbrack	〔	\closebrack	〕
\openinequal	〈	\closeinequal	〉
\opendblinequal	《	\closedblinequal	》
\rightrceil	「	\leftlfloor	」
\dblrightrceil	『	\leftlfloor	」
\dblleftlfloor	』	\thickleftparenthesis	【
\thickrightparenthesis	】	\yen	¥
\malemark	♂	\femalemark	♀
\crossdots	※	\permil	‰
\sauna	♨	\whitephone	☏
\blackphone	☎	\fingerleft	☜
\fingerright	☞	\ksmark	㉿
\company	㈜	\won	₩

가나다라 .... {\mdseries\pgfamily\scshape 가나다라}
가나다라 .... {\mdseries\pgfamily\slshape 가나다라}

KTUG에서는 한글 글자체도 표 2.3의 방식으로 LaTeX 글자체의 정의에 맞게 사용하려고 하고 있으며 KC2008의 hfont.tex에서 확인하면 이전 글자체의 상당 부분을 주석으로 처리하여 지원하지 않으려 하는 모습이다.

2.7.1. 한글 글자체에서 특수문자

〔〕〈〉《》「」『』【】¥ ♂ ♀ ※‰♨☏☎☜☞㉿㈜ ₩부호들은 편집기가 지원하는 경우 인쇄할 수 있다. 편집기가 이들 부호를 지원하지 않는 경우를 위해서 표 2.5와 같이 명령어를 정의하여 그 부호들을 사용할 수 있다. 표 2.7은 글자 크기 선택에 따른 글의 크기를 정리 하였다. 이 표를 보면 \documentclass에서 12pt 옵션을 선택하면 \huge에의 크기와 \Huge에 의한 글의 크기가 같음을 알 수 있다. 글자 크기는 가장 작은 \tiny부터 가장 큰 \Huge까지 10단계로 나누어진다. 각 크기에서의 글자 크기는 표 2.6에 주어져 있다. 정상

표 2.6: 글자 크기

\tiny	tiny 가장 작게
\scriptsize	scriptsize 아주 작게
\footnotesize	footnotesize 조금 작게
\small	small 작게
\normalsize	normalsize 정상
\large	large 크게
\Large	Large 약간 크게
\LARGE	LARGE 좀더 크게
\huge	huge 더욱 크게
\Huge	Huge 가장 크게

표 2.7: 각 pt 선택에 따른 글자 크기

크기	10pt	11pt	12pt
\tiny	5pt	6pt	6pt
\scriptsize	7pt	8pt	8pt
\footnotesize	9pt	9pt	10pt
\small	9pt	10pt	11pt
\normalsize	10pt	11pt	12pt
\large	12pt	12pt	14pt
\Large	14pt	14pt	17pt
\LARGE	17pt	17pt	20pt
\huge	20pt	20pt	25pt
\Huge	25pt	25pt	25pt

크기는 \normalsize로 만들어진다. 한 가지 주의할 점은 이러한 글자 크기 변경은 수학 모드에서는 사용할 수 없는데 수학 모드에서의 글자 크기 변경은 제 4 장을 참고하기로 하자.

주의: LaTeX 2.09 사용자는 글자체와 글자크기를 동시에 바꿀 때는 반드시 글자크기 변경을 먼저 한다. LaTeX 2_ε에서는 순서에

관계 없다. LaTeX 2.09를 사용할 때 다음 두 출력의 ABC를 비교해 보자.

ABC	`{\Large\bf ABC}`
ABC	`{\bf\Large ABC}`

위의 두 번째는 `\bf` 선언은 무시되고 `\Large` 선언만 효과가 있음을 볼 수 있다.

2.8. 기본 글자체

LaTeX에서 글자체를 바꾼 후에 원래의 글자체로 돌아가려면

`\normalfont` 또는 `\textnormal`

명령을 사용한다.[7] 일반적으로 이 명령은

`\mdfseries\rmfamily\upshape`

를 선언한 것과 같은 효력을 가진다.

2.9. `\lowercase`와 `\uppercase` 명령

LaTeX의 스타일에서 *header*는 영문인 경우 대문자로 출력되는데 이를 소문자로 하고 싶을 경우[8] 등에서 이용할수 있는 명령으로 `\lowercase`가 있다. 이 명령의 결과는 모든 영문자가 소문자로 바뀌는 것이다. 대문자로 바꾸려면 `\uppercase` 명령을 이용한다.

[7] 이 둘은 각각 LaTeX 2.09 및 LaTeX 2_ε 버전의 명령이다.
[8] 이럴 경우 스타일 파일을 수정할 수도 있다.

abcde	`\lowercase{AbCdE}`
ABCDE	`\uppercase{AbCdE}`

`\lowercase`와 `\uppercase`는 plainTEX 명령이므로 모든 종류의 TEX에서 사용할 수 있다.

2.10. 입력한 그대로를 출력하기

문서를 작성하다 보면 `@ \ ^ &` 등과 같은 문자를 입력하고 싶은 때도 있지만 입력 그대로를 출력하고자 할 때도 있다. 프로그램의 소스나, LATEX 명령어 등을 포함하고자 하는 경우도 마찬가지이다.

2.10.1. verbatim 환경

입력한 내용을 그대로 출력하고자 할 때는 `\verb` 명령이나 `\verb*` 명령 또는 `verbatim` 환경이나 `verbatim*` 환경을 사용한다. `\verb`나 `\verb*` 명령은 그 다음 문자와 같은 문자가 나올 때까지의 입력은 모두 있는 그대로 출력시킨다. 이 때는 특수문자도 있는 그대로 출력한다. 한 가지 주의할 점은 전처리기를 사용하는 한글LATEX에서는 `\verb` 명령이나 `verbatim` 환경 등에서 사용할 수 없다는 것이다.

`\verb` 명령이나 `verbatim` 환경을 사용하면 기본 글자체가 `\upshape`, `\ttfamily`, `\mdseries` (`\texttt`)로 바뀌며 한글은 `verbatim` 내의 글자체 정의에 따라 다를 수 있다. `verbatim` 환경내에서는 줄을 바꿀 수 있지만 `\verb` 명령 내에서는 줄을 바꿀 수 없다.

`special characters @ $ %`	`\verb|special characters @ $ %|`
`가`	`\verb|가|`

에서처럼 \verb 다음의 처음 문자인 |로부터 다음 |가 나올 때까지는 입력된 그대로 출력된다. 한글을 \verb 명령에서 사용한 경우는 전처리기 htex을 사용하는 경우는 한글 코드가 출력되었다. 이 때 글자체는 타자기체 (\tt)이다. verbatim 환경은 입력 그대로 출력하고자 하는 양이 많을 때 사용하는데 \begin{verbatim}과 \end{verbatim} 사이의 모든 내용은 있는 그대로 출력한다. 이 때 LaTeX은 \begin{verbatim} 이후에는 모든 것을 무시하고 \end{verbatim}만 찾기 때문에 \end{verbatim}에서 \end와 {verbatim} 사이에는 공간이 있으면 안 된다.

```
To make an output ``as
is'', including special
characters, # % &, use
verbatim environment.
```

```
\begin{verbatim}
To make an output ``as
is'', including special
characters, # % &, use
verbatim environment.
\end{verbatim}
```

\verb*와 verbatim* 환경은 \verb와 verbatim 환경과 같은데 한 가지 차이는 * 붙은 것을 사용하면 공간이 ␣ 로 표시된다는 것이다.

special␣characters␣@␣$␣% ....\verb*|special characters @ $ %|

\verb, \verb* 명령이나 verbatim verbatim* 환경을 사용할 때 주의할 점이 몇 가지 있는데 다음과 같다.

- \verb나 \verb*는 LaTeX의 환경[9]에서는 사용 가능하나 (예 minipage, quote) 다른 명령의 변수로는 사용할 수 없다. (예 \footnote,\index \section 등의 { 와 } 안.)
- \verb와 \verb* 바로 다음 문자는 ␣ (빈공간)이어서는 안 된다. 이는 \verb와 \verb*가 바로 다음 문자와 같은 문자가 나올 때까지 있는 그대로 출력하기 때문에 공간은 그 문자로서 사용할 수 없다는 뜻이다.

[9] LaTeX에서 환경이란 \begin{뭐}와 \end{뭐}로 정의되는 것을 말한다.

- 이미 강조한 것처럼 \end{verbatim}에서 \end와 {verbatim} 사이에는 공간이 있으면 안 된다.
- verbatim 환경에서는 탭은 사용하지 않는 것이 좋다. 탭을 사용하면 \verb 에서 공간이 생각한 것과 다르게 나올 수 있기 때문이다.

위의 세 가지는 * 붙은 것에도 그대로 적용된다.

2.10.2. alltt 환경

LaTeX 2_ε에서는 제공하는 alltt 환경은 verbatim 환경과 유사하나 세 개의 문자는 특별히 사용할 수 있다. 이 세 문자는 \, {, } 이다. 따라서 alltt 환경에서는 명령어를 사용할 수 있다. 예를 들어

```
\begin{alltt}
\input test
\end{alltt}
```

을 사용하면 \input 명령은 그 효력을 발생한다.

2.11. 인용

LaTeX에는 두 가지 인용 환경이 있는데

- quote 환경은 한두 문장으로 된 길지 않은 내용을 인용할 때 쓰이고
- quotaion 환경은 몇 개의 문단으로 이루어진 비교적 많은 내용을 인용할 때 쓰인다.

따라서 quote 환경은 문단을 나누더라도 들여쓰기를 하지 않는다. 다음의 두 예는 quote 환경과 quotation 환경이 문단을 어떻게 출력하는지 그 차

이를 잘 보여준다.

The following

> Government of the people by
>
> the people for the people

is famous

```
The following
\begin{quote}
Government of the people by

the people for the people
\end{quote}
is famous
```

위에서 보는 바와 같이 quote 환경 내에서는 문단을 나누지 않는다. 같은 내용의 quotation 환경을 살펴보면 아래처럼 문단을 나눠 주어 들여쓴 것을 알 수 있다.

The following

> Government of the people by
>
> the people for the people

is famous

```
The following
\begin{quotation}
Government of the people by

the people for the people
\end{quotation}
is famous
```

2.12. 시 verse 환경

시를 인쇄하고자 할 때 사용하는 환경인 verse 환경은 시에 맞는 출력 구조를 갖는다. verse 환경은 일반 문장과 달리

- 시 전체는 들여쓰기를 한다. 즉 시는 약간 오른 쪽으로 줄을 맞추어 출력된다.

- 문단 나누기에서는 들여쓰기를 하지 않는다. 즉 한 줄의 빈 줄이 있어도 들여쓰지 않는다. 이는 시에서의 규칙이다.
- 한 줄이 너무 길어서 줄을 바꿀 때는 연결되는 줄들은 들여쓴다.

verse 환경에서의 줄바꾸기는 \\ 로 하고 단락의 변경은 문단 나누기에서와 마찬가지로 하나 이상의 빈 줄로 한다. * 명령도 사용하는데 이 둘은 그 기능이 같으나 *는 * 다음에서 면 바꾸기를 않게 한다. \\나 *는 둘 다 길이를 옵션으로 주어서 그다음 줄과의 간격을 정상보다 더 넓게 또는 좁게 잡을 수 있다. (예 *[1cm]) 위의 \\나 *는 verse 환경이 아니라도 사용할 수 있으며 특히 표를 만드는 tabular나 array 환경에서 표의 한 줄이 끝났음을 알리는 의미로 사용한다.

다음의 예를 보자. (김한길의 장편 소설 '여자의 남자' 중에서)

나는 이런 사람
나는 이렇게 태어 났
  는데
당신은 내게 더 이상
  무엇을 바라나요
이런 나에게서

나는 하고 싶은대로
  하도록 태어 났지
  요
그리고 바꿔야 할 건
  하나도 없어요

```
\begin{verse}
나는 이런 사람 \\
나는 이렇게 태어 났는데 \\
당신은 내게 더 이상 무엇을
바라나요 \\ 이런 나에게서

나는 하고 싶은대로 하도록 태어
났지요 \\ 그리고 바꿔야 할 건
하나도 없어요
\end{verse}
```

2.13. 문단의 정렬

문서를 작성하다 보면 일정 분량의 문서를 오른쪽이나 중앙 또는 왼쪽으로 정렬하고 싶을 때가 있다.[10]

[10] 왼쪽 정렬은 기본이지만 LaTeX에서는 왼쪽 정렬을 하기 위한 환경도 제공한다.

center 환경은 \begin{center}와 \end{center} 사이의 모든 것을 중앙에 정렬한다. 줄을 바꾸어 주지 않으면 한 줄을 다 채우기 때문에 \\를 사용하여 줄을 바꾸어 주면 center 환경의 효과를 볼 수 있다.

여기에 세 줄
의
중앙에 정렬된 문장

```
\begin{center}
여기에 세 줄 \\
의\\
중앙에 정렬된 문장
\end{center}
```

\centerline{*one_line*} 명령도 주어진 내용 *one_line*을 중앙에 정렬하는 것이 가능하다. 하지만 \centerline 명령은 한 줄을 중앙에 정렬하는 것이므로 중간에 줄바꾸기는 하지 않는다. 즉,

여기에 두 줄의중앙에 정렬된 문장

```
\centerline{
여기에 두 줄의\\
중앙에 정렬된 문장}
```

에서 보는 것처럼 한 줄 이상의 중앙 정렬이 필요한 경우에는 사용하기 곤란하다.

flushleft 환경과 flushright 환경도 center 환경과 사용법은 같은데 정렬 기준이 각각 왼쪽 또는 오른쪽이 된다. flushleft 환경은 \\을 이용하여 줄을 바꾸면 자동적으로 왼쪽으로 정렬되기 때문에 별로 쓰일 일이 없으나 flushleft 환경을 사용하면 LaTeX은 줄의 오른쪽 끝을 맞추지 않는다.

flushright 환경은 center 환경과 마찬가지로 \\을 같이 이용하는 경우가 많다. 다음은 flushleft 환경의 사용예인데 각 줄의 오른쪽 끝을 맞추지 않았음을 볼 수 있다.

We can see how `flushleft` works by checking this `minipage` output. `flushleft` makes lines uneven without stretching.

```
\begin{flushleft}
We can see how \texttt{
flushleft} works by
checking this \texttt{
minipage} output. \texttt{
flushleft} makes lines
uneven without stretching.
\end{flushleft}
```

다음의 보기는 flushright 환경의 출력 결과이다.

여기에 세 줄
의
오른 쪽에 정렬된 문장

```
\begin{flushright}
여기에 세 줄 \\
의\\
오른 쪽에 정렬된 문장
\end{flushright}
```

plainTEX에는 위의 세 가지와 대응 되는 선언들이 있다. 즉 \centering \raggederight, \raggedleft 선언은 center, flushleft, flushright와 효과가 같은 선언이다.

2.14. 편지

LATEX은 편지형식의 문서 작성방법을 제공한다. 편지 형식은 면수 등을 입력하지 않고 편지 형식에 맞게 편지를 만든다. 편지의 출력예인 그림 2.1를 보면서 편지를 어떻게 만드는지 알아보기로 하자. 그림 2.1는 다음의 입력으로 만들어진 것이다.

```
\documentclass[11pt,a4paper]{letter}
\topmargin -60pt
\signature{Cheol Soo Lee}
```

```
\begin{document}
\address{Cheol Soo Lee \\
         9-15 Sinlim Dong\\
 Kwan Ak Gu\\
         Seoul, Korea}

\begin{letter}
{Office of Graduate Admission\\
University of Wisonsin-Madison\\
Madison, WI 53706}

\opening{To whom it may concern;}
Enclosed are two copies of my application for
admisson to the Department of Statistics.  As
required, I have sent a copy to the Department.
Were any thing missing, please let me know.

Thank you.
\closing{Sincerely}
\encl{Application for Admission}
\cc{The Statistics Department, UWM}
\end{letter}
\end{document}
```

먼저 \documentclass나 \documentstyle에 클래스를 letter로 지정하고 \begin{letter}와 \end{letter} 사이에 편지에 필요한 명령을 입력하면 된다. 먼저 \signature에 주어진 이름은 편지의 끝에 서명란을 만들고 \signature에 주어진 이름을 출력하게 한다. \address는 보내는 사람의 주소가 들어가는데 줄을 바꾸고자 하는 자리에는 \\를 주면 된다. 주소

Cheol Soo Lee
9-15 Sinlim Dong
Kwan Ak Gu
Seoul, Korea

February 23, 2009

Office of Graduate Admission
University of Wisonsin-Madison
Madison, WI 53706

To whom it may concern;

Enclosed are two copies of my application for admisson to the Department of Statistics. As required, I have sent a copy to the Department. Were any thing missing, please let me know.

Thank you.

Sincerely

Cheol Soo Lee

encl: Application for Admission

cc: The Statistics Department, UWM

그림 2.1: 편지의 예

는 주지하는 바와 같이 오른쪽 위에 만들어진다.

`\begin{letter}` 뒤에는 수신인의 주소를 넣고, `\opening`에는 편지의 시작인 "누구에게"가 입력되면 된다. `\opening` 뒤에는 편지의 내용을 입력

하고 `\closing`에는 끝맺음말 (Sincerely)을 준다. `\encl`에는 편지에 동봉된 서류 등의 목록을 쓰며 `\cc` (Carbon Copy)에는 같은 편지를 받을 수신인을 적는다. 편지의 끝은 `\end{letter}` 이다.

여기서 `\topmargin`은 출력 전체를 위로 또는 아래로 이동할 때 사용하는 명령어로 음수의 길이가 주어지면 위로, 양수이면 아래로 이동한다. 그림 3.1 참조.

2.15. \typein과 \typeout 명령

`\typein`과 `\typeout` 명령은 LaTeX의 수행 중에 사용자와 LaTeX 간의 정보 교환에 사용된다.

```
\typeout{Input the recipient's name}
```

이 LaTeX파일 안에 입력되어 있다면 그 줄에서 컴퓨터 화면으로

```
Input the recipient's name
```

가 나타난다.

`\typein`은 사용자가 컴퓨터 화면에서 자판을 이용하여 입력한 내용을 LaTeX의 입력으로 사용하게 하는 기능이다. 예를 들어 같은 내용의 편지를 여러 사람에게 보낼 경우

```
\opening{Dear \typein{Name:};}
```

라고 하면 같은 내용의 편지를 다른 이름의 수신자에게 보낼 수 있다. 이 때 위의 명령 전에

```
\typeout{Give the name}
```

을 주면 LaTeX수행 중에 컴퓨터 화면에 다음과 같이 나타나는데

```
Give the name
Name:

\@typein=
```

여기서 `\@typein=` 에 이름을 주면 된다. 예를 들어 "Sim, S."를 다음과 같이 입력하면

```
\@typein=Sim, S.
```

편지의 첫 부분이 다음과 같이

Dear Sim, S.;

이 나타난다. 이제 이 편지를 인쇄하고 다시 한 번 더 LaTeX을 수행하면 위의 내용이 반복되므로 다른 사람의 이름을 입력하면 다른 사람에게 보낼 편지가 만들어진다. 이는 같은 내용을 여러 번 만들지 않게 하므로 아주 편리한 기능이라 하겠다.

제 3 장

길이, 공간 및 박스

3.1. 길이

LaTeX에서 사용하는 길이의 단위는 mm(밀리미터), cm(센티미터), in (인치) 등의 일반 메트릭 단위와 1/72.27인치인 pt(point), 12pt가 한 단위인 pc(pica)가 있다.

또 다른 단위로는 em과 ex가 있는데 em은 "M"의 폭만큼이고 ex는 x의 높이만큼의 길이이다. 이러한 단위는 앞에 숫자를 붙여서 2배, 1.5배 및 음수로 반대 방향을 지정할 수도 있다.(예 2em, 1.5ex, -2ex 등) 특히 1em과 2em은 TeX에서 \quad 및 \qquad로도 사용한다.

em과 ex는 길이가 현재 사용하는 글자체의 크기에 비례하는 상대적 크기이기 때문에 사용하는 글자체의 크기에 따라 상대적으로 비례해야 하는 길이의 설정에 사용하는 것이 권장되며 cm, pt등과 같은 길이는 절대적인 값을 가지므로 글자크기에 상관없이 사용할 길이의 선언에서 사용한다.

LaTeX에서 사용하는 길이는 두 종류가 있는데 하나는 \parindent나 2em처럼 변할 수 없는 길이 리지드 길이(rigid length)이고 다른 하나는 상황에 따라 길이가 고무줄처럼 늘어나거나 줄어들 수 있는 고무줄 길이(rubber length)이다. 고무줄 길이의 예는 단어 사이의 간격인데 이 간격은 어색하지 않는 범위 내에서 LaTeX이 늘이거나 줄임으로써 각 줄의 오른쪽 끝을 맞춘다. 대표적인 고무줄 길이로는 \fill이 있는데 \fill의 원래 길이의 크기는 0이지만 끝없이 늘어날 수 있다. 사용 예는 3.2절의 \hspace 명령에서 보기로 하자. 이외에 LaTeX에서 길이를 나타낼 수 있는 것은 다음과 같다.

- \parindent 각 문단의 시작에서 들여쓰기하는 만큼의 길이.
- \parskip 문단 사이에 추가로 띄어주는 공간의 크기.
- \textwidth 한 면에서의 본문의 폭.
- \textheight 주석(footer)과 머릿글(header)을 제외한 본문의 높이.
- \baselineskip 같은 문단에서의 한 줄의 글이 차지하는 높이. 따라서 한 면의 줄의 수는 \textheight ÷ \baselineskip으로 구해진다.
- \baselinestretch는 소수로(2나 1.5등) 주는데 정해주지 않으면 1이다. 이는 \renewcommand로 값을 바꿀 수 있다. \baselinestrech는 반드시 *preamble*(\documentclass와 \begin{document} 이전)에 위치하여야 한다. 따라서 문서 중간에 이 값을 수정할 수 없다.

  \baselineskip의 값은 원래 가지고 있는 값에 \baselinestrech 값을 곱한 값을 가지게 된다. \baselineskip의 값이 바뀌는 경우는 \begin{document}나 \small 등의 글자크기 바꿈[1]에 의해 이루어진다. \baselineskip의 값은 이미 정해진 \baselineskip의 값에 \baselinestretch를 곱한 값을 정해 준다. 따라서 더블 스페이스를 쓰려면 \baselinestretch를 2로 정하면 된다.

이외에도 사용자가 바꿔 줄 수 있는 길이들이 있는데 그림 3.1에 설명되어 있다. 이 중 \oddsidemargin과 \evensidemargin은 twoside 옵션을 사용할 때 외에는 같은 값을 갖는다. 또 \pagewidth와 \pageheight는 LaTeX 2_ε에서 사용할 수 있는 길이로 종이의 크기를 나타내는 길이이다.

[1] 41면의 표 2.6 참조.

`\topskip`은 이 그림에서 보이지 않았는데 이는 *body*의 제일 위에서부터 첫 줄의 기준점까지의 길이이다.

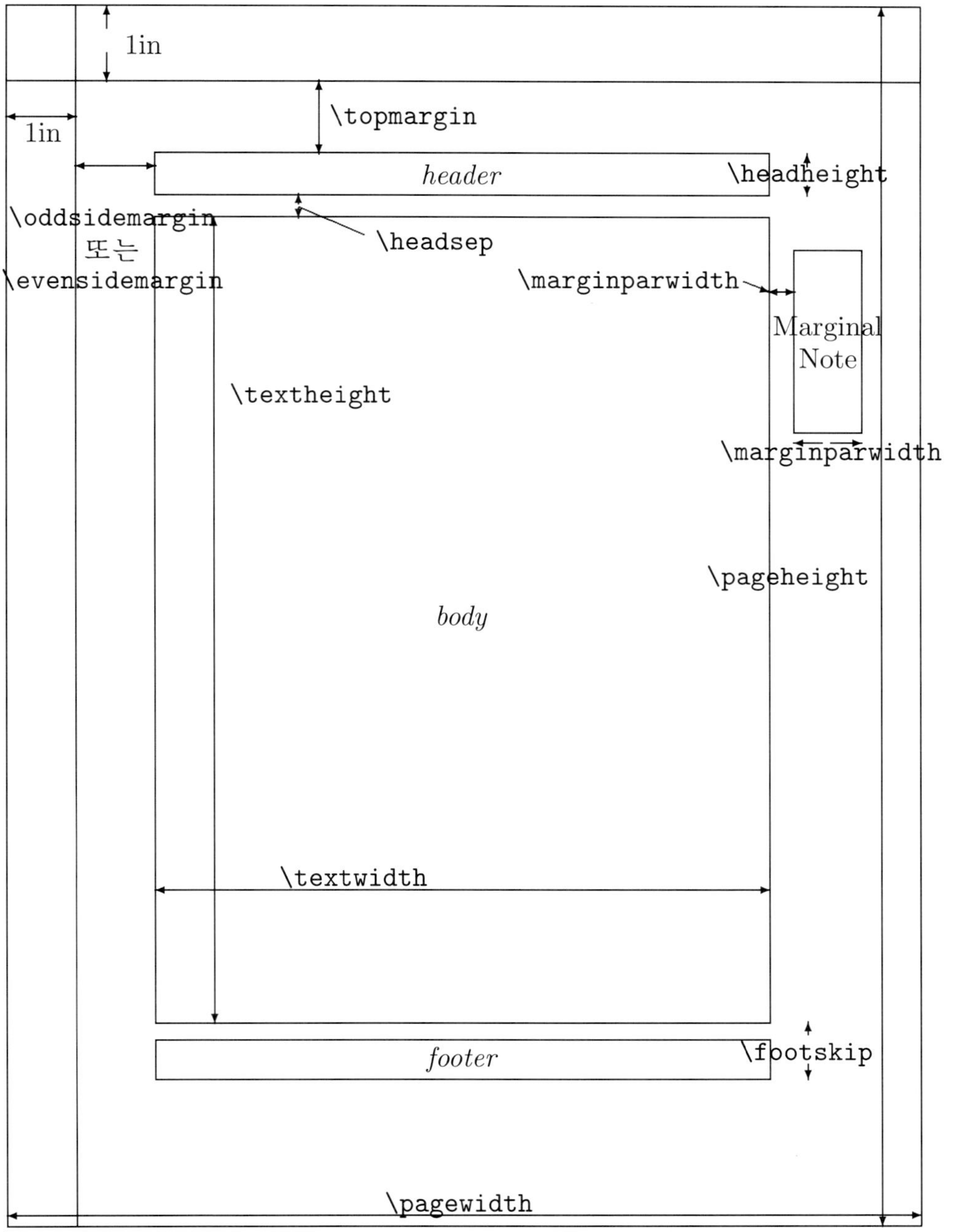

그림 3.1: LaTeX에서 사용하는 길이

> 참고: 위의 길이는 \baselinestretch를 제외하고는 어디나 갈 수 있다.

LaTeX에는 길이의 크기를 변화시키거나 새로운 길이를 정해줄 수 있다.

- `\newlength{`*length*`}` 새로운 길이 *length*를 정의하는 명령이다. `\newlength{\myparsep}`는 길이가 0인 길이 `\myparsep`를 만들어 준다. 여기서 `\myparsep` 는 사용자가 임의로 준 이름이다.
- `\setlength{`*length*`}{`*amount*`}`: 길이 *length*의 크기를 *amount*로 정하여 준다.
  `\setlength{\myparsep}{2cm}`은 `\myparsep`가 2cm임을 말한다.
- `\addtolength{`*length*`}{`*amount*`}`: 길이 *length*에 *amount*만큼의 크기를 더해준다. 음수도 가능한데
  `\addtolength{\myparsep}{-.1\myparsep}`
  명령의 결과 `\myparsep`는 1.8cm$(= 2 - (0.1) \times 2)$ 가 된다.
- `\settowidth{`*length*`}{`*text*`}`: 길이 *length*를 *text*에 준 텍스트의 폭 만큼의 길이로 정한다.
  `\settowidth{\myparsep}{\texttt{AbCd}}`로 `\myparsep`는 `AbCd`만큼의 넓이로 정의된다.

> **참고**: 우리가 문서를 작성할 때 대부분의 경우에 LaTeX에 포함된 종이크기 `a4` 또는 `letter`를 사용한다. 이 경우 상하좌우의 여백이 상당히 많은 것을 볼 수 있는데 이 여백을 줄이려면 `fullpage` 패키지를 사용하거나 다음과 같이
>
> ```
> \addtolength{\textwidth}{2cm}
> \addtolength{\textheight}{2cm}
> ```

을 사용하여 텍스트의 폭과 높이를 2cm 씩 늘여 주면 된다. 이 때 폭과 높이만 늘어나서 실제 출력을 하면 오른쪽 아래로 밀려 난 것을 볼 수 있는데 이를 조정하기 위해

```
\addtolength{\evensidemargin}{-1cm}
\addtolength{\oddsidemargin}{-1cm}
```

으로 왼쪽 위로 1cm씩 이동하면 된다.

3.2. 공간

LATEX에서 세로 공간(vertical space)은 `\vspace` 명령으로 만들어지고 가로 공간(horizontal space)은 `\hspace` 명령으로 만들어진다. 사용법은

`\hspace{`*length*`}` 또는 `\vspace{`*length*`}`

또는

`\hspace*{`*length*`}` 또는 `\vspace*{`*length*`}`

인데 *length*에는 앞 절에서 주어진 길이들이 모두 사용될 수 있다. 물론 사용자가 정의한 길이도 가능하다.

여기에 공$\underbrace{\hspace{1in}}_{\texttt{1in}}$간. ....여기에 공`\hspace{1in}`간.

음수 값을 주면 음의 공간이 만들어져 글자 등이 겹치게 할 수도 있다.

여기간에 공있다. ....여기에 공\hspace{-3em}간이 있다.

앞 절의 길이 단위 중 \parindent를 이용한 다음 경우를 보면 "공"과 "간" 사이에 문단 들여쓰기 네 배의 공간이 생겼다.

여기에 공 간이 있다..

여기에 공\hspace{.1\textwidth}간이 있다. \hspace가 한 줄의 맨 처음이나 맨 끝에 있으면 이 때의 공간

명령은 무시된다.

"\hspace{.5\textwidth} 이 앞에 공간이 있다."의 결과는
이 앞에 공간이 있다.

가 되어 한 줄의 시작에 있는 가로 공간은 무시됨을 볼 수 있다.
\hspace*는 \hspace와 같으나 문장의 시작이나 끝에 \hspace*가 있는 경우에도 주어진 길이만큼의 가로 공간을 준다는 것이 \hspace와 다른 점이다.

"\hspace*{.5\textwidth} 여기에 공간이 있다."
의 결과는 다음과 같다.
여기에 공간이 있다.
.5\textwidth

\vspace는 수직의 공간을 만들어 준다. 하지만 문단의 한 줄이 끝나지 않은 상태에서의 \vspace는 예상과 다른 결과를 나타내기 때문에 주의해야 한다.

```
여기에 세로 공\vspace{1cm}간을 만들려고 하면 문장의 중간이기
때문에 예상 외의 결과를 얻는다. 즉 한 줄을 완성한 후에 공간을
만든다.  여기에 세로 공\\ \vspace{1cm}간을 만들려고 하면
문장의 중간이라도 행이 바뀐 뒤이기 때문에 가능하다.
```

의 결과로

> 여기에 세로 공간을 만들려고 하면 문장의 중간이기 때문에 예상 외
>
> 의 결과를 얻는다. 즉 한 줄을 완성한 후에 공간을 만든다. 여기에 세로 공
> 간을 만들려고 하면 문장의 중간이라도 행이 바뀐 뒤이기 때문에 가
>
> 능하다.

가 출력된다.

\hspace가 한 줄의 처음이나 끝에서는 무시된 것처럼 세로 공간에서도 한 줄의 시작과 끝의 \vspace는 무시한다. 또한 한 면의 시작과 끝에 있는 \vspace도 무시된다. \vspace로 만들어지는 공간은 한 줄의 중간에서 만들어지지 않고 그 줄을 완성한 후 만들어진다. 위의 예는 1cm의 공간이 왜 문장이 완전히 끝난 다음에 나온 것인지 보여주는 예이다. 이 때 강제로 공간을 줄 필요가 있으면 \vspace* 를 사용한다. 위의 "공간"에서 "공"과 "간" 사이를 1cm 띄어쓰려면 *[1cm]를 사용하면 된다. 즉

> ``여기에 세로 공*[1cm]간을 만들려고 하면 ...'' 의 결과는
> "여기에 세로 공
>
> 간을 만들려고 하면 ..." 이다.

\vspace나 \hspace는 고무줄 길이를 변수로 가질 수 있다. 3.1절에서 본

것처럼 \fill은 고무줄 길이이고 따라서 늘어나거나 줄어들 수 있다.

이 문장은		양 쪽 끝에 있다.
이 문장은	세 부분	으로 이루어진다.

는 아래의 결과이다.

```
이 문장은 \hspace{\fill}양 쪽 끝에 있다.\\
이 문장은 \hspace{\fill} 세 부분 \hspace{\fill} 으로 이루어진다.
```

\hspace{\fill}과 \vspace{\fill}의 생략형으로 \hfill과 \vfill이 있다. \vfill이나 \vspace{\fill}은 \hfill 또는 \hspace{\fill}과 마찬가지로 세로로 면을 채운다. 이 자리에서 \vfill이라고 명령하면 이 면은 중간이

\vfill의 예로 만든 공간으로 설명 목적상 페이지의 중간에 공간이 있습니다.

빌 것이다.

한 번 더 `\vfill`을 넣으면 지금 보는

`\vfill`의 예로 만든 공간으로 설명 목적상 페이지의 중간에 공간이 있습니다.

이 면처럼 나타난다. `\vspace`의 응용으로

```
\bigskip
\medskip
\smallskip
```

이 있는데

이는 각각

```
\vspace{\bigskipamount}
\vspace{\medskipamount}
\vspace{\smallskipamount}
```

의 생략형이다. \bigskipamount, \medskipamount 및 \smallskipamount의 크기는 그 때의 사용 스타일에 따라 정해진다. 항상 기억할 것은 \vfill이나 \hfill은 한 면이나 줄의 시작과 끝에서는 그 효력이 없다는 것이다. \hfill의 역할과 비슷한 것으로 \dotfill과 \hrulefill이 있다.

\dotfill의 .... 효과

는 \verb+\dotfill+의 \dotfill 효과 명령의 결과이고

\hrulefill 의 ____________________ 효과 ____________________ 데모

는 \verb+\hrulefill+ 의 \hrulefill 효과 \hrulefill 데모 다음 명령의 결과이다.

3.3. \null 명령

PlainTEX의 명령어 중에 \null이 있는데 이를 이용하면 다음과 같이 어떤 문장을 맨 끝으로 보낼 수도 있다. 어떤 문서에서 날짜를 오른쪽 끝으로 보내려고 다음 명령을 주면 \hfill \today \\ 그 결과는

2009년 6월 22일

이다. 당연히 문장의 시작이기 때문에 `\hfill`의 효력이 없기 때문이다. 이때 `\null` 을 사용하여[2] `\null \hfill \today \\`를 명령하면 결과는

> 2009년 6월 22일

으로 원하는 바를 얻는다. `\null`은 아무 출력이 없으면서 어떤 입력이 있는 있는 것이기 때문에[3] 위의 `\hfill`은 문장의 시작이 아니었음을 이해하면 이 출력의 결과를 이해할 수 있다. 참고로 `\today`는 오늘 날짜를 출력하라는 명령이다.

3.4. 박스

TEX에서는 모든 것이 박스이다. 각 문자도 박스이고 이 박스를 옆으로 쌓아서 한 줄의 박스를 만든 다음 이러한 줄을 세로로 쌓아서 한 면을 만든다. (LATEX에서는 때로 한 면이 다 차지 않았는데 다음 면으로 넘어가는 경우가 있는데 이는 다음 면의 첫 부분이 너무 큰 박스라서 현재 면의 크기를 넘어가기 때문이다.) 다음은 Tonight fine 을 LATEX이 어떻게 박스를 쌓는지 보여준다.

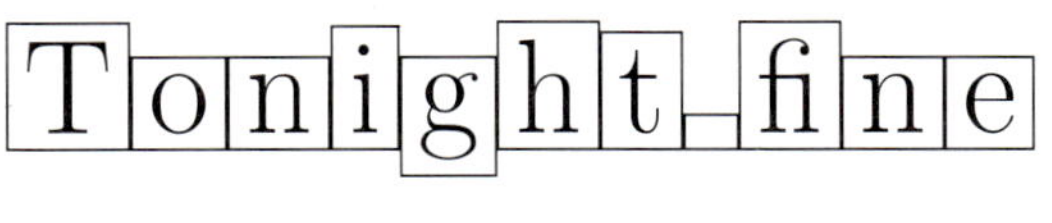

여기서 보는 것처럼 f 와 i 는 fi로 하나의 박스(ligature)[4]이며 글자에 따라 박스가 좁아지기도(처음 i) 하고 아래로 내려가기도 한다(g의 경우).

[2] `flushright` 참조.
[3] 실제로는 폭이 0인 박스이다.
[4] fi, ffi, fl 등과 같이 두 개 이상의 알파벳을 붙여쓰는 것을 ligature라고 한다.

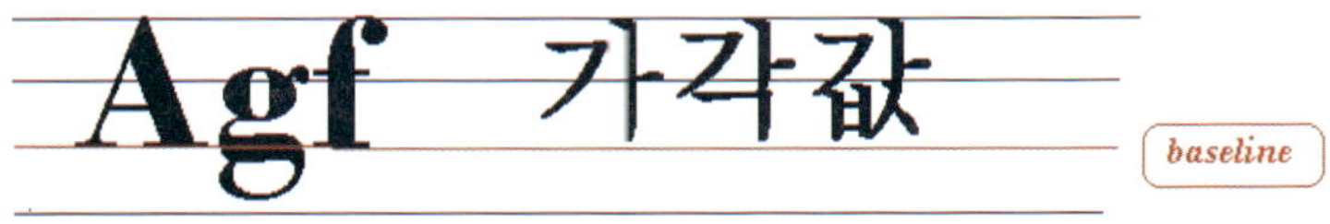

한글은 하나의 음절이 모두 같은 크기의 박스이나 영어의 경우는 위에서 본 것과 같이 한 알파벳이 차지하는 높이나 폭이 달라지는 LaTeX이 영어권에서 개발되었기 때문에 이와 가끔 베이스라인(*baseline*)이라는 표현을 사용한다. 베이스라인이란 위의 그림에서 세 번째 줄이다(컬러 인쇄인 경우 빨간 색 줄).

`array`, `tabular` 또는 `picture` 환경 등과 같은 큰 박스도 있다. `tabular` 환경을 이용하여 표를 만들면 그 표가 그 직전 문장의 끝 부분에 만들어지는 것도 이 때문이다. 이 절에서는 LaTeX에서 사용되는 특수한 박스인 `\makebox`, `\mbox`, `\framebox`, `\fbox`, `\parbox`와 `\marginpar` 명령 및 `minipage` 환경에 대해 알아보기로 한다.

3.4.1. LR 박스

LR 박스는 Left Right에서 따온 말로 LaTeX이 만드는 박스이다. 이 박스는 왼쪽에서 오른쪽으로 만들어 가는 박스이다.

`\makebox`는 주어진 길이만큼의 박스를 만들어 주어진 글을 그 박스 안에 넣는다. 사용법은

```
\makebox[length][loc]{contents}
```

인데 *length*는 만들어질 박스의 길이이고 *loc*는 박스 안에 들어갈 내용의 위치이다. 위치는 `r` 또는 `l` 인데 각각 오른쪽과 왼쪽을 의미한다. *contents*는

박스 안에 들어갈 내용이다.

```
여기에     2cm     의 박스 ....여기에 \makebox[2cm]{2cm}의 박스
여기에 2cm         의 박스.여기에 \makebox[2cm][l]{2cm}의 박스
여기에          2cm의 박스.여기에 \makebox[2cm][r]{2cm}의 박스
```

\mbox는 \makebox와 같은데 \makebox의 옵션인 두 변수, 즉 길이와 위치를 줄 수 없는 박스이다.

```
여기에 3 cm 의 박스.................여기에 \mbox{3 cm} 의 박스
```

\mbox의 용도 중의 하나는 수학 식에서 한글 사용할 때 유용하게 이용할 수 있다는 것이다.(4.14 참조.)

\framebox는 다음과 같이 사용하며

\framebox[*length*][*loc*]{*contents*}

loc, *length* 등의 사용법은 \makebox와 같으며 *contents*에 실선의 사각형을 만들어주는 것만 차이가 있다. 다음의 보기를 보자. 박스의 둘레에 실선의 사각형을 만들어 준다.

```
여기에 |   사각형   |이 있다.......................................
........................여기에 \framebox[1in]{사각형}이 있다.
```

\framebox 에서도 \makebox 에서처럼 l, r, c 로 위치를 정해 줄 수 있다.

```
여기에 |사각형      |이 있다.......................................
......................여기에 \framebox[1in][l]{사각형}이 있다.
```

\framebox나 \makebox는 박스의 위치를 먼저 잡고 그 안에 주어진 텍스트를 입력한다. 따라서 박스의 크기가 박스 안의 내용보다 작으면 출력이 겹치기도 한다. 즉

O OThis is a boxO O .... O O O \framebox[1cm]{This is a box} O O O
O OThis is a boxO O .... O O O \makebox[1cm]{This is a box} O O O

\fbox는 \makebox에 대한 \mbox로서 길이와 위치를 줄 수 없는 \framebox이다.

김철수 .... \fbox{김철수}
김철수 .... \fbox{\fbox{김철수}}

3.4.2. \parbox

\parbox는 어떤 문장, 문단 등을 큰 박스로 만든다. \parbox에는 반드시 길이를 주어야 한다. 그 이유는 일반적으로 \parbox의 내용은 한 줄 이상인데 LaTeX은 사용자가 어느 정도 크기의 박스를 원하는지 미리 알 수 없기 때문이다. \parbox의 사용법은

\parbox[*loc*]{*length*}{*contents*}

이다. 여기서 *loc*은 \parbox의 위치를 정하는데 그 값은 t(top), b(bottom) 또는 c(center)이고 사용자가 지정해 주지 않으면 c를 사용한다. *length*에는

박스의 길이를, *contents*에는 박스에 들어갈 내용을 준다.

A box of 2 cm length is here and a second box will be next	BETWEEN	This box has 3cm length

위는 다음 명령의 결과이다(윤곽선 제외).

```
\parbox{2in}{A box of 2 cm length is here
and a second box  will be next} \ \hfill BETWEEN \ \hfill
\parbox{3cm}{This box has 3cm length} \\
```

앞서 말한 바와 같이 모든 글자도 박스이기 때문에 줄을 바꾸어 주지 않으면 박스는 그옆에 생긴다. 즉

```
여기에 \hfill \fbox{\parbox{3in}{여기에 박스를 넣으면
박스 앞뒤로 다른 문장이 이어져 나온다. 그 이유는 줄을
바꾸지 않았기 때문이다.}}\hfill 박스가 있다.
```

의 결과는

여기에	여기에 박스를 넣으면 박스 앞뒤로 다른 문장이 이어져 나온다. 그 이유는 줄을 바꾸지 않았기 때문이다.	박스가 있다.

위에서 보는 것처럼 `\fbox`를 이용하면 특정한 텍스트에 사각형을 둘러줄 수 있다. 참고로 `\parbox` 안의 문장은 들여쓰기를 하지 않는다. (`quote` 환경 참조)

3.4.3. minipage 환경

`\parbox`는 일반적으로 작은 양의 문장, 문단에 사용하고 좀더 많은 양은 `minipage` 환경을 이용한다. `minipage` 환경은 `\parbox`와 같이 옵션인 위치와 필수적인 넓이를 주어 만들어진다. `minipage` 환경에서는 그 환경 안에서 따로 `\footnote`를 만들 수 있다. `minipage` 에서 사용하는 `\footnote` 의

번호는 1, 2 등의 숫자가 아니다.[5] 사용법은

```
\begin{minipage}[loc]{length}
페이지 내용
⋮
\end{minipage}
```

인데 *loc*는 t, b, c를 사용하며 각각 위, 아래 중앙으로 정렬하게한다. *loc*는 옵션인데 사용자가 정해주지 않으면 c를 사용한다. *width* 는 minipage 가 만들어질 폭을 주는데 길이의 단위도 함께 주어야 한다.

minipage는 parbox와 비슷하다. 반드시 폭을 주어야 한다.	**그러나**	위치는 줄 수도 있고 안 줄 수도 있다. 지정해 주지 않으면 c[a] 를 가정한다. [a]중앙(center)을 의미.

는 다음 명령의 결과이다.

```
\begin{minipage}[t]{1.8in}
\texttt{minipage}는 \texttt{parbox}와 비슷하다.
 반드시 폭을 주어야 한다.
\end{minipage} \textbf{그러나} \
\begin{minipage}[b]{1.8in}
위치는 줄 수도 있고 안 줄 수도 있다. 지정해 주지
않으면 \texttt{c}\footnote{중앙(center)을
의미}를 가정한다.
\end{minipage}
```

[5]표 6.4 참조.

여기서 주의할 점은 minipage 환경도 \parbox 명령과 마찬가지로 박스가 만들어지기 때문에 minipage를 시작하기 전에 \newline이나 \\를 사용하여 줄을 바꿔 주지 않으면 앞 문장의 끝에 붙여서 minipage가 만들어진다는 것이다.

3.4.4. \marginpar 명령

\marginpar는 본문의 왼쪽이나 오른쪽에 박스를 만들어준다. 사용법은

\marginpar[*left margin*]{ *right margin*}

이고 *left margin*에는 본문의 왼쪽 가장자리 *right margin*은 본문의 오른쪽 가장자리에 문단을 만들어 준다. 이러한 \maginpar는 특별히 정해 주지 않으면 twoside 스타일에서는 짝수면의 왼쪽과 홀수면의 오른쪽에 나타나고 oneside 스타일에서는 각 면의 오른쪽에 나타난다. 이를 바꿀 수 있는 명령은 아래 두 가지가 있다.

- \reversemarginpar 선언은 이러한 가장자리 문단의 위치를 바꿔 주게 하고
- \normalmarginpar 선언은 위에서 말한 대로 위치를 정하게 한다.

지금 만들어진 오른쪽 가장자리 문단은 다음 명령의 결과이다.[6] 오른쪽에 만들어진 가장자리 문단

\marginpar{\footnotesize 오른쪽에 만들어진 가장자리 문단}

\marginpar 명령의 미세 조정을 위한 선언에는 다음 세 가지가 있다.

[6]색의 사용에 대한 명령은 제15장을 참고하기로 하며 여기서는 색깔 사용에 대한 명령은 생략하였다.

- `\marginparwidth`는 가장자리 문단의 폭을 정해 준다.
- `\marginparsep`는 본문과 가장자리 문단의 (가로)간격을 정하여 준다.
- `\marginparpush`는 가장자리 문단끼리의 (세로)간격을 정한다.

왼쪽의 가장자리 문단은 다음의 미세조정 중의 하나인 길이를 조정하고 위의 위치 조정명령을 이용한 가장자리 문단이다. 밑의 두 줄은 이러한 변화를 원래대로 해두기 위해 추가로 준 명령이다. 여기서 한 가지 주의할 것은 가장자리 문단의 위치, 크기 등은 `\marginpar` 명령이 선언된 문단에서의 선언에 따라 달라진다는 것이다. 아래의 보기에서 빈 줄을 하나 준 것은 그 때문이다.

왼쪽에 만들어진 가장자리 문단

```
\addtolength{\marginparwidth}{-1cm}
\reversemarginpar
\marginpar{왼쪽에 만들어진 가장자리 문단}

\normalmarginpar
\addtolength{\marginparwidth}{1cm}
```

3.4.5. \rule 명령

`\rule`는 내부를 검게 한 사각형을 간들어 준다. 사용법은

> `\rule[`*raise*`]{`*width*`}{`*height*`}`

이다. 여기서 *raise*는 사각형의 위치를 얼마나 올리는지 정해주고 (음수이면 내리는지) *width*와 *height*는 사각형의 폭과 높이를 정해준다.

가로 세로 3 mm인 이 사각형 ■는 `\rule{3mm}{3mm}`로 만들어진다. 2 mm 높아진 박스 ■는 `\rule[2mm]{3mm}{3mm}`로 만든다. 이따금 높이나 폭이 0인 경우가 필요한데 일반적으로 눈에 보이지 않는 공간을 만드는데 사용된다. 가로 세로가 1cm 인 정사각형을 만든 다음 예를 보자.

□ .... `\fbox{\rule{1cm}{0cm}\rule{0cm}{1cm}}`

가로 또는 세로의 길이가 0인 위의 두 개의 `\rule` 명령은 가로 세로 각 1cm가 되는 보이지 않는 사각형을 만들고 이 사각형에 `\fbox` 명령으로 실선을 침으로써 가로 세로가 각 1cm인 정사각형을 만들 수 있다.

3.4.6. 박스의 위치 변경

박스의 위치 변경은 가로 위치를 바꾸어 주는 `\kern`과 세로위치(높이)를 바꾸어 주는 `\raisebox`와 `\lower` 명령이 있다. 이 명령을 이해하기 위해 ᄒᆞᆫ글을 만든 경우를 살펴 보자. 다음의 과정은 편집기가 고어를 지원하면 불필요하지만 박스의 위치변경 과정을 살피는 예로 설명한다.

```
\newcommand{\hangl}{{ㅎ\kern -.53em\lower .33em\hbox{$\cdot$}%
\kern -.7em\lower 1ex\hbox{ㄴ}}\lower .1em\hbox{글}}
```

는 아래아 한글의 "ᄒᆞᆫ글"을 만들기 위한 명령이다. 이는 "ㅎ"을 먼저 만든 다음에 `\kern .53em`은 왼쪽으로 `.53em` 움직이라는 명령이며 따라서 "ㅎ" 다음에 겹쳐서 "·"을 찍는다. 이 때 먼저 쓴 "ㅎ"과 겹치지 않게 `.33em`만큼 내려서 (`\lower`) "·" 를 인쇄한다. 그런 후에 `1ex`만큼 반대로 옮겨서 "ㄴ"을 인쇄한다. 이 때 글자 크기가 약간 달라지므로 "글"을 `.1em` 만큼 내려서 균형을 맞추었다.

`\raisebox` 명령은 LaTeX에서 박스의 위치를 올리거나 내릴 때 사용한다. 사용법은

```
\raisebox{length}{contents}
```

*length*에는 올릴 길이를 준다. 길이가 음수이면 박스가 내려간다. *contents*에는 올리거나 내릴 박스의 내용을 준다. 전형적인 `\raisebox`의 사용 예는

LaTeX은 문장의 일부를 올리거나 또는 내릴 수 있다.

인데 이는

```
\LaTeX 은 문장의 일부를 \raisebox{.6ex}{올리거나}
 또는 \raisebox{-.6ex}{나 릴} 수 있다.
```

로 만들어진다. 끝으로 `\TeX`은 다음의 명령으로 정의되어 있으며

```
\def\TeX{T\kern-.1667em\lower.5ex\hbox{E}\kern-.125emX}
```

AMSLaTeX의 AMS는 다음과 같이 정의되어 있다.

```
\def\AmS{{\protect\usefont{OMS}{cmsy}{m}{n}%
  A\kern-.1667em\lower.5ex\hbox{M}\kern-.125emS}}
```

`\def`는 `\newcommand`와 같은 의미이다.

3.4.7. 사용자 정의 박스

LaTeX에는 사용자자 새 박스를 정의할 수 있으며 이 박스를 저장해 두었다가 필요할 때 불러와 사용할 수 있다. 이 명령은 각각

```
\newsavebox{box},
\savebox{box}{box_definition} 및
\usebox{box}
```

이다. 이들 명령은 LaTeX이 새로운 박스 이름 *box*를 설정하고 새로운 박스 `box`의 내용을 *box_definition*을 정의하고, 필요할 때 그 박스의 내용 *box*를 불러 쓸 수 있게 한다. 사용보기 및 자세한 내용은 247면을 참고하기로 한다.

제 4 장

LaTeX의 수학 모드

4.1. 기초적인 수식

LaTeX의 수학은 LaTeX에게 수학 모드라는 것을 알려 준 다음에 우리가 원하는 수식을 입력하면 된다. 수학 모드의 시작과 끝을 알리는 방법은 수학식의 시작과 끝에 `$`를 붙이거나, `\begin{math}`와 `\end{math}` 또는 `\(` 와 `\)` 사이에 수식을 넣으면 된다. 즉 $y = 2x - 1$를 얻으려면 `$y=2x-1$` `\(y=2x-1\)` 또는 `\begin{math}y=2x-1\end{math}$`를 입력한다. 이 세가지의 결과는 모두 같다.

여기서 보는 것처럼 수학 모드에서 LaTeX은 다른 글자체를 사용할 뿐 아니라 "−" 부호와 같은 연산자의 앞뒤에 공간도 넣어 준다. 주의할 점은 LaTeX의 수학 모드 내에서는 사용자가 준 공간은 완전히 무시된다는 점이다. 즉 `$y = 2 x - 1$` 의 결과도 역시 $y = 2x - 1$이다.

수식을 입력하기 위해서는 지금 보는 `$`, `\begin{math}`와 `\end{math}` 사이 또는 `\(`와 `\)`외에도 `$$` 사이, `\begin{displaymath}`와 `\end{displaymath}` 사이 또는 `\[`와 `\]` 사이에 수식을 넣어도 된다. 이런 방식은 의 세 가지와 다소 다른 결과를 얻는다. 즉 `$x^2-1$`로 얻는 $x^2 - 1$ 와 `$$x^2-1$$`로 얻는

$$x^2 - 1$$

와는 다른 방식임을 알 수 있다. 이제 수학모드에서 사용할 수 있는 여러 가지 명령과 환경에 대해서 알아보기로 한다.

4.2. 자판에 없는 수식 부호

앞에서 본 바와 같이 ^는 지수를 만들었다. 이제 $\sqrt[3]{2}$ 이나 α 처럼 자판에 없는 수학 기호를 어떻게 입력할 것인지 보자.

첨자

지수(혹은 위첨자)는 ^ 로 아래첨자는 _ 로 만든다.

$x^{2y}, x^{{2y}^x}, X_{n_1}^{2y^z}$ .... `$x^{2y}, x^{{2y}^x}, X_{n_1}^{2y^z}$`

^ 나 _ 다음에 { }가 없으면 그 바로 다음 문자만 첨자가 된다. 예로 X_{3m}^{2n}을 만들 때 `$X^{2n}_{3m}$` 대신 `$X^2n_3m$`을 입력하면 X^2n_3m를 얻게 된다. 위첨자와 아래첨자의 순서는 상관없다. `$X^2_n$`과 `$X_n^2$`은 같은 결과인 X_n^2을 얻게 된다.

$$2^{2^{2^{2^{2^{2^{2^{2}}}}}}} \tag{4.1}$$

수식 (4.1)는 다음 명령의 결과이다.

```
2^{2^{2^{2^{2^{2^{2^{2}}}}}}}
```

미분 표시 ′

주로 미분 표시로 사용하는 프라임(′)은 ' 로 만들어진다. 즉 인용 부호를 수학 모드 안에서 사용하면 ′ 가 만들어진다. 둘 이상의 동시 사용도 가능하다.

$f'(x) \quad f'''(x)|_{x=0}$ .... `$f'(x) \quad f'''(x)|_{x=0}$`

그리스 문자

그리스 문자는 표 4.1에 정리되어 있다. 그리스 문자 이름 앞에 \ 만 붙이면 되므로 사용은 아주 편하다. 일부 변종 문자들은 이름 앞에 `var`을 붙이고 대문자 그리스 문자는 첫 글자만 대문자로 쓴다.

$\pi, \Phi, \Sigma, \mu, \alpha$ .... `$\pi, \Phi, \Sigma, \mu, \alpha$`

다만 이들은 모두 수학 모드에서만 사용 가능하다. omicron은 `o`를 입력한다.

그리스 문자는 수학 모드에서도 roman 글자체를 사용하는데 이탤릭체로 바꾸고자 할 때는 `\mit`(LaTeX 2.09)나 `\mathit`를 이용한다(math italic).

$\mathit{\Gamma\Pi\Phi}$는 $\Gamma\Pi\Phi$와 다르다. .... `${\mit \Gamma \Pi \Phi}$`는 `$\Gamma \Pi \Phi$`와 다르다.

또는

$\mathit{\Psi\Theta\Omega}$는 $\Psi\Theta\Omega$와 다르다. .... `$\mathit{\Psi \Theta \Omega}$`는 `$\Psi \Theta \Omega$`와 다르다.

와 같이 사용한다.

표 4.1: 그리스 문자

		소문자			
α	\alpha	β	\beta	γ	\gamma
δ	\delta	ϵ	\epsilon	ε	\varepsilon
ζ	\zeta	η	\eta	θ	\theta
ϑ	\vartheta	ι	\iota	κ	\kappa
λ	\lambda	μ	\mu	ν	\nu
ξ	\xi	π	\pi	ϖ	\varpi
ρ	\rho	ϱ	\varrho	σ	\sigma
ς	\varsigma	τ	\tau	υ	\upsilon
ϕ	\phi	φ	\varphi	χ	\chi
ψ	\psi	ω	\omega		
		대문자			
Γ	\Gamma	Λ	\Lambda	Σ	\Sigma
Ψ	\Psi	Δ	\Delta	Θ	\Theta
Ξ	\Xi	Π	\Pi	Υ	\Upsilon
Φ	\Phi	Ω	\Omega		

근호

`\sqrt[n]{`*math_formula*`}`는 *math_formula*의 n승 근을 표시한다. 만일 2제곱근인 경우에 `[n]`을 쓰지 않으면 된다.

$\sqrt[n]{x}$, $\sqrt[3]{ax+b}$, $\sqrt[2]{5}$, $\sqrt{2}$, $\sqrt[x]{2}$ ....

```
\sqrt[n]{x},\sqrt[3]{ax+b},\sqrt[2]{5},\sqrt{2},\sqrt[x]{2}
```

`\sqrt` 는 여러번을 겹쳐 쓸 수 있다.

$$\sqrt{1+\sqrt{1+\sqrt{1+\sqrt{1+\sqrt{1+\sqrt{1+x}}}}}} \tag{4.2}$$

위의 식 (4.2)은 다음의 명령으로 만든 것이다.

```
\begin{equation} \label{eq:sqrt}
  \sqrt{1+\sqrt{1+\sqrt{1+\sqrt{1+\sqrt{1+\sqrt{1+x}}}}}}
\end{equation}
```

$\sqrt{\ }$ 는 그 안의 내용에 따라 $\sqrt{\ }$ 의 크기가 바뀐다. 즉 $\sqrt{a}$ $\sqrt{d}$ $\sqrt{g}$ 의 $\sqrt{\ }$ 의 크기가 같지 않은데 이들의 크기를 같게 하려면 `\mathstrut` 명령을 사용하여 $\sqrt{\ }$ 의 크기를 최대로 하는 방법이 있다.

```
$$\sqrt{\mathstrut a} \sqrt{\mathstrut d} \sqrt{\mathstrut g}$$
```

의 결과는 크기가 같은 근호가 만들어진다.

$$\sqrt{\mathstrut a}\sqrt{\mathstrut d}\sqrt{\mathstrut g}$$

점 부호; `\cdots`, `\dots`, `\ddots`, `\vdots`

점부호는 다음 경우에 많이 필요하다.

$(x_1+\cdots+x_n)$	`$(x_1+\cdots+x_n)$`
$(a_1,\ldots,a_m)$	`$(a_1,\ldots,a_m)$`

위에서 보는 것처럼 `\cdots`는 중앙으로 `\ldots`는 아래로 세 개의 점을 넣는다. `\ldots`는 수학 모드가 아닌 경우에도 쓸 수 있다. `$\vdots$` ($\vdots$)와 `$\ddots$` ($\ddots$)는 각각 수직 방향과 대각선 방향으로 세 점을 만들고 `\cdot`은 중앙점 ($\cdot$)을 만든다. `ldots` 대신에 자판의 점(마침표)을 세 번 입력하고 싶을 수 있으나 아래에서 보는 것처럼 점들 사이의 간격이 좁아서 권할 만한 방법은 아니다.

`$\ldots$`($\ldots$) `$...$` ($...$) `...` (...)

분수

분수는 /를 사용하여 $a/(b+c)$로 쓸 수도 있는데 `\frac{a}{b+c}`를 사용하면 $\frac{a}{b+c}$를 얻는다. `\frac` 의 사용법은 `\frac{분자}{분모}`이며 계속하여 반복할 수도 있다.

$\displaystyle \frac{x^2+1}{y_1^2 -1}$ ....`$\displaystyle \frac{x^2+1}{y_1^2 -1}$`

아래의 분수는 반복하여 쓴 것이다.[1]

$$1+\frac{1}{1+\frac{1}{1+\frac{1}{1+\frac{1}{1+\frac{1}{1+x}}}}} \tag{4.3}$$

식 (4.3) 는 아래 명령의 결과인데

```
1+\frac{1}{1+\frac{1}{1+\frac{1}{1+\frac{1}{1+\frac{1}{1+x}}}}}
```

여기서 보는 것처럼 반복하여 `\frac`을 사용할 경우 글자의 크기가 일정하지 않다. 분수에서의 글자 크기 조절은 4.13 절을 참조하기로 한다. 분자와 분모가 한 자씩일 때는 { 와 }를 생략할 수 있다. 이때 분자가 문자일 경우 한 칸 이상 띄어써야 한다.

`$\frac12$ $\frac x2$` .... $\frac12$ $\frac x2$

칼리그래픽 문자

칼리그래픽 문자는 대문자 26가지 $\mathcal{A}$, $\mathcal{B}$, $\cdots$, $\mathcal{Z}$가 사용 가능하다. 한 가지 주의할 점은 칼리그래픽 문자는 반드시 수학 모드 안에서만 사용 가능하다

[1] amsmath 패키지의 `\cfrac` 명령 참조.

표 4.2: 수학 모드에서의 연산자

$\pm$	\pm	$\mp$	\mp	$\times$	\times
$\div$	\div	$\ast$	\ast	$\star$	\star
$\circ$	\circ	$\bullet$	\bullet	$\cdot$	\cdot
$\cap$	\cap	$\cup$	\cup	$\uplus$	\uplus
$\sqcap$	\sqcap	$\sqcup$	\sqcup	$\vee$	\vee
$\wedge$	\wedge	$\setminus$	\setminus	$\wr$	\wr
$\diamond$	\diamond	$\bigtriangleup$	\bigtriangleup	$\bigtriangledown$	\bigtriangledown
$\triangleleft$	\triangleleft	$\triangleright$	\triangleright	$\lhd$	\lhd
$\rhd$	\rhd	$\unlhd$	\unlhd	$\unrhd$	\unrhd
$\oplus$	\oplus	$\otimes$	\otimes	$\oslash$	\oslash
$\odot$	\odot	$\bigcirc$	\bigcirc	$\dagger$	\dagger
$\ddagger$	\ddagger	$\amalg$	\amalg		

는 것이다. 사용법은 {\cal A}, {\cal B}, {\cal Z}[2] 또는 \mathcal{A}, \mathcal{B}, \mathcal{Z}[3] 이다.(\bigm 명령은 4.15 절 참조.)

$\mathcal{S}$를 $\mathcal{S} = \{A \bigm| A \ni \mathcal{T}\}$ 라 하자.

```
${\cal S}$를 ${\cal S}=\{A \bigm| A \ni{\cal T}\}$라 하자.
```

연산자

LaTeX에서 사용할 수 있는 연산자들은 표 4.2에 정리되어 있다. 여기서 [■] 표시가 있는 것은 LaTeX 2ε에서는 latexsym 패키지를 이용하여야 한다. 물론 +, −처럼 자판에 있는 연산자는 자판대로 입력한다.

연산자는 $+2$, -3, $\pm x$와 $1 + 2 = 3$, $x = 1 \pm \sqrt[3]{5}$ 등에서 보는 것처럼 +, −, ± 등이 어떤 위치에 있는지에 따라서 그 연산자의 앞뒤 간격이 달라진

[2] LaTeX2.09 와 LaTeX 2ε에서 모두 사용 가능.
[3] LaTeX 2ε에서만 사용 가능함.

표 4.3: 수학 모드에서의 관계연산자

$\leq$	\leq	$\prec$	\prec	$\preceq$	\preceq
$\ll$	\ll	$\subset$	\subset	$\subseteq$	\subseteq
$\sqsubset$	\sqsubset	$\sqsubseteq$	\sqsubseteq	$\in$	\in
$\vdash$	\vdash	$\geq$	\geq	$\succ$	\succ
$\succeq$	\succeq	$\gg$	\gg	$\supset$	\supset
$\sqsupset$	\sqsupset	$\supseteq$	\supseteq	$\sqsupseteq$	\sqsupseteq
$\ni$	\ni	$\dashv$	\dashv	$\equiv$	\equiv
$\sim$	\sim	$\simeq$	\simeq	$\asymp$	\asymp
$\approx$	\approx	$\cong$	\cong	$\neq$	\neq
$\doteq$	\doteq	$\propto$	\propto	$\models$	\models
$\perp$	\perp	$\mid$	\mid	$\parallel$	\parallel
$\bowtie$	\bowtie	$\Join$	\Join	$\smile$	\smile
$\frown$	\frown				

다. −3에서 − 와 3 사이의 간격이 5 − 3 = 2에서의 간격만큼 넓다면 아주 어색할 것이다.

관계연산자

관계연산자는 수학에서 둘을 비교할 때 사용하는 연산자를 말하는데 자판에 있는 < 등을 제외한 나머지는 표 4.3에 정리되어 있다. 여기서 표시가 있는 것은 LaTeX 2ε에서는 `latexsym` 패키를 이용하여야 한다.

관계연산자의 부정은 `\not`을 사용하면 된다. `\not`은 수학의 관계연산자에 "/"를 만들어준다.

$\not0, \emptyset$ .... `$\not0, \emptyset$`

$\not\ni, \not\subset, \not<$ .... `$\not\ni, \not\subset, \not<$`

표 4.4: 수학 모드의 화살표 기호

$\leftarrow$	`\leftarrow \gets`	$\Leftarrow$	`\Leftarrow`
$\rightarrow$	`\rightarrow \to`	$\Rightarrow$	`\Rightarrow`
$\longleftarrow$	`\longleftarrow`	$\Longleftarrow$	`\Longleftarrow`
$\longrightarrow$	`\longrightarrow`	$\Longrightarrow$	`\Longrightarrow`
$\leftrightarrow$	`\leftrightarrow`	$\Leftrightarrow$	`\Leftrightarrow`
$\longleftrightarrow$	`\longleftrightarrow`	$\Longleftrightarrow$	`\Longleftrightarrow`
$\mapsto$	`\mapsto`	$\longmapsto$	`\longmapsto`
$\hookleftarrow$	`\hookleftarrow`	$\hookrightarrow$	`\hookrightarrow`
$\leftharpoonup$	`\leftharpoonup`	$\leftharpoondown$	`\leftharpoondown`
$\rightharpoonup$	`\rightharpoonup`	$\rightharpoondown$	`\rightharpoondown`
$\rightleftharpoons$	`\rightleftharpoons`	$\leadsto$	`\leadsto`
$\uparrow$	`\uparrow`	$\Uparrow$	`\Uparrow`
$\downarrow$	`\downarrow`	$\Downarrow$	`\Downarrow`
$\updownarrow$	`\updownarrow`	$\Updownarrow$	`\Updownarrow`
$\nearrow$	`\nearrow`	$\searrow$	`\searrow`
$\nwarrow$	`\nwarrow`	$\swarrow$	`\swarrow`

$\mathcal{A}_{\mathcal{M}}\mathcal{S}$-TEX에서 사용하는 연산자는 amssymb 패키지를 이용하면 사용할 수 있는데 이는 4.19절의 표 4.13부터 표 4.19에 정리하였다.

log 등의 함수

수학 모드 안에서의 글자체는 math italic인데 $log(x)$라고 하였을 때 log의 모양은 log에 비하여 자연스럽지 못하다. 또한 $logx$(`log␣x`)에서 보는 것처럼 log와 x 사이의 간격을 무시함으로써 생기는 불편함이 있다. 이러한 점을 해소하기 위해 LaTeX에는 `\log` 등의 함수가 정의되어 있다. 삼각함수를 포함하는 이러한 명령은 표 4.6에 정리되어 있다.

$\lim_{n\to\infty}$ (`$\lim_{n\to\infty}$`)에서 보는 것처럼 표 4.6에 있는 일부 함수는 인덱스를 줄 수 있다. 이 경우 디스플레이 스타일인지 텍스트 스타

표 4.5: 기타 수학 모드에서 쓸 수 있는 부호

기호	명령	기호	명령	기호	명령
$\aleph$	\aleph	$\hbar$	\hbar	$\imath$	\imath
$\jmath$	\jmath	ℓ	\ell	$\wp$	\wp
$\Re$	\Re	$\Im$	\Im	$\mho$	\mho
$\prime$	\prime	$\emptyset$	\emptyset	∇	\nabla
$\surd$	\surd	$\top$	\top	$\bot$	\bot
$\Vert$	\\|	$\angle$	\angle	$\forall$	\forall
$\exists$	\exists	$\neg$	\neg	$\flat$	\flat
$\natural$	\natural	$\sharp$	\sharp	$\backslash$	\backslash
∂	\partial	∞	\infty	$\Box$	\Box
$\Diamond$	\Diamond	$\triangle$	\triangle	$\clubsuit$	\clubsuit
$\diamondsuit$	\diamondsuit	$\heartsuit$	\heartsuit	$\heartsuit$	\heartsuit
$\spadesuit$	\spadesuit	¶	\P	§	\S
˒	rhook	Pr	\Pr	$\land$	\land
˓	lhook	˒	rhook	$\rceil$	\rceil
$\lceil$	\lceil	$\rfloor$	\rfloor	$\lfloor$	\lfloor
$\langle$	\langle	$\rangle$	\rangle		
		다음은 수학 모드 외에서도 사용가능			
ß	\ss	ł	\l	Ł	\L

일인지에[4] 따라 모양이 다르다. 즉 $\lim\limits_{n\to\infty}$ 는 디스플레이 스타일에서의 모양이고 $\lim_{n\to\infty}$는 텍스트 스타일에서의 모양이다. 다음 함수는 \lim처럼 첨자를 가질 수 있다.

\det \gcd \inf \lim \liminf \limsup \max \min \Pr \sup

(`$\liminf_{n\go \infty}$`)로 만든 $\liminf\limits_{n\longrightarrow\infty}$[5]와 (`$liminf_{n\go \infty}$`)로 만든 $liminf_{n\longrightarrow\infty}$ 의 차이는 \log 등을 사용하여야 하는 이유가 앞서 말한 글자체 차이만이 아니라는 것을 보여준다. (주: 위의 두 출력은 모두 디스플레이 스타일에서의 모양임.)

마지막으로 mod를 만들어주는 함수가 \bmod 와 \pmod 두 가지가 있는

[4] 4.4절 참조.

[5] \go 는 \longrightarrow를 저자가 새로 정의한 것임. 8.1 절 참조.

표 4.6: Log 등의 함수

\arcos	\arsin	\artan	\arg	\cos
\cosh	\cot	\coth	\csc	\deg
\det	\dim	\exp	\gcd	\hom
\inf	\ker	\lg	\lim	\liminf
\limsup	\ln	\log	\max	\min
\Pr	\sec	\sin	\sinh	\sup
\tan	\tanh			

데 \bmod는 괄호를 만들지 않고 \pmod는 괄호를 만든다. \pmod는 괄호 안에 들어갈 변수를 입력해야 한다. 4.20 절에는 AMSTEX에서 사용할 수 있는 \mod 등이 소개되어 있다.

$a \bmod b \qquad y \pmod{a+b}$ .... `$a \bmod b \qquad y \pmod{a+b} $`

여기서 \qquad는 "M" 두 개 만큼의 공간을 주라는 plainTEX명령이다. 참고로 \quad는 한 개의 "M" 만큼의 공간을 주는 plainTEX명령이다.

4.3. 수학 모드에서의 공간 조절

수학 모드에서의 공간 조절은 수식을 좀더 자연스럽게 하고자 할 때 사용한다. 이 때 사용할 수 있는 명령은 다섯 개가 있는데 표 4.7에 각 명령과 그에 따른 공간의 변화가 수록되어 있다. 다음의 예는 표 4.7의 공간 조정이 필요한 예이다.

$\int\!\!\int \cdots \int f dP \neq \int \int \cdots \int f dP$ ......`\int\!\!\int \cdots \int f dP`
$1/\!\log n \neq 1/\log n$ ....`1/ \! \log n`
$\sqrt{4}\,n \neq \sqrt{4}n$ ....`\sqrt{4} \, n`

표 4.7: 수학 모드에서 공간 조정

<table>
<tr><td>$|\!|$</td><td>(|\!|)</td><td>조금의 추가공간 없애기</td></tr>
<tr><td>$||$</td><td>(||)</td><td>따로 공간을 주지 않을 때</td></tr>
<tr><td>$|\,|$</td><td>(|\,|)</td><td>조금의 추가공간</td></tr>
<tr><td>$|\:|$</td><td>((|\:|)</td><td>중간정도의 공간</td></tr>
<tr><td>$|\;|$</td><td>(|\;|)</td><td>약간 많은 공간</td></tr>
<tr><td>$|\ |$</td><td>(|\␣|)</td><td>단어 사이의 공간만큼의 추가 공간</td></tr>
</table>

4.20 절에는 `\iint` 등 `amsmath` 패키지에서 사용하는 명령이 소개되어 있다. 이런 명령은 따로 공간을 조절할 필요가 없다.

4.4. 두 가지 수학 스타일

수학 모드는 텍스트 스타일과 디스플레이 스타일이 있는데 텍스트 스타일은 수학식 등이 문장의 일부로 포함되게 하는 방법이고 디스플레이 스타일은 수식을 새 줄에 전개한다. 여태까지 본 것들은 모두 텍스트스타일 수학 모드이고 디스플레이 스타일의 수학은 시작과 끝을 각각 `$$`와 `$$`, `\[`와 `\]` 또는 `\begin{displaymath}`와 `\end{displaymath}`로 표시한다. 다음의 결과는 이 세 경우의 결과이다. (`\Bigl` 명령은 4.15 절 참조.)

$$f(x;\mu,\sigma) = \frac{1}{\sqrt{2\pi}\sigma}\exp\Bigl\{ -\frac{(x-\mu)^2}{2\sigma^2} \Bigr\}$$

```
\[
f(x;\mu,\sigma) = \frac{1}{\sqrt{2\pi}\sigma}
\exp\Bigl\{ -\frac{(x-\mu)^2}{2\sigma^2} \Bigr\}
\]
```

같은 수식을 텍스트 스타일로 써 보면

$f(x;\mu,\sigma) = \frac{1}{\sqrt{2\pi}\sigma}\exp\Bigl\{ -\frac{(x-\mu)^2}{2\sigma^2} \Bigr\}$

이다. 이 식은 `$` 사이 또는 `\(`와 `\)` 사이에 같은 명령을 사용한 결과이다.

`equation` 환경과 `eqnarray` 환경으로 만들어지는 수식은 디스플레이 스타일이다. 위의 `$$`나 `\[`, `\]` 등과는 달리 `equation` 환경이나(4.9절 참조) `eqnarray` 환경은(4.10절 참조) 수식번호를 붙여 준다. `article` 클래스에서는 그 번호가 (1), (2) 등으로 붙여지고 `report`나 `book` 클래스 에서는 (1.1), (1.2)처럼 장(chapter)을 포함한 번호를 붙이며 장이 바뀔 때마다 수식 번호는 1부터 다시 시작한다. 제 2 장의 첫 번 수식의 번호는 2.1이 된다. 수식 번호는 오른쪽 끝에 붙는 것이 기본인데 `leqno` 패키지를 사용하면 수식 번호가 왼쪽에 붙는다. 디스플레이 수학에서의 수식은 정중앙에 놓이는 것이 기본인데 `fleqn` 패키지을 사용하면 수식은 왼쪽으로 정렬된다.[6]

`eqnarray`나 `equation` 환경에 의하여 만들어진 수식은 그 번호를 LaTeX에서 자동적으로 부여하기 때문에 인용할 때 편리한 점이 많은데, 4.9 및 4.10절의 `eqnarray`나 `equation` 환경을 참고하기로 한다.

크기가 달라지는 부호

표 4.8에서 보는 것처럼 $\sum$이나 $\int$ 등은 디스플레이와 텍스트 수학 모드에서의 크기가 다르다. 또한 첨자의 위치도 달라진다.

디스플레이 스타일:

$$\sum_{i=1}^{n} x_i = \int_0^1 f$$

텍스트 스타일:
$\sum_{i=1}^n x_i = \int_0^1 f$

```
디스플레이 스타일:
\[ \sum_{i=1}^n x_i = \int_0^1 f \]
텍스트 스타일:
$\sum_{i=1}^n x_i = \int_0^1 f$
```

텍스트 내에 분수 등이 들어가야 할 경우에 $\frac{a-b}{c+d}$ 에서 보는 것처럼 글자의 크

[6] 위의 패키지들은 2.2절을 참조.

표 4.8: 텍스트와 디스플레이 스타일에서 크기가 달라지는 부호

$\textstyle\sum$	$\displaystyle\sum$	`\sum`	$\textstyle\int$	$\displaystyle\int$	`\int`	$\textstyle\prod$	$\displaystyle\prod$	`\prod`
$\textstyle\oint$	$\displaystyle\oint$	`\oint`	$\textstyle\bigcup$	$\displaystyle\bigcup$	`\bigcup`	$\textstyle\bigcap$	$\displaystyle\bigcap$	`\bigcap`
$\textstyle\bigsqcup$	$\displaystyle\bigsqcup$	`\bigsqcup`	$\textstyle\bigvee$	$\displaystyle\bigvee$	`\bigvee`	$\textstyle\bigwedge$	$\displaystyle\bigwedge$	`\bigwedge`
$\textstyle\bigodot$	$\displaystyle\bigodot$	`\bigodot`	$\textstyle\bigotimes$	$\displaystyle\bigotimes$	`\bigotimes`	$\textstyle\bigoplus$	$\displaystyle\bigoplus$	`\bigoplus`
$\textstyle\biguplus$	$\displaystyle\biguplus$	`\biguplus`	$\smallint$	$\smallint$	`\smallint`			

기가 상대적으로 작아서 디스플레이 스타일 크기의 $\dfrac{a+b}{c-d}$ 로 만들고 싶은 경우가 있는데 이럴 때 사용할 수 있는 명령어가 `\displaystyle`이다. 다음은 `\displaystyle`을 두 가지 방법으로 사용하였을 때의 결과이다. 분자 분모와 — 사이의 간격이 두 방법에 따라 달라짐을 볼 수 있다.

$\displaystyle\frac{a-b}{c+d}$ ....`$\displaystyle{\frac{a-b}{c+d}}$`

$\frac{\displaystyle a-b}{\displaystyle c+d}$ ....`$\frac{\displaystyle a-b}{\displaystyle c+d}$`

크기가 변하지는 않지만 첨자의 위치가 달라지는 `\lim` 등은 85면을 참조하기 바란다.

4.5. 세로로 늘어나는 부호

행렬의 표시를 만드는 '('나 '['는 행렬의 크기에 따라 그 부호의 크기도 달라져야 한다. LATEX은 이러한 경우에 사용할 수 있는 세로로 늘어나는 부호가 있다. 세로로 늘어나는 부호는 얼마만큼 늘어날 지 LATEX에서 정해 주는데 반드시 `\left` 와 `\right` 명령과 같이 사용한다. 다음과 같은 식을 먼저

표 4.9: 세로로 늘어나는 부호

(	(	)	)	$\uparrow$	\uparrow
[	[	]	]	$\Uparrow$	\Uparrow
$\{$	\{	$\}$	\}	$\downarrow$	\downarrow
/	/	$\vert$	|	$\Downarrow$	\Downarrow
$\rceil$	\rceil	$\lceil$	\lceil	$\updownarrow$	\updownarrow
$\rfloor$	\rfloor	$\lfloor$	\lfloor	$\langle$	\langle
$\rangle$	\rangle	$\Updownarrow$	\Updownarrow	$\Vert$	\\|
$\backslash$	\backslash				

보자.

$$\vec{x}+\vec{y}=\left\{\begin{array}{l} a \\ b \end{array}\right. \tag{4.4}$$

식 (4.4)은 아래의 명령 결과인데

```
        \vec{x} + \vec{y} = \left\{
    \begin{array}{l} a \\ b \end{array} \right.
```

위의 식에서 \left의 바로 다음에 준 중괄호 (\{)는 array로 만들어진 $\begin{array}{l} a \\ b \end{array}$ 만큼 세로로 늘어났다. \left는 반드시 \right와 짝을 이루어야 하는데 오른쪽에는 아무런 괄호를 만들고 싶지 않을 때에는 위에서처럼 "."을 준다. 흔히 사용하는 행렬은 어떻게 만들 수 있는지 보자.

$$\boldsymbol{A}=\left(\begin{array}{ccc} a_{11} & a_{12} & a_{13} \\ a_{22} & a_{22} & a_{23} \\ a_{31} & a_{32} & a_{33} \end{array}\right) \tag{4.5}$$

```
\bm{A} = \left(
\begin{array}{ccc}
a_{11}& a_{12}& a_{13}\\
a_{22}& a_{22}& a_{23}\\
a_{31}& a_{32}& a_{33}
\end{array} \right)
```

이와 같이 세로로 늘어나는 괄호 등은 표 4.9에 정리하였다.

표 4.10: 수학에서 사용되는 강조

$\check{a}$	`\check{a}`	$\breve{a}$	`\breve{a}`	$\acute{a}$	`\acute{a}`	$\grave{a}$	`\grave{a}`
$\tilde{a}$	`\tilde{a}`	$\bar{a}$	`\bar{a}`	$\vec{a}$	`\vec{a}`	$\dot{a}$	`\dot{a}`
$\ddot{a}$	`\ddot{a}`	$\hat{a}$	`\hat{a}`				

4.6. 강조

수학 모드에서 표 4.10에서 보는 엑센트들이 사용된다. 다른 문자와 달리 i와 j는 이미 점이 있어서 \imath와 \jmath를 이용한 $\imath$와 $\jmath$를 사용한다. (텍스트모드의 ı(\i), ȷ(\j) 참조)

\tilde와 \hat 보다 폭이 넓은 \widetilde와 \widehat을 사용하면 몇 개의 문자에 걸치는 hat과 tilde를 만들 수 있다.

$\widehat{a-1} = \widetilde{x-y} + \widehat{\mbox{Cov}}$ ....

```
....\widehat{a-1} = \widetilde{x-y} + \widehat{\mbox{Cov}}
```

4.7. 행렬과 array 환경

array 환경은 tabular 환경과 사용법이 같은데 수학 모드에서만 사용된다는 것이 다르다. 사용법은

```
\begin{array}{alignment}
   &   &   &   \\
 행렬의 행의 내용
         ⋮
\end{array}
```

인데 \begin{array}와 \end{array} 전후에는 반드시 수학 모드 선언이 있어야 한다.

array 환경은 표 또는 행렬 모양의 수식을 만드는데 \\는 행을 바꾸는데 사용하며, &는 각 행에서 열의 분리에 사용된다.

*alignment*에는 l, r, c 등의 값이 들어가는데 각각 해당 열이 왼쪽, 오른쪽, 중앙으로 정렬되도록 한다. 다음의 예는 r, l, c의 값에 따라 각 열이 어떻게 정렬되는지 잘 보여준다.

$$\begin{array}{lrc}
a & b & c \\
a-b & b-c & c-a \\
x^2+2x+1 & x^2+2x+1 & x^2+2x+1
\end{array}$$

```
$\begin{array}{lrc}
 a & b & c \\
 a-b & b-c & c-a \\
x^2+2x +1 & x^2+2x+1
& x^2+2x+1
\end{array}$
```

여기서 l이 주어진 첫째 열은 왼쪽 r이 주어진 둘째 열은 오른쪽, c가 주어진 셋째 열은 중앙으로 정열되어 있음을 볼 수 있다. 이외에도

- @{*chr*}는 *chr*을 각 열에 반복시켜 출력하며,
- *{*n*}{*align*}은 *align*에서 주어진 정렬을 *n*번 반복한다.

등이 있다. 다음의 예를 보자.

$$\begin{array}{*{3}{c@{+}}c@{=}c}
a_{11}x_1 & a_{12}x_2 & \cdots & a_{1n}x_n & b_1 \\
a_{11}x_1 & a_{12}x_2 & \cdots & a_{1n}x_n & b_1 \\
 & & \vdots & & \\
a_{11}x_1 & a_{12}x_2 & \cdots & a_{1n}x_n & b_1
\end{array} \tag{4.6}$$

는 다음의 입력으로 만들어진 것인데

```
\begin{equation}
\begin{array}{*{3}{c@{+}}c@{=}c}
```

```
a_{11}x_1 & a_{12}x_2 & \cdots & a_{1n}x_n & b_1 \\
a_{11}x_1 & a_{12}x_2 & \cdots & a_{1n}x_n & b_1 \\
\multicolumn{5}{c}{\vdots} \\
a_{11}x_1 & a_{12}x_2 & \cdots & a_{1n}x_n & b_1
\end{array}
\end{equation}
```

위의 소스에서 `\begin{array}{*{3}{c@{+}}c@{=}c}`의 정렬 설정에 사용한 `*{3}{c@{+}}`는 `c@{+}c@{+}c@{+}`와 같으므로 첫째 둘째 셋째 열 모두 중앙에 정렬시키고 각 열의 끝에 `+`를 붙이게 되었다. 네 번째의 정렬인자도 `c`이므로 중앙에 정렬하고 다음 인자인 `=`를 붙여주었다. 마지막 열도 그 해당인자가 `c`이므로 중앙에 정렬하였다. `array` 환경에서 열의 정렬 방법에 대한 자세한 설정은 9.4절의 `tabular` 환경을 참고하기로 한다.

`array` 환경 안에서 `array`를 선언할 수도 있다.

$$\left(\begin{array}{c} \left| \begin{array}{cc} a & b \\ c & d \end{array} \right| \\ e \\ f \end{array} \right)$$

```
$\left( \begin{array}{c}
\left| \begin{array}{cc}
a & b \\ c& d \end{array}
\right| \\ e \\ f \end{array}
\right) $
```

위의 보기는 3×1 배열의 (1,1) 원소가 2×2 행렬인 경우이다.

4.8. 식의 아래와 위에 줄 등을 넣기

수식에서 밑줄이나 중괄호 등을 식의 아래나 위에 만들고자 할 경우에 사용할 수 있는 LATEX명령어로 `\overline`, `\underline`, `\overbrace`, 그리고 `\underbrace`가 있다. 다음 예를 보자.

$$x^n = \overbrace{x \times x \times \cdots \times x}$$

```
$$ x^n = \overbrace{x\times x
\times \cdots \times x}$$
```

\overline 등은 다른 것과 중복하여 사용할 수 있다.

$$\overbrace{a+\underbrace{b+\overline{c+d}}+e}$$

```
$$\overbrace{a+\underbrace{b+
\overline{c+d}}+e}$$
```

\underbrace 또는 \overbrace의 중괄호에 첨자나 지수를 쓸 수도 있다.

$$\overbrace{a+\underbrace{b+c}_{123}+e}^{ab}$$

```
$$\overbrace{a+\underbrace{b+
c}_{123}+e}^{ab}$$
```

4.9. equation 환경

디스플레이 스타일 수학에서 수식을 전개할 때는 $$의 쌍이나 \[와 \] 사이에 수식을 넣는다는 것을 보았다. 그런데 그럴 경우 수식번호를 사용자가 직접 입력하고 또 그 식을 인용할 때는 그 식의 번호를 찾아서 입력하여야 한다. 이럴 경우 이미 만들어 놓은 LaTeX파일을 수정하여 수식을 한두 개 추가 또는 삭제하였을 때 수식의 번호가 바뀌게 되어 그 수식을 인용한 부분은 모두 고쳐야 한다. LaTeX의 equation 환경과 다음에 소개될 eqnarray 환경은 이러한 번거러움을 없애준다. equation 환경은 $$ 자리

에 \begin{equation}과 \end{equation}을 주면 된다. 다음 식 (4.7)

$$\frac{p(x_i|\boldsymbol{x}_{-i})}{1-p(x_i|\boldsymbol{x}_{-i})} = \theta_1 \sum_{i=1}^m x_i + \beta_1 \sum_{\mbox{nbr}} x_i x_{i'} \tag{4.7}$$

은(는) 다음의 명령으로 만들었다. ($\sum_{\mbox{nbr}}$는 \sumnbr로 만들어진 것인데 이는

```
\newcommand{\sumnbr}{\sum_{\mbox{nbr}}}
```

로 만들어진 것이다. (제 8 장 참조.)

```
\begin{equation} \label{eq:logodds}
\frac{p(x_i|\bm{x}_{-i})}{1-p(x_i|\bm{x}_{-i})} =
\theta_1 \sum_{i=1}^m x_i +\beta_1 \sumnbr x_ix_{i'}
\end{equation}
```

여기서 수식은 이미 어떻게 만드는지 안다고 하고 \label{eq:logodds}에 대해 설명하기로 하자. \label에 주어진 logodds는 사용자가 정해 주는 이 식의 이름이다. 이제 이 식을 인용하려면 (\ref{eq:logodds})라고 하면 식 번호 (4.7)가 출력된다. 지금 보는 것처럼 \ref에 사용자가 \label에서 정해 준 이름을 주면 그 번호가 자동으로 만들어진다. 사용자는 식 번호가 맞는지, 또는 중간에 빠뜨리거나 겹친 번호는 없는지 걱정할 필요가 없다. 따라서 나중에 인용할 가능성이 있는 식은 미리 equation 환경으로 만드는 것도 좋은 방법이다. \label은 그 식을 처음으로 인용할 때 주는 것이 \label의 이름을 잊어버릴 가능성을 줄여주기 때문에 더 나은 방법이라고 생각한다.

equation* 환경은 equation 환경과 같으나 번호를 붙이지 않고 따라서 인용할 수도 없다.

4.10. 여러 줄에 걸친 식–eqnarray 환경

eqnarray 환경을 이용하면 여러 줄에 걸친 식도 쉽게 정렬할 수 있다. array 환경을 사용할 수도 있으나 eqnarray 환경을 사용하면 각 부분마다 수식의

번호를 붙일 수 있고 디스플레이 스타일로 출력시킬 수 있는 장점이 있다. eqnarray는 array에서 세 개의 정렬인자를 갖는 것처럼 행동하는데 그 순서는 rcl로 정해져 있기 때문에 사용자가 입력하지 않는다. 사용법은

```
\begin{eqnarray}
right_align & centered & left_align [\nonumber] \\
right_align & centered & left_align [\nonumber] \\
                    ⋮
\end{eqnarray}
```

로 사용하며 *right_align*에는 왼쪽으로 정렬될 수식을 *centered*에는 중앙에 정렬될 식을 *left_align*에는 왼쪽으로 정렬될 식을 준다. \\가 나올 때 마다 식의 줄이 바뀌며 줄이 바뀌면 각각의 줄의 식에 새로운 식의 번호가 부여된다. 해당 줄의 식에 번호를 붙이지 않으려면 \nonumber를 명령한다.

다음의 예를 보자.

$$
\begin{aligned}
(x+y)^2 &= x^2+xy+yx+y^2 && (4.8)\\
&= x^2+xy+xy+y^2 \\
&= x^2+2xy+y^2 && (4.9)
\end{aligned}
$$

```
\begin{eqnarray}
(x+y)^2 & = & x^2 +xy + yx + y^2 \label{eqnarray1}\\
        & = & x^2 +xy + xy + y^2 \nonumber\\
        & = & x^2 + 2xy +y^2 \label{eqnarray2}
\end{eqnarray}
```

위에서 보는 것처럼 eqnarray 환경은 수식의 각 줄마다 번호를 붙이는데 이럴 경우 각 식의 인용은 \ref 명령으로 한다. 두 번째 식은 \nonumber 명령에 의해 식의 번호가 붙지 않았다. 위의 수식 번호 (4.8)과 (4.9)를 만들려면 (ref{\eqnarray1})과 (\ref{eqnarray2})을 입력한다. 여기서 eqnarray1 및 eqnarray2와 같은 \label 속의 이름은 사용자가 정의하여 준다. 이렇게

자동으로 번호를 붙여주면 중간 중간에 식을 새로 삽입하거나 삭제하였을 때 식의 번호가 틀리는 경우가 없다. 7.1절에는 수식 및 면수(page number), 참고문헌 등의 인용 방법이 설명되어 있다. \nonumber를 사용하면 그 줄에는 번호를 붙이지 않는다.

$$\begin{aligned} (x+y)^2 &= x^2+xy+yx+y^2 \qquad (4.10) \\ &= x^2+2xy+y^2 \end{aligned}$$

```
\begin{eqnarray}
(x+y)^2 & = & x^2 +xy + yx + y^2 \\
    & = & x^2 + 2xy +y^2 \nonumber
\end{eqnarray}
```

eqnarray의 모든 식의 번호를 없애려면 각 줄에 \nonumber를 붙여도 되지만 eqnarray* 환경을 사용하면 편리하다. eqnarray* 환경은 eqnarray 환경과 같으나 수식번호는 붙이지 않는다.

여러 줄에 수식이 걸치면서 한 줄이 지나치게 긴 경우에 \lefteqn 명령을 사용하면 편리하다. LaTeX 은 \lefteqn 명령으로 만들어진 식은 그 길이가 0이라고 생각하기 때문에 다음 줄이 왼쪽 끝까지 붙혀서 출력되게 만든다.

$$\begin{aligned} &a+b+c+d+e+f+g+h+i+j+k+l= \\ &\quad x+y+z+a+b+c+d+e+f+g+o+s+t+ \\ &\quad u+v+w \end{aligned}$$

```
\begin{eqnarray*}
\lefteqn{a+b+c+d+e+f+g+h+i-j+k+l=} \\
& & x+y+z+a+b+c+d+e+f+g+o+s+t+ \\
& & u+v+w
\end{eqnarray*}
```

4.11. 수학 모드에서의 글자체

이미 기술한 바와 같이 수학 모드에서는 수학 이탤릭(math italic) 글자체가 사용되고 또 글과 문자 사이의 공간은 무시된다. 수학 이탤릭은 강조체(em)와 같다고 생각하기 쉬우나 같지가 않으므로 강조체를 사용할 자리에 편법으로 수학 모드를 사용하지 않는 것이 좋다.

Math italic $different$ is from *different* ....
...........`Math italic $different$ is from \emph{different}`

이제 수학에서의 텍스트에는 어떤 성질이 있나 살펴보자.

$$f(x) = \left\{ \begin{array}{rl} x & if x > 2 or if x < -2 \\ x & {\rm if } x > 2 {\rm or if } x < -2 \\ x & \mbox{if } x > 2 \mbox{ or if } x < -2 \end{array} \right. \tag{4.11}$$

```
\begin{equation}
f(x) = \left\{ \begin{array}{rl}
    x & if  x > 2 or if x  < -2\\
    x & {\rm if }  x > 2 {\rm  or if } x  < -2\\
    x & \mbox{if }  x > 2 \mbox{ or if } x  < -2
     \end{array} \right.
 \end{equation}
```

위의 세 가지 $f(x)$의 가능한 경우를 보면 첫 번째는 글자체도 수학 이탤릭이고 공간도 무시하였다. `\rm`을 사용한 경우에 글자체는 바로 되었으나 공간이 무시되어 or와 if가 붙어 있다. 이러한 경우에 `\mbox`를 사용하면 글자체와 공간 문제를 동시에 해결할 수 있다.

수학모드 안의 글자체는 다음 명령으로 바꾸어 줄 수 있다.[7] 여기서

[7] LaTeX 2_ε에서만 사용 가능.

표 4.11: 수학모드 안의 글자체

\mathrm	$\mathrm{Form\ e^{pdf}+\Phi(x)}$	\mathrm{Form\ e^{pdf}+\Phi(x)}
\mathit	$\mathit{Form\ e^{pdf}+\Phi(x)}$	\mathit{Form\ e^{pdf}+\Phi(x)}
\mathtt	$\mathtt{Form\ e^{pdf}+\Phi(x)}$	\mathtt{Form\ e^{pdf}+\Phi(x)}
\mathbf	$\mathbf{Form\ e^{pdf}+\Phi(x)}$	\mathbf{Form\ e^{pdf}+\Phi(x)}
\mathsf	$\mathsf{Form\ e^{pdf}+\Phi(x)}$	\mathsf{Form\ e^{pdf}+\Phi(x)}
\mathcal	$\mathcal{ABC}$	\mathcal{ABC}

\mathcal은 영문 대문자만 사용할 수 있는데 LaTeX 2.09의 \cal 명령과 같은 효과를 가진다.

수학에서 굵은 글자를 만들려면 \mathbf나 \boldmath를 사용할 수 있으나 위에서 보는 것처럼 \mathbf를 사용하면 식의 내용 전부가 굵게 된다. 이 때 \boldmath 명령을 사용할 수 있다.

$\mathbf{a} = (a_1, a_2, \ldots, a_n)^T$ ....`${\bf a} = (a_1,a_2,\ldots,a_n)^T$`

$\boldsymbol{a = (a_1, a_2, \ldots, a_n)^T}$ ....

..........`\boldmath{$a =(a_1,a_2,\ldots,a_n)^T$}\unboldmath`

위에서 보는 것처럼 \bf 사용 결과는 글자가 필기체 "a"가 아니라 인쇄체 "a"가 되었고 두 번째의 경우는 굵은 글씨가 끝까지 계속되는 단점이 있다. 두 번째 경우는 \unboldmath를 사용하여

$\boldsymbol{a}= (a_1, a_2, \ldots, a_n)^T$ .... `\boldmath{$`

`a \mbox{\unboldmath$=(a_1,a_2,\ldots,a_n)^T$} $} \unboldmath`

\boldmath의 효과를 없앨 수 있다. 이처럼 복잡하지 않게 하려면 91면의 식 4.5에서 보는 것처럼 \bm을 사용하여 굵게 할 부분만 굵게 하면 된다. 다음 식을 비교하여 보자.

$\boldsymbol{a} = (a_1, a_2, \ldots, a_n)^T$ .... `$\bm{a} =(a_1,a_2,\ldots,a_n)^T$`

그런데 \bm은 표준 LaTeX명령이 아니고 저자가 정의한 것으로 다음과 같이 정의되었다. \newcommand 등의 사용법은 8.1절을 참고하기 바란다.

```
\newcommand{\bm}[1]{\mbox{\boldmath{$#1$}}}
```

이 밖에 amsfonts 패키지를 이용하면 AMSTEX에서 사용하는 글자체도 사용할 수 있는데 4.18 절에 정리하였다. 또 amsmath 패키지나 amsbsy 패키지를 이용할 경우 \pmb와 \boldsymbol 명령을 이용하여 수학에서 특정한 문자를 굵게 할 수 있다.

$\boldsymbol{aX+\beta+\gamma}$ .... `$\pmb{aX + \beta + \gamma}$`
$\boldsymbol{aX + \beta + \gamma}$ .... `$\boldsymbol{aX + \beta + \gamma}$`

또한 fixmath 패키지를 사용하면 \mathbold라는 명령을 사용할 수 있으나 이 패키지를 사용할 경우 그리스문자가 이탤릭체로 바뀌는 문제가 발생한다.

4.12. 두 부호를 아래 위로 포개기 : \stackrel 명령

두 부호나 문자 등을 포개어 쓰기 위한 명령으로 \stackrel이 있다. 사용법은

\stackrel{*upper_symbol*}{*lower_symbol*}

이다. 다음 예를 보자.

표 4.12: 수학 모드에서의 글자크기

\displaystyle	$\displaystyle A$	디스플레이 수학의 글자크기
\textstyle	$\textstyle A$	텍스트 수학에서의 글자크기
\scriptstyle	$\scriptstyle A$	첨자 크기
\scriptscriptstyle	$\scriptscriptstyle A$	첨자의 첨자 크기

$A\stackrel{f}{\to}B\stackrel{g}{\to}C$ ....`$A\stackrel{f}{\to}B\stackrel{g}{\to}C$`

이 보기에서 보는 것처럼 *upper_symbol*과 *lower_symbol*을 아래위로 포개어(stack) 연산자를 만들었다.

4.13. 수학 모드에서의 글자크기

텍스트 스타일에서는 글자크기가 normalsize, small, large 등이 있다. 그러나 이런 텍스트 모드에서의 글자크기 조절은 수학 모드에서는 작용하지 않는다. 다음을 보자.

A A A A A ... `$A \small{A} \LARGE{A} \Huge{A} \footnotesize{A}$`

위와 같이 수학 모드에서 글자크기를 변경하고자 할 때는 다음과 같은 LATEXWarning 에러가 나온다.

```
LaTeX Font Warning: \small in math mode. on input line 751.
LaTeX Font Warning: \LARGE in math mode. on input line 751.
LaTeX Font Warning: \huge in math mode. on input line 751.
LaTeX Font Warning: \footnotesize in math mode. ...
```

수학에서 사용되는 글자크기 네 가지 와 그 크기는 표 4.12에 정리하였다. 자주 이용되는 `\textstyle`과 `\displaystyle` 명령을 비교하여 보자.

$\displaystyle\frac{a+b}{c-d}$ ....`${\displaystyle\frac{a+b}{c-d}}$`

$\frac{\textstyle a+b}{\textstyle c-d}$ ....`$\frac{\textstyle a+b}{\textstyle c-d}$`

이제 텍스트 안에서 분수를 쓸 일이 있다면 $\displaystyle\frac{a+b}{c-d}$ 와 $\frac{\textstyle a+b}{\textstyle c-d}$, 그리고 $\frac{a+b}{c-d}$ 중의 어떤 것을 사용할지는 사용자의 기호와 선택에 달려 있다. 세 번째의 분수는 `$\frac{a+b}{c-d}$` 의 결과이다.

이제 `\displaystyle` 명령을 이용하여 82 면의 식 (4.3)을 다음과 같이 바꾸어 보자.

$$1+\frac{1}{1+\displaystyle\frac{1}{1+\displaystyle\frac{1}{1+\displaystyle\frac{1}{1+\displaystyle\frac{1}{1+x}}}}} \tag{4.12}$$

위의 식 (4.12)는 `\displaystyle`을 다음과 같이 사용한 결과이다.

```
1+\frac{1}{1+\displaystyle\frac{1}{1+\displaystyle\frac{1}{1
+\displaystyle\frac{1}{1+\displaystyle\frac{1}{1+x}}}}}
```

참고로 `amsmath` 패키지를 이용하면 `\displaystyle` 명령을 쓰지 않고 위와 같은 결과를 얻을 수 있다. 4.20 절의 `\cfrac` 명령 참조.

4.14. 수학 모드에서의 한글

수학 모드 내에서는 앞에서 말한 바와 같이 수학 이탤릭체를 사용하기 때문에 한글을 바로 사용할 수는 없으나 `\mbox`를 이용하여 이 문제를 해결할 수 있다. 다음의 예는 한글이 필요한 부분에 `\mbox`를 주어 만든 것이다.

$$\mbox{표준편차} = \sqrt{\mbox{분산}} = \sqrt{\frac{\mbox{편차}^2\mbox{의 합}}{\mbox{표본의 개수}-1}} \tag{4.13}$$

```
\begin{equation}
\mbox{표준편차} = \sqrt{\mbox{분산}} = \sqrt{
\frac{\mbox{편차}^2 \mbox{의 합}}{\mbox{표본의 개수} - 1}}\\
\end{equation}
```

4.15. plainTeX의 수학

이 절에서는 LaTeX책에서는 잘 설명되지 않는 몇 가지 편리한 plain TeX의 수학 명령에 대하여 알아보기로 하자.

`\limits`와 `\nolimits` : $\int$, lim 등에서 위첨자와 아래첨자의 위치는 그 때의 수학 스타일에 따라서 $\int_0^1$ (텍스트 스타일인 경우)과 ${\displaystyle \int_0^1}$ (디스플레이 스타일인 경우)처럼 달라지는데 `\nolimits`를 사용하면 첨자들은 항상 텍스트 스타일에서 보는 것처럼 텍스트 스타일의 첨자 위치에 가고 `\limits`를 사용하면 그 연산자의 아래와 위로 간다. 아래에 몇 가지 예를 보면 그 차이가 잘 드러난다.

$\int_0^\infty f(x)dx$ .... `$\int_0^\infty f(x) dx$`

$\int\limits_0^\infty f(x)dx$ .... `$\int\limits_0^\infty f(x) dx$`

${\displaystyle \int\limits_0^\infty f(x)dx}$ `${\displaystyle \int\limits_0^\infty f(x) dx}$`

$\int\nolimits_0^\infty f(x)dx$ .... `$\int\nolimits_0^\infty f(x) dx$`

${\displaystyle \int_0^\infty f(x)dx}$ .... `${\displaystyle \int_0^\infty f(x) dx}$`

`\mathop` 는 새 연산자를 정의하여 준다. 이 명령이 필요한 경우는 새로 정의될 연산자가 lim ,$\int$ 혹은 $\sum$ 처럼 연산자의 아래나 위에 그 연산자의 변수 등을 갖는 경우이다. 아래와 같이

```
\newcommand{\infsup}{\mathop{\rm inf\,sup}}
```

로 `\infsup`를 정의한 후에[8] 다음의 텍스트 스타일와 디스플레이 스타일의 결과를 보자.

$\inf\sup_{n\rightarrow\infty} f_n(x)$ `$\infsup_{n\rightarrow \infty} f_n(x)$`
디스플레이 모드에서 .... $\displaystyle \mathop{\rm inf\,sup}_{n\rightarrow\infty} f_n(x)$

이제 `\infsup`는 수학 연산자이므로 위에서 본 `\limits`를 이용할 수도 있다. `limits`와 `\nolimits`의 사용 결과는 아래에 있다. 위첨자 woops는 위첨자가 어떻게 나오는지 보기 위해 일부러 넣어 본 것이다.

$\displaystyle \mathop{\rm inf\,sup}\limits_{n\rightarrow\infty}^{\rm woops} f_n(x)$ .... `$\infsup \limits_{n\rightarrow \infty}^{\rm woops} f_n(x)$`

$\mathop{\rm inf\,sup}\nolimits_{n\rightarrow\infty}^{\rm woops} f_n(x)$ .... `$\infsup \nolimits_{n\rightarrow\infty}^{\rm woops} f_n(x)$`

`\atop` 의 이용. `\atop`은 수학 모드에서 두 개의 부호 등을 겹쳐 준다. LATEX의 `\frac`에서 "—"가 없다고 생각하면 된다.

$\displaystyle \sum_{i,j=1,n \atop i\ne j}$ .... `$\sum_{i,j=1,n \atop i\ne j}$`

참고로 `${\displaystyle \sum_{i,j=1,n \cr i\ne j}}$`의 `\cr` 은 에러를 유발하고 `\atop` 자리에 `\\`를 쓴 경우 다음 결과를 얻는다.

[8] `\newcommand`는 8.1절 참조.

$$\sum_{i,j=1,n i\ne j}$$ ...`${\displaystyle \sum_{i,j=1,n \\ i\ne j}}$`

세 줄이상의 첨자를 겹쳐 쓰고자 할 경우 AMSTeX의 `\substack` 명령을 이용한다. 4.20.1절 참조.

조합기호 조합기호를 만드는 `\choose`도 plain TeX의 명령이다.

$\binom{2n}{n}$, ${}_{2n}\mathrm{C}_\mathrm{n}$ .... `$2n \choose n$, ${}_{2n}\rm C_n$`

참고로 조합기호는 LaTeX의 `array` 환경을 이용하거나 또 첨자를 이용하여 편법으로 만들 수도 있다.

$\left(\begin{array}{c} 2n\\n\end{array}\right)$ `$\left(\begin{array}{c} 2n\\n\end{array}\right)$`

$(_{\ n\,}^{2n})$ .... `$(_{\ n\,}^{2n})$`

위의 `\choose` 와 비슷한 명령으로 "()" 대신에 "[]"나 "{}"를 붙여 주는 `\brack`과 `\brace`가 있다. 위에서처럼 `array` 환경을 이용해 비슷하게 만들 수 있다.

$\genfrac{[}{]}{0pt}{}{x}{2y}$ .... `$x \brack 2y$`

$\genfrac{\{}{\}}{0pt}{}{a-c}{b}$ .... `$a-c \brace b$`

위에서 보는 바와 같이 `\choose`, `\brace`, `\brack`의 열은 중앙으로 정렬한다.

`\phantom:` 은 주어진 변수만큼의 공간을 만들어준다. 예를 들어 abc가 차지하는 폭만큼 빈공간을 만들고자하면 `\phantom{abc}`를 입력한다. 이 명령은 다음과 같은 화학기호에서 보는 것처럼 첨자가 앞으로 나오는 경우에 편리하다.

${}_{73}^{231}{\rm U}$ .... `${}_{ 73}^{231}{\rm U}$`
${}_{73}^{231}{\rm U}$ .... `${}_{\phantom{0}73}^{231}{\rm U}$`

`\atopwithdelims:` 는 앞에서 본 `\atop`과 같이 두 개의 변수를 열로 만들고 정해준 부호를 앞뒤로 붙여 준다.

$x+{ a+b \atopwithdelims<> c}$ .... `x+{ a+b \atopwithdelims<> c}`
$x+{ a+b \atopwithdelims\uparrow\downarrow c}$ `x+{ a+b \atopwithdelims\uparrow\downarrow c}`

`\pmatrix:` plain TEX에서 편리한 기능 중의 하나가 행렬을 만드는 기능이다. 명령어는 `\pmatrix`인데[9] 그 사용법은 LATEX의 `array` 환경과 비슷하나 행렬의 세로는 항상 중앙으로 정렬되고, `array` 환경에서 `\\`가 하는 기능인 가로줄 바꾸는 명령은 plain TEX 명령인 `\cr`로 대신한다. `\pmatrix`와 비슷한 결과를 얻는 LATEX 명령으로 두 결과를 비교하였다.

$A=\begin{pmatrix}\lambda & l \\ a & \alpha\end{pmatrix}$ `$A=\pmatrix{\lambda & l \cr a & \alpha \cr}$`
$B=\left(\begin{array}{cc} \lambda & 1 \\ a & \alpha \end{array} \right)$ .... `$B=\left(\begin{array}`
`{cc} \lambda & 1 \\ a & \alpha \end{array} \right)$`

[9] `amsmath` 패키지의 사용시는 `pmatrix` 환경을 사용하여야 함. 4.20.2 절 참조.

\bordermatrix: 는 행렬의 열과 행의 이름을 주는 기능이 있다.

```
$$A=\bordermatrix{ & n_1    & n_2    & n_3 \cr
              m_1 & A_{11} & A_{12} & A_{13}\cr
              m_2 & A_{21} & A_{22} & A_{23} \cr}$$
```

의 결과로 다음이 만들어진다.

$$A=\bordermatrix{ & n_1 & n_2 & n_3 \cr m_1 & A_{11} & A_{12} & A_{13}\cr m_2 & A_{21} & A_{22} & A_{23} \cr}$$

위의 내용과 비슷한 결과를 얻기 위한 array를 이용한 LaTeX명령은 좀더 복잡한데, 이 때 각 열의 둘째 셋째 행을 각각 하나의 array로 잡아 주었기 때문이다.

```
\[ A = \begin{array}{cccc} & n_1 & n_2 & n_3 \\
\begin{array}{c} m_1 \\ m_2 \end{array} &
\left(\begin{array}{c} A_{11}\\ A_{21} \end{array}\right.&
\begin{array}{c} A_{12} \\ A_{22} \end{array} &
\left. \begin{array}{c} A_{13}\\ A_{23}\end{array}\right)
\end{array} \]
```

$$A = \begin{array}{cccc} & n_1 & n_2 & n_3 \\ \begin{array}{c} m_1 \\ m_2 \end{array} & \left(\begin{array}{c} A_{11}\\ A_{21} \end{array}\right.& \begin{array}{c} A_{12} \\ A_{22} \end{array} & \left. \begin{array}{c} A_{13}\\ A_{23}\end{array}\right) \end{array}$$

위의 두 결과는 같지 않은데, 특히 "="의 위치가 bordermatrix에서는 괄호 안의 행렬에 정렬되어 있고 array를 사용한 경우는 전체의 중앙 위치에 정렬된다.

\cases: 위의 \pmatrix와 마찬가지로 LaTeX을 사용하는 것보다 plain TeX이 편리한 경우인데 이 역시 LaTeX의 array와 \left, \right를 이용하여 비슷한 결과를 만든다.[10]

[10] amsmath 패키지와 같이 사용할 경우에는 cases 환경을 사용하여야 함. 4.20.1 절 참조.

```
$f(x)=\cases{x & for $x>0$ \cr -x & for $-1< x \leq 0$ \cr
x^2  & otherwise \cr}$
```

$$f(x)=\cases{x & for $x>0$ \cr -x & for $-1< x \leq 0$ \cr x^2 & otherwise \cr}$$

\cases의 첫 번째 세로줄은 수학 모드이며 두 번째 세로줄은 텍스트 모드이다. 둘 다 왼쪽으로 정렬된다. 비슷한 출력을 얻기 위한 LATEX명령은 array 이다. 다음은 LATEX의 출력이다.

```
$f(x)=\left\{\begin{array}{ll} x & \mbox{for } x > 0 \\
  -x  & \mbox{for }-1< x \leq 0 \\ x^2  &\mbox{otherwise}
  \end{array}\right.$$
```

$$f(x)=\left\{\begin{array}{ll} x & \mbox{for } x > 0 \\ -x & \mbox{for }-1< x \leq 0 \\ x^2 &\mbox{otherwise} \end{array}\right.$$

array 환경을 사용할 때의 장점은 쉽게 정렬을 바꿀 수 있다는 것이다. 지금의 경우에는 x, $-x$, x^2을 오른쪽으로 정렬하는 편이 더 나을 수 있을 것이므로 array의 ll 대신에 rl을 사용하면

```
$f(x)=\left\{\begin{array}{rl} x & \mbox{for } x > 0 \\
  -x  & \mbox{for }-1< x \leq 0 \\  x^2  & \mbox{otherwise}
  \end{array}\right.$$
```

$$f(x)=\left\{\begin{array}{rl} x & \mbox{for } x > 0 \\ -x & \mbox{for }-1< x \leq 0 \\ x^2 & \mbox{otherwise} \end{array}\right.$$

\over: \over는 LATEX의 \frac과 같다.

$\frac{a+b}{c+d}$ $\frac{a+b}{c+d}$ .... `${a+b \over c+d}$ $\frac{a+b}{c+d}$`

\big,\bigg, \Big, \Bigg 는 괄호 등을 크게 만들어준다. $\frac{a-b}{c+d}\big/\frac{A-B}{C+D}$ 와 $\frac{a-b}{c+d}\Big/\frac{A-B}{C+D}$ 의 "/"는 정상 크기와 \Big 크기의 "/"를 사용한 것이다. \big, \Big, \bigg, \Bigg에 l, m, r을 붙이면 부호 사이에 적당한 공간을 만들어준다. 다음 경우의 "|"를 비교해 보라.

$\{x\Big|x\in X\}$ .... $\{ x \Big| x\in X\}$

$\{x\Bigm|x\in X\}$ .... $\{ x \Bigm| x\in X\}$

$\{x\Bigl|x\in X\}$ .... $\{ x \Bigl| x\in X\}$

$\{x\Bigr|x\in X\}$ .... $\{ x \Bigr| x\in X\}$

다음에 보는 괄호는 그 크기를 쉽게 비교할 수 있게 한다.

$\Biggl\{\biggl\{\Bigl\{\bigl\{\{\}\bigr\}\Bigr\}\biggr\}\Biggr\}$................$\Biggl\{ \biggl\{ \Bigl\{
.....\bigl\{ \{ \} \bigr\} \Bigr\} \biggr\} \Biggr\}$

또 다른 사용 예는 다음의 절대값 부호를 비교함으로써 찾을 수 있다.

$|b-|x+y||$....................................$|b-|x+y||$

$\Bigl|b-|x+y|\Bigr|$.......................$\Bigl| b-|x+y|\Bigr|$

참고 여기서 정상 크기와 \big 크기는 차이가 보이지 않으나 이는 11pt의 사용으로 인한 것이다. 즉 정상 크기가 이미 조금 확대된 크기인 것이다. 10pt에서는 그 차이가 나타난다. 그림 4.1에 10pt로 만든 {와 }가 주어져 있다.[11]

참고 \left와 \right는 반드시 짝을 이루어야 하지만 \bigl, \Bigl 등은 \bigr, \Bigr 등과 짝을 이루지 않아도 된다.

[11]굳이 그림으로 만든 이유는 18.2절을 참고하기 바란다.

그림 4.1: 10pt에서의 \big, \Big, \bigg, \Bigg

$$\Bigg\{\bigg\{\Big\{\big\{\{\}\big\}\Big\}\bigg\}\Bigg\}$$

4.16. subeqnarray 패키지

Johannes Braams 가 만든 subeqnarray 패키지는 eqnarray 와 eqnarray* 에 대응하는 subeqnarray 와 subeqnarray* 환경을 제공한다. 이 두 환경은 eqnarray eqnarray* 환경과 사용법이 같은데 다만 그 사용 결과로 만들어지는 수식의 번호가 1, 2, ... 등으로 증가하지 않고 1a, 1b, 등으로 증가한다. subeqnarray 환경에서 사용한 수식을 인용하려면 \label 대신에 \slabel을 사용한다. 다음의 사용 예를 보자.

$$\frac{1}{\sqrt{2\pi}\sigma}\exp\{-\frac{(x-\mu)^2}{2\sigma^2}\} \text{ if } \mu=0, \sigma=1 \tag{4.14a}$$

$$\frac{1}{\sqrt{2\pi}\sigma}\exp\{-\frac{x^2}{2\sigma^2}\} \text{ if } \mu=0 \tag{4.14b}$$

$$\frac{1}{\sqrt{2\pi}}\exp\{-\frac{x^2}{2}\} \text{ if } \mu=0, \sigma=1 \tag{4.14c}$$

식 (4.14b)와 (4.14c)는 식 (4.14a)의 특별한 경우이다.

위의 수식들은 subeqnarray 패키지로 만들었다. 입력은 다음과 같다.

```
\begin{subeqnarray}
&&\frac{1}{\sqrt{2\pi}\sigma}\exp\{-\frac{(x-\mu)^2}
{2\sigma^2}\}\mbox{ if } \mu=0, \sigma=1\slabel{eq:teqn}\\
&&\frac{1}{\sqrt{2\pi}\sigma}\exp\{-\frac{x^2}{2\sigma^2}\}
\mbox{ if } \mu=0 \slabel{eq:mu=0}\\
&&\frac{1}{\sqrt{2\pi}}\exp\{-\frac{x^2}{2}\}\mbox{ if }
```

```
\mu=0, \sigma=1\slabel{eq:std}
\end{subeqnarray}
식 \ref{eq:mu=0} 와 \ref{eq:std}는 식 \ref{eq:teqn}
의 특별한 경우이다.
```

4.17. dotseqn 패키지

Donald Arseneau가 만든 이 패키지는 equation과 eqnarray 환경에서 수식을 만들 때 식을

- 왼쪽으로 정렬하고
- 식 번호와 식 사이에 점선을 만들어준다.

eqnarray 환경에 \nonumber를 사용하면 번호를 만들지 않으므로 점선도 만들지 않는다. 이 패키지는 수식을 왼쪽으로 정렬하므로 fleqn 옵션의 사용은 의미가 없다. 왼쪽으로 들여쓰는 양은 \mathindent에 의해 정해지는데 이 값은 \setlength 명령으로 바꿀 수 있다. 이 패키지의 사용 결과는 부록 A.4에 실었으니 참고하자.

4.18. amsfonts 패키지

AMSTEX는 미국수학회에서 공인한 TEX으로 수식을 사용하는데 필요한 특수한 글자나 문자등이 있다. amsfonts를 사용하면 \Bbb 또는 \mathbb 로[12] 외곽체를 얻을 수 있고 \frak 이나 \mathfrak 으로 또 다른 글자체를 얻을 수 있다. LATEX 2ε에서 사용하는 것처럼 \mathbb 나 \mathfrak 가 표준이며 \Bbb 나 \frak는 옛날 방식이다. 이들 글자체는 수학 모드에서 사용한다.

[12] bb 는 BlackBoard 에서 따온 것이다.

표 4.13: amssymb 패키지의 Greek 문자

\digamma	$\digamma$	\varkappa	$\varkappa$	\beth	$\beth$
\daleth	$\daleth$	\gimel	$\gimel$		

표 4.14: amssymb 패키지의 Delimiters

\ulcorner	$\ulcorner$	\urcorner	$\urcorner$	\llcorner	$\llcorner$	\lrcorner	$\lrcorner$

$\mathbb{ABCDER}$ ....$\mathbb{A B C D E R}$
$\mathfrak{MathfrackFont}$ ....$\mathfrak{Mathfrack Font}$

amsfonts 패키지는 다음의 세 가지 부호도 지원한다.

\circledR ® \checkmark ✓ \maltese ✠

amsfonts 패키지는 amsmath 패키지로 통합되었지만 독립적으로 사용할 수 있다.

4.19. amssymb 패키지

amssymb 패키지를 사용하면 많은 기호를 사용할 수 있다. amssymb 패키지를 사용할 때 이용할 수 있는 부호, 연산자 등은 표 4.13 부터 표 4.19 에 정리하였다.

4.20. amsmath 패키지

$\mathcal{A}_{\mathcal{M}}\mathcal{S}$-TEX은 미국 수학회가 수학식을 잘 표현할 수 있게 만든 매크로인데 LaTeX과 $\mathcal{A}_{\mathcal{M}}\mathcal{S}$-TEX은 따로 존재하면서 사용되어 왔다. 그러나 LaTeX의 많

표 4.15: amssymb 패키지의 화살표

\dashleftarrow	$\dashleftarrow$	\dashrightarrow	$\dashrightarrow$
\leftleftarrows	$\leftleftarrows$	\leftrightarrows	$\leftrightarrows$
\Leftarrow	$\Leftarrow$	\twoheadleftarrow	$\twoheadleftarrow$
\leftarrowtail	$\leftarrowtail$	\looparrowleft	$\looparrowleft$
\leftrightharpoons	$\leftrightharpoons$	\curvearrowleft	$\curvearrowleft$
\circlearrowleft	$\circlearrowleft$	\Lsh	$\Lsh$
\upuparrows	$\upuparrows$	\upharpoonleft	$\upharpoonleft$
\downharpoonleft	$\downharpoonleft$	\multimap	$\multimap$
\leftrightsquigarrow	$\leftrightsquigarrow$	\rightrightarrows	$\rightrightarrows$
\twoheadrightarrow	$\twoheadrightarrow$	\rightarrowtail	$\rightarrowtail$
\looparrowright	$\looparrowright$	\rightleftharpoons	$\rightleftharpoons$
\curvearrowright	$\curvearrowright$	\circlearrowright	$\circlearrowright$
\Rsh	$\Rsh$	\downdownarrows	$\downdownarrows$
\upharpoonright	$\upharpoonright$	\downharpoonright	$\downharpoonright$
\rightsquigarrow	$\rightsquigarrow$	\nleftarrow	$\nleftarrow$
\nrightarrow	$\nrightarrow$	\nLeftarrow	$\nLeftarrow$
\nRightarrow	$\nRightarrow$	\nleftrightarrow	$\nleftrightarrow$
\nLeftrightarrow	$\nLeftrightarrow$	\leqq	$\leqq$

은 장점과 (수식번호, 인용 등) AMSTeX의 수식에서 제공하는 여러 가지 환경을 함께 사용할 수 있는 방법이 바로 amsmath 패키지를 이용하는 것이다. AMSLaTeX에서는 이보다 한 걸음 더 나아가 클래스 파일을 제공하고 더 많은 환경을 LaTeX에서 사용할 수 있게 하였다. 이 절에서는 plainTeX과 LaTeX의 수식을 더욱 보강할 수 있는 amsmath 패키지에 대해 알아보기로 한다.

> AMSTeX을 사용한 경험이 있는 독자는 \algin, \endalign 등이 \begin{align}과 \end{align} 등으로 사용법이 달라지고 \tag 명령 없이도 수식 번호를 만들 수 있으며 이 수식을 인용할 수 있다는 AMSLaTeX의 장점을 발견할 수 있을 것이다.

표 4.16: amssymb 패키지의 관계연산자

\leqslant	$\leqslant$	\eqslantless	$\eqslantless$
\lesssim	$\lesssim$	\lessapprox	$\lessapprox$
\approxeq	$\approxeq$	\lessdot	$\lessdot$
\lll	$\lll$	\lessgtr	$\lessgtr$
\lesseqgtr	$\lesseqgtr$	\lesseqqgtr	$\lesseqqgtr$
\doteqdot	$\doteqdot$	\risingdotseq	$\risingdotseq$
\fallingdotseq	$\fallingdotseq$	\backsim	$\backsim$
\backsimeq	$\backsimeq$	\subseteqq	$\subseteqq$
\Subset	$\Subset$	\sqsubset	$\sqsubset$
\preccurlyeq	$\preccurlyeq$	\curlyeqprec	$\curlyeqprec$
\precsim	$\precsim$	\precapprox	$\precapprox$
\vartriangleleft	$\vartriangleleft$	\trianglelefteq	$\trianglelefteq$
\Vvdash	$\Vvdash$	\smallsmile	$\smallsmile$
\smallfrown	$\smallfrown$	\bumpeq	$\bumpeq$
\Bumpeq	$\Bumpeq$	\geqq	$\geqq$
\geqslant	$\geqslant$	\eqslantgtr	$\eqslantgtr$
\gtrsim	$\gtrsim$	\gtrapprox	$\gtrapprox$
\gtrdot	$\gtrdot$	\ggg	$\ggg$
\gtrless	$\gtrless$	\gtreqless	$\gtreqless$
\gtreqqless	$\gtreqqless$	\eqcirc	$\eqcirc$
\circeq	$\circeq$	\triangleq	$\triangleq$
\thicksim	$\thicksim$	\thickapprox	$\thickapprox$
\supseteqq	$\supseteqq$	\Supset	$\Supset$
\sqsupset	$\sqsupset$	\succcurlyeq	$\succcurlyeq$
\curlyeqsucc	$\curlyeqsucc$	\succsim	$\succsim$
\succapprox	$\succapprox$	\vartriangleright	$\vartriangleright$
\trianglerighteq	$\trianglerighteq$	\Vdash	$\Vdash$
\shortmid	$\shortmid$	\shortparallel	$\shortparallel$
\between	$\between$	\pitchfork	$\pitchfork$
\varpropto	$\varpropto$	\blacktriangleleft	$\blacktriangleleft$
\therefore	$\therefore$	\backepsilon	$\backepsilon$
\blacktriangleright	$\blacktriangleright$	\because	$\because$
\vDash	$\vDash$		

표 4.17: amssymb 패키지의 부정된 관계연산자

\nless	$\nless$	\nleq	$\nleq$
\nleqslant	$\nleqslant$	\nleqq	$\nleqq$
\lneq	$\lneq$	\lneqq	$\lneqq$
\lvertneqq	$\lvertneqq$	\lnsim	$\lnsim$
\lnapprox	$\lnapprox$	\nprec	$\nprec$
\npreceq	$\npreceq$	\precnsim	$\precnsim$
\precnapprox	$\precnapprox$	\nsim	$\nsim$
\nshortmid	$\nshortmid$	\nmid	$\nmid$
\nvdash	$\nvdash$	\nvDash	$\nvDash$
\ntriangleleft	$\ntriangleleft$	\ntrianglelefteq	$\ntrianglelefteq$
\nsubseteq	$\nsubseteq$	\subsetneq	$\subsetneq$
\varsubsetneq	$\varsubsetneq$	\subsetneqq	$\subsetneqq$
\varsubsetneqq	$\varsubsetneqq$	\ngtr	$\ngtr$
\ngeq	$\ngeq$	\ngeqslant	$\ngeqslant$
\ngeqq	$\ngeqq$	\gneq	$\gneq$
\gneqq	$\gneqq$	\gvertneqq	$\gvertneqq$
\gnsim	$\gnsim$	\gnapprox	$\gnapprox$
\nsucc	$\nsucc$	\nsucceq	$\nsucceq$
\succnsim	$\succnsim$	\succnapprox	$\succnapprox$
\ncong	$\ncong$	\nshortparallel	$\nshortparallel$
\nparallel	$\nparallel$	\nvDash	$\nvDash$
\nVDash	$\nVDash$	\ntriangleright	$\ntriangleright$
\ntrianglerighteq	$\ntrianglerighteq$	\nsupseteq	$\nsupseteq$
\nsupseteqq	$\nsupseteqq$	\supsetneq	$\supsetneq$
\varsupsetneq	$\varsupsetneq$	\supsetneqq	$\supsetneqq$
\varsupsetneqq	$\varsupsetneqq$		

AMSLaTeX은 amsmath 패키지를 위시하여 amsbsy, amstext, amscd, amsxtra, amsopn 패키지로 구성되어 있으며 대부분은 amsmath 패키지를 호출하면 amstext, amsopn 및 amsbsy 패키지는 자동으로 호출되며 amscd나 amsxtra 패키지는 따로 \usepackage 명령을 사용하여 호출하여야 한다.

먼저 amsmath 패키지에서 편집할 수식이 두 줄 이상일 때 사용할 수 있는 명령이나 환경에 대해서 알아보자.

표 4.18: amssymb 패키지의 연산자

\dotplus	$\dotplus$	\smallsetminus	$\smallsetminus$
\Cap	$\Cap$	\Cup	$\Cup$
\barwedge	$\barwedge$	\veebar	$\veebar$
\doublebarwedge	$\doublebarwedge$	\boxminus	$\boxminus$
\boxtimes	$\boxtimes$	\ltimes	$\ltimes$
\rtimes	$\rtimes$	\leftthreetimes	$\leftthreetimes$
\rightthreetimes	$\rightthreetimes$	\curlywedge	$\curlywedge$
\curlyvee	$\curlyvee$	\circleddash	$\circleddash$
\circledast	$\circledast$	\circledcirc	$\circledcirc$

표 4.19: amssymb 패키지의 기타 부호

\centerdot	$\centerdot$	\intercal	$\intercal$
\hbar	$\hbar$	\hslash	$\hslash$
\vartriangle	$\vartriangle$	\triangledown	$\triangledown$
\square	$\square$	\lozenge	$\lozenge$
\circledS	$\circledS$	\angle	$\angle$
\measuredangle	$\measuredangle$	\nexists	$\nexists$
\mho	$\mho$	\Finv	$\Finv$
\Game	$\Game$	\Bbbk	$\Bbbk$
\backprime	$\backprime$	\varnothing	$\varnothing$
\blacktriangle	$\blacktriangle$	\blacktriangledown	$\blacktriangledown$
\blacksquare	$\blacksquare$	\blacklozenge	$\blacklozenge$
\bigstar	$\bigstar$	\sphericalangle	$\sphericalangle$
\complement	$\complement$	\eth	$\eth$
\diagup	$\diagup$	\diagdown	$\diagdown$

4.20.1. 여러 줄의 식

\substack 명령은 여러 줄의 첨자를 사용할 수 있게 한다. 두 줄까지는 \atop 명령을 이용할 수 있으나 세 줄 이상은 \substack 명령의 이용이 편리하다. 다음 두 예는 \substack 명령의 사용 예를 잘 보여준다. 먼저

`$$ \sum_{\substack{i=j\\ i <k \\ j\neq k }} x_{ij}^{j-k} $$`를 입력하면

$$ \sum_{\substack{i=j\\ i <k \\ j\neq k }} x_{ij}^{j-k} $$

를 얻으며

`$$ \iiint\limits_{\substack{x\in A \\y \in B\\ C \ni z }} f(z,y,z) dxdydz$$` 의 결과

$$ \iiint\limits_{\substack{x\in A \\y \in B\\ C \ni z }} f(z,y,z) dxdydz$$

를 얻는다.

`\substack` 명령은 윗첨자를 만드는데도 사용할 수 있다. 만드는 순서는 위에서 부터이다. 예를 들어

$$\sum^{\sum^{\substack{n \\ m-n }}} x_{ij}$$

는 `\sum^{\sum^{\substack{n \\ m-n }}} x_{ij}`의 결과이다.

`\subatack` 명령은 예전의 $\mathcal{AMS}$TEX의 `Sb` 환경과 `Sp`환경을 하나로 대체한 것이며 `Sb`, `Sp` 환경은 더 이상 지원하지 않는다.

`multline` 환경 `multline` 환경은 수식이 길어서 한 줄에 출력시킬 수 없을 때 사용한다. 이 환경에서 수식의 줄을 바꾸고자 할 때는 `\\`를 사용한다. 이 때 여러 줄의 수식은 첫째 줄은 왼쪽으로, 마지막 줄은 오른쪽으로 그리고 그외의 줄은 중앙으로 정렬하는데 `\shoveleft` 명령과 `\shoveright` 명령을 사용하면 어느 한 쪽으로 정렬시킬 수 있다. 아

래의 수식은

$$\begin{multline} a = d+e+f+g+h+i+j+k+l+m\\ + q+r+s+t+u+v+w+x+y+x+z\\ \shoveleft{+ q+r+s+t+u+v+w+x+y+x+z}\\ = e+f+g+h+i+j+k+l+m+z+y+x+m_2 \tag{4.15}\end{multline}$$

식 (4.15)는 다음 명령의 결과이다.

```
\begin{multline} \label{eq:multline}
a = d+e+f+g+h+i+j+k+l+m\\
 + q+r+s+t+u+v+w+x+y+x+z\\
\shoveleft{+ q+r+s+t+u+v+w+x+y+x+z}\\
 = e+f+g+h+i+j+k+l+m+z+y+x+m_2\\
\end{multline}
```

여기서 보는 것처럼 multline 환경으로 만든 식의 인용을 위해서 \label 명령을 사용할 수 있는데 이 식을 인용할 때는 \eqref를 사용한다. 사용법은 \ref 명령과 동일하다. 즉 \eqref{eq:multline}을 입력하면 수식 번호가 출력된다. 이 때의 수식번호는 \ref 명령과는 달라서 괄호가 포함된다. 여기서도 \ref 명령도 사용될 수 있다. 4.15은 \ref{eq:multline}의 결과이고 (4.15)은 \eqref{eq:multline}의 결과이다.

split 환경. split 환경도 수식이 길어서 한 줄에 출력시킬 수 없을 때 사용하는데 &를 이용하여 특정한 위치에 정렬시킬 수 있다.

$$\begin{split} a &= b+c+d+e\\ &\quad -f+g+m\\ &= x^2+y^2+z \end{split} \tag{4.16}$$

여기서 split 환경으로 만들어진 식은 번호가 하나만 붙는다.

```
\begin{equation}
\begin{split}
a& = b+ c+d+e \\
 & - f + g+ m \\
 & = x^2+y^2+z
\end{split}
\end{equation}
```

gather 환경은 여러 줄에 걸친 식을 모두 중앙에 정렬한다.

$$(x+y)^2 = x^2 + 2xy + y^2 \tag{4.17}$$

$$(x+y+z)^2 = x^2 + y^2 + z^2 + 2xy + 2yz + 2zx \tag{4.18}$$

gather 환경의 또 다른 차이는 수식의 번호가 각각의 수식에 붙는다는 것이다.

```
\begin{gather}
(x+y)^2 = x^2+2xy+y^2\\
(x+y+z)^2 = x^2+y^2+z^2+2xy+2yz+2zx
\end{gather}
```

align 환경은 여러 줄에 걸친 식을 원하는 위치에 정렬하면서 각각의 수식에 번호를 붙인다. 정렬할 위치에는 &를 사용한다. 아래 두 식의 위치와 식 (4.17), 식 (4.18)의 상대적 위치를 비교해 보아라.

$$(x+y)^2 = x^2 + 2xy + y^2 \tag{4.19}$$

$$(x+y+z)^2 = x^2 + y^2 + z^2 + 2xy + 2yz + 2zx \tag{4.20}$$

```
\begin{align}
(x+y)^2& = x^2+2xy+y^2\\
(x+y+z)^2& = x^2+y^2+z^2+2xy+2yz+2zx
\end{align}
```

alignat 환경은 align 환경과 마찬가지이나 둘 이상의 열을 정렬할 때 사용한다. 이 때는
\begin{alignat}{n}와
\end{alignat} 사이에 줄을 맞출 내용을 입력한다. 여기서 n은 짝을 이루는 열의 개수이다. 열의 구분은 &로 한다. 따라서 매 행마다 $(2n-1)$개의 &가 있어야 한다. 이 때 각 열은 순서대로 오른쪽과 왼쪽으로 반복하며 정렬한다. 따라서 전체의 수식은 중앙에 정렬한다.

$$\begin{alignat}{2}
a_{11} &= a_{12} & a_{13}= &a_{14} \tag{4.21}\\
(x+y)^2 & = (x+y)(x+y) & x^2+2xy+y^2& =z^2 \tag{4.22}\\
f(x) &= \dfrac{1}{(1+x^2)} & g(x) &=\sqrt{2\pi} \tag{4.23}
\end{alignat}$$

위의 식은 다음 명령의 결과이다.

```
\begin{alignat}{2}
a_{11} &= a_{12} & a_{13}= &a_{14} \\
(x+y)^2 & = (x+y)(x+y) & x^2+2xy+y^2& =z^2\\
f(x) &= \dfrac{1}{(1+x^2)} & g(x) &=\sqrt{2\pi}
\end{alignat}
```

aligned 환경은 align 환경으로 만든 출력을 박스로 만들어 조그마한 수식들을 가로로 배치할 수 있게 한다.

$$\begin{aligned}
a&= \alpha \\
b& =\beta\beta \\
c& =\gamma\gamma\gamma
\end{aligned}
\qquad \text{versus} \qquad
\begin{aligned}
D&= \Delta\Delta\Delta \\
e& =\epsilon\epsilon \\
Z& =\Omega
\end{aligned} \tag{4.24}$$

식 (4.24)는 아래 명령의 결과이다.

```
\begin{equation} \begin{aligned}
a&= \alpha \\
b& =\beta\beta \\
```

```
c& = \gamma\gamma\gamma
\end{aligned}\qquad \text{versus} \qquad
\begin{aligned}
D& =\Delta\Delta\Delta \\
e& = \epsilon\epsilon\\
Z& = \Omega
\end{aligned} \end{equation}
```

gathered 환경은 aligned 환경과 마찬가지로 식을 박스로 만드는데 gather 환경처럼 수식을 중앙에 정렬한다.

$$\begin{gathered} a=\alpha \\ b=\beta\beta \\ c=\gamma\gamma\gamma \end{gathered}\qquad \text{versus} \qquad \begin{gathered} D=\Delta\Delta\Delta \\ e=\epsilon\epsilon \\ Z=\Omega \end{gathered} \tag{4.25}$$

식 (4.25)는 아래 명령의 결과이다.

```
\begin{equation} \label{eq:gathered}
\begin{gathered}
a= \alpha \\
b =\beta\beta \\
c = \gamma\gamma\gamma
\end{gathered}\qquad \text{versus} \qquad
\begin{gathered}
D =\Delta\Delta\Delta \\
e = \epsilon\epsilon\\
Z = \Omega
\end{gathered} \end{equation}
```

alignedat 환경은 alignat 환경과 사용법이 같으나 *ed*가 있는 다른 환경과 마찬가지로 한 줄에 여러 개를 만들 수 있다.

$$\begin{alignedat}{2} f(x) &= \mathcal{F}(x) & g(x) &= \mathcal{G}(x) \\ f(x) &= \mathfrak{F}(x) \quad & g(x) &= \mathfrak{G}(x) \end{alignedat} \qquad \text{where} \qquad \begin{aligned} \mathfrak{F} &= \mathbb{F} \\ \mathfrak{G} &= \mathbb{G} \end{aligned} \tag{4.26}$$

식 (4.26)는 다음 명령의 결과이다.

```
\begin{equation}
\begin{alignedat}{2}
f(x) &= \mathcal{F}(x) & g(x) &= \mathcal{G}(x) \\
f(x) &= \mathfrak{F}(x) & g(x) &= \mathfrak{G}(x)
\end{alignedat} \qquad\text{where}\qquad
\begin{alignedat}{1}
\mathfrak{F} &  = \mathbb{F} \\
\mathfrak{G} & = \mathbb{G}
\end{alignedat}
\end{equation}
```

xalignat 식 (4.21)에서 보는 것처럼 alignat 환경으로 만든 식은 식의 매 두 줄마다 만들어지는 공간이 없어서 보기가 어색한 수가 있는데 xalignat 환경은 매 두 번째 열에 적당한 공간을 추가하여 어색하지 않게 한다.

$$f(x) = \mathcal{F}(x) \qquad g(x) = \mathcal{G}(x) \qquad \mathcal{G} = \mathbb{G} \tag{4.27}$$

$$f(x) = \mathfrak{F}(x) \qquad g(x) = \mathfrak{G}(x) \qquad \mathcal{F} = \mathbb{F} \tag{4.28}$$

식 (4.27)는 다음 명령의 결과이다.

```
\begin{xalignat}{3} \label{eq:xalignat}
f(x) &= \mathcal{F}(x) & g(x) &= \mathcal{G}(x)
     & \mathcal{G}&=\mathbb{G} \\
f(x) &= \mathfrak{F}(x) & g(x) &= \mathfrak{G}(x)
     & \mathcal{F}&=\mathbb{F}
\end{xalignat}
```

xxalignat 환경은 수식의 간격을 xalignat 환경보다 더욱더 넓힌 것이다. 다음 식은 위의 입력에서 xalignat 자리에 xxalignat를 사용한 것이다.

$$f(x) = \mathcal{F}(x) \qquad g(x) = \mathcal{G}(x) \qquad \mathcal{G} = \mathbb{G}$$
$$f(x) = \mathfrak{F}(x) \qquad g(x) = \mathfrak{G}(x) \qquad \mathcal{F} = \mathbb{F}$$

cases 환경. 이 환경은 다음과 같이 각각의 경우에 함수값 등을 만드는데 사용한다. cases 환경에서는 경우를 나누는 표시로 &를 사용하며 줄바꾸기는 \\를 사용한다.

$$P_{i-j} = \begin{cases} 0 & \text{if } r-j \text{ is odd} \\ r!(-1)^{i-j} & \text{if } r-j \text{ is even} \end{cases} \tag{4.29}$$

위의 식은 다음 명령의 결과인데

```
\begin{equation}
P_{i-j} = \begin{cases}
0 & \text{if $r-j$ is odd} \\
r!(-1)^{i-j} & \text{if $r-j$ is even} \\
\end{cases}
\end{equation}
```

여기서 \text 명령은 수식 내부에서 문장을 입력할 때 사용한다. 만일 \text 명령을 사용하지 않으면 수식 안이기 때문에 공간을 무시하며 또 글자체도 \mit가 된다.

\intertext 명령은 여러 줄의 식을 쓰다가 중간에 한 줄의 짧은 글이 필요할 때 사용한다. 이 글은 가장 왼쪽으로 정렬한다. 다음의 예는

$$a_1 = a_0 + d \tag{4.30}$$
$$a_2 = a_1 + d = a_0 + 2d \tag{4.31}$$

in general

$$a_n = a_{n-1} + d = a_0 + nd \tag{4.32}$$

아래 명령의 결과인데 \intertext 명령이 사용되었다.

```
\begin{align}
a_1 &= a_0 + d \\
a_2 &= a_1 + d = a_0 + 2d \\
\intertext{in general}
a_n &= a_{n-1} +d =  a_0 + nd
\end{align}
```

subequations 환경은 수식 내의 수식번호를 붙이고자 할 때 사용할 수 있다.

$$a_1 = a_0 + d \quad (4.33a)$$

$$a_n = a_{n-1} + d \quad (4.33b)$$

에서 본 수식번호는 다음 명령의 결과이다.

```
\begin{subequations}
\begin{eqnarray}
a_1 & = & a_0 + d \\
a_n & = & a_{n-1} +d
\end{eqnarray}
\end{subequations}
```

만일 기본적으로 제시하는 subequations의 번호 대신 다른 방식을 사용하려면

```
\renewcommand{\theequation}
             {\theparentequation \roman{equation}}
```

과 같이 \theequation을 바꾸어야 한다.

점들 amsmath는 세개의 점에 관련된 몇가지를 포함하고 있다. 이들은

\dotsc 쉼표(comma)가 있는 점

`\dotsb` 이항(binary) 연산자 또 관계연산자로 연결되는 경우의 점

`\dotsm` 곱하기로서의 점

`\dotsi` 적분기호와 같이 사용하는 점

`\dotso` 기타의 경우의 점

이다. 이들은 필요에 따라 `ldots`, `\cdots`를 대체할 수 있다.

$$\begin{aligned} A_1, A_2, \dotsc, && A_1, A_2, \ldots, \\ A_1 + A_2 + \dotsb , && A_1 + A_2 + \cdots , \\ \text{곱하기} A_1 A_2 \dotsm, && A_1 A_2 \cdots, \\ \int_{A_1}\int_{A_2}\dotsi && \int_{A_1}\int_{A_2}\cdots \end{aligned}$$

```
A_1, A_2, \dotsc,  & & A_1, A_2, \ldots,  \\
A_1 +A_2 +\dotsb , && A_1 +A_2 +\cdots , \\
\text{곱하기} A_1 A_2 \dotsm, && A_1 A_2 \cdots, \\
\int_{A_1}\int_{A_2}\dotsi && \int_{A_1}\int_{A_2}\cdots
```

4.20.2. 행렬 등

`smallmatrix` 환경은 문장 중에서 행렬을 사용하고자 할 때 이용하는 환경이다. "다음의 행렬 $\Bigl[\begin{smallmatrix} a & b \\ c & d \end{smallmatrix}\Bigr]$ 은 문장 내에서 쓴 작은 행렬이다." 라는 문장은 다음 명령의 결과이다.

```
``다음의 행렬 $\Bigl[\begin{smallmatrix}
a & b \\ c& d  \end{smallmatrix}\Bigr]$
은 문장 내에서 쓴 작은 행렬이다.''
```

`matrix` 환경은 LATEX의 `array` 환경과 사용법이 비슷하고 그 결과도 비슷하다. 다음의 예를 보자.

$$\begin{matrix} a_{11} & a_{12} & a_{13} \\ a_{21} & \hdotsfor{2} \end{matrix}$$

이 행렬은 다음 명령의 결과인데

```
$$\begin{matrix}
a_{11} & a_{12} & a_{13} \\
a_{21} &\hdotsfor{2}
\end{matrix}$$
```

여기서 \hdotsfor 명령은 한 행에서 몇 개의 열은 점을 출력하라는 명령이다. 위의 예에서는 2가 주어졌으므로 두 열은 점을 출력하라는 의미이다.

pmatrix 환경은 matrix 환경과 같은데 괄호를 만들어준다.

$$\boldsymbol{A} = \begin{pmatrix} a_{11} & a_{12} & a_{13} \\ a_{21} & a_{22} & a_{23} \\ a_{31} & a_{32} & a_{33} \end{pmatrix}$$

위의 행렬은 다음 명령의 결과이다.

```
$$\pmb{A} = \begin{pmatrix}
a_{11} & a_{12} & a_{13} \\
a_{21} & a_{22} & a_{23} \\
a_{31} & a_{32} & a_{33}
\end{pmatrix}$$
```

여기서 \pmb 명령은 부호를 굵게 만들어주는 $\mathcal{AMS}$TEX의 명령이다. \pmb는 Poor Man's Bold 에서 가져온 말이다.

bmatrix 환경은 pmatrix와 같은데 괄호를 [와]로 만들어준다. 다음은 위의 명령 중 pmatrix를 bmatrix로 바꾼 결과이다.

$$\boldsymbol{A} = \begin{bmatrix} a_{11} & a_{12} & a_{13} \\ a_{21} & a_{22} & a_{23} \\ a_{31} & a_{32} & a_{33} \end{bmatrix}$$

vmatrix 와 Vmatrix 환경은 pmatrix의 괄호 자리에 |와 ||를 만들어준다.

$$\boldsymbol{A} = \begin{vmatrix} a_{11} & a_{12} & a_{13} \\ a_{21} & a_{22} & a_{23} \\ a_{31} & a_{32} & a_{33} \end{vmatrix} \qquad \boldsymbol{A} = \begin{Vmatrix} a_{11} & a_{12} & a_{13} \\ a_{21} & a_{22} & a_{23} \\ a_{31} & a_{32} & a_{33} \end{Vmatrix}$$

`\hdotsfor` 명령은 행렬을 만들 때 점을 만드는데 사용한다. 사용법은

```
\hdotsfor[width]{span}
```

이며 *width*에는 점의 간격을 *span*에는 확장될 열의 수를 정한다.

$$\begin{pmatrix} D_1t&-a_{12}t_2&\dots&-a_{1n}t_n\\ -a_{21}t_1&D_2t&\dots&-a_{2n}t_n\\ -a_{31}t_1 & \hdotsfor[1.5]{3}\\ -a_{n1}t_1&-a_{n2}t_2&\dots&D_nt\end{pmatrix}$$

는

```
\begin{pmatrix} D_1t&-a_{12}t_2&\dots&-a_{1n}t_n\\
-a_{21}t_1&D_2t&\dots&-a_{2n}t_n\\
 -a_{31}t_1 & \hdotsfor[1.5]{3}\\
-a_{n1}t_1&-a_{n2}t_2&\dots&D_nt\end{pmatrix}
```

의 결과이다.

4.20.3. 부호

화살표 $\mathcal{A}_{\mathcal{M}}\mathcal{S}$-TEX에는 다음과 같은 화살표를 쓸 수 있다.

$$\overleftarrow{a}\quad \overrightarrow{a}\quad \overleftrightarrow{a}\quad \underleftarrow{a}\quad \underrightarrow{a}\quad \underleftrightarrow{a}$$

위의 화살표는 다음 명령으로 만들었다.

```
$$ \overleftarrow{a}\quad \overrightarrow{a}\quad
\overleftrightarrow{a}\quad
\underleftarrow{a}\quad \underrightarrow{a}\quad
\underleftrightarrow{a}$$
```

`\ddot, \dddot, \ddddot` 등은 점을 여러 개 만들어준다. 이 때 점의 개수는 d의 개수와 같다. (네 개까지.)

$\ddot{a}$ $\dddot{a}$ $\ddddot{a}$ ....`$\ddot a$ $\dddot a$ $\ddddot a$`

늘어나는 화살표 `\xleftarrow`와 `\xrightarrow`는 필요한 만큼 화살표를 늘일 수 있다. 사용법은

`\xleftarrow[`*sub*`]{`*super*`}` 또는 `\xrightarrow[`*sub*`]{`*super*`}`

이며 *super*는 화살표 위에 들어 갈 내용을, *sub*는 화살표 아래에 들어 갈 내용을 준다.

$$A \xleftarrow[\mu]{n\rightarrow\infty} B \xrightarrow[\sigma]{n\rightarrow-\infty} C \xrightarrow[\delta]{} D$$

는

```
A \xleftarrow[\mu]{n\rightarrow\infty} B
  \xrightarrow[\sigma]{n\rightarrow-\infty} C
  \xrightarrow[\delta]{\null} D
```

으로 만들어진 것이다.

이중부호 $\bar{\bar{X}}$나 $\hat{\hat{\mu}}$에서 보는 것처럼 두 번 사용하면 줄이 어긋나는 부호들이 있는데 $\mathcal{A}\mathcal{M}\mathcal{S}$TEX에서는 $\Hat{\Hat{\mu}}$에서 보는 것처럼 두 번 사용하여도 어긋나지 않는 강조 부호를 제공한다. 이들은 LATEX에서 사용하는 명령어의 첫 글자를 대문자로 바꾼 명령을 사용하는데 다음과 같은 명령어가 사용 가능하다.

`\Hat`	`\Check`	`\Tilde`	`\Acute`	`\Grave`
`\Dot`	`\Ddot`	`\Breve`	`\Bar`	`\Vec`

`\leftroot`와 `\uproot` 명령. 이 두 명령은 $\sqrt[\beta]{2}$에서 보는 것처럼 β가 $\sqrt{\ }$에 거의 닿아 있는 경우 β의 위치를 바꾸어 주는 명령이다. `\leftroot`에는 왼쪽으로 이동할 거리, `\uproot`에는 오른쪽으로 이동할 거리를 준다. 음수는 반대 방향을 의미한다.

$\sqrt[\beta]{x}\ \sqrt[\beta]{x}$ ....

```
\sqrt[\beta]{x} \sqrt[\leftroot{-2}\uproot{2}\beta]{x}
```

\boxed 명령은 수학 모드에서 원하는 부분을 사각형 테두리로 둘러 준다.

$\boxed{\eta \leq N(\mu,\sigma^2)+ O_p(n)}$ ....

```
............\boxed{\eta \leq N(\mu,\sigma^2)+ O_p(n)}
```

조합기호와 분수 조합기호에는 세 가지가 있는데 항상 디스플레이 스타일인 \dbinom, 항상 텍스트 스타일인 \tbinom, 현재의 스타일에 따라 디스플레이 또는 텍스트 스타일이 되는 \binom이 있다.

분수를 만드는 \frac에도 \binom과 마찬가지로 \dfrac과 \tfrac가 있는데 \dfrac 및 \tbinom과 같은 기능을 가진다. 먼저 디스플레이 스타일에서 다음 명령의 결과는

```
\frac{a+b}{c-d}\qquad \binom{n}{x} \qquad
\dfrac{a+b}{c-d}\qquad \dbinom{n}{x}\qquad
\tfrac{a+b}{c-d}\qquad \tbinom{n}{x}
```

아래와 같고

$$\frac{a+b}{c-d}\qquad \binom{n}{x} \qquad \dfrac{a+b}{c-d}\qquad \dbinom{n}{x}\qquad \tfrac{a+b}{c-d}\qquad \tbinom{n}{x} \tag{4.34}$$

텍스트 스타일에서는 다음과 같다.

$\frac{a+b}{c-d}\qquad \binom{n}{x} \qquad \dfrac{a+b}{c-d}\qquad \dbinom{n}{x}\qquad \tfrac{a+b}{c-d}\qquad \tbinom{n}{x}$

\cfrac 명령. \cfrac 명령은 \frac 명령을 반복하여 사용할 경우 글자 크기가 자연스럽지 못하게 되는 것을 방지하여 준다. 사용법은 \frac와

같다.

$$\cfrac{2}{\sqrt{2}+\cfrac{1}{\sqrt{2}+\cfrac{1}{\sqrt{2}+\cfrac{1}{\sqrt{2}+\cdots}}}}$$

는 다음 명령의 결과이다.

```
$$\cfrac{2}{\sqrt{2}+\cfrac{1}{\sqrt{2}+
\cfrac{1}{\sqrt{2}+\cfrac{1}{\sqrt{2}+\cdots}}}}$$
```

전후 좌우에 기호 붙이기 `\overset` 명령은 위에, `\underset` 명령은 아래에 기호를 붙힌다.

$\overset{*}{X}\underset{*}{X}$ .... `$\overset{*}{X}\underset{*}{X}$`

`\sideset{`*left*`}{`*right*`}{`*operator*`}` 명령은 *operator*의 좌우와 아래 위에 부호를 붙힌다. 부호를 없애고 싶은 쪽에는 `{\null}`를 주며 *left*와 *right*에는 각각 `_`와 `^`으로 위와 아래를 구분해 준다.

$\sideset{_a^b}{_c^d}\sum$ .... `$\sideset{_a^b}{_c^d}\sum$`

$\sideset{_{\null}^b}{_c^{\null}}{\sum\int}$ .. `$\sideset{_{\null}^b}{_c^{\null}}{\sum\int}$`

극한 기호 다음과 같은 특수한 극한 기호가 있다. 이들 부호의 첨자는 디스플레이 스타일에서는 모양이 다음과 같으며

$$\varliminf_{n\longrightarrow\infty},\ \varlimsup_{n\longrightarrow\infty},\ \varinjlim_{n\longrightarrow\infty},\ \varprojlim_{n\longrightarrow\infty}$$

텍스트 스타일에서는 다음과 같다.

$\varliminf_{n\to\infty} A_n \cap B_n$ ....
`$\varliminf_{n\go\infty} A_n \cap B_n$`

$\varlimsup_{n\to\infty} A_n \cap B_n$ ....
`$\varlimsup_{n\go\infty} A_n \cap B_n$`

$\varinjlim_{n\to\infty} A_n \cap B_n$ ....
`$\varinjlim_{n\go\infty} A_n \cap B_n$`

$\varprojlim_{n\to\infty} A_n \cap B_n$ ....
`$\varprojlim_{n\go\infty} A_n \cap B_n$`

\mod, \pmod, \bmod, \pod 모드를 만드는 명령으로 다음 네 가지가 있다.

$\gcd(n, m \bmod n)$ .... `\gcd(n,m \bmod n)`
$x = y \pmod b$ .... `x=y \pmod b`
$x = y \mod c$ .... `x =y \mod c`
$x = y \pod d$ .... `x=y \pod d`

적분 기호 적분기호는 \int, \iint 등이 있는데 i의 개수만큼 적분 부호를 만든다. (최대 네 개까지.) \idotsint는 적분 기호 사이에 점을 출력한다.

$$\int f d\mu \quad \iint f d\mu \quad \iiint f d\mu \quad \iiiint f d\mu \quad \idotsint f d\mu \tag{4.35}$$

```
\begin{equation}
\int f d\mu \quad
\iint f d\mu \quad
\iiint f d\mu \quad
\iiiint f d\mu \quad \idotsint fd\mu
\end{equation}
```

여기서 이러한 부호가 필요한 이유는 $\int\int$ (\int\int)는 $\iint$ (\iint)와 모양이 같지 않기 때문이다.

이탤릭체 그리스 문자 그리스 문자의 대문자를 이택릭체로 얻을 수 있으며 이는 표 4.20에 요약하였다.

표 4.20: amsmath에서 제공하는 이탤릭체 그리스 문자

$\varGamma$	\varGamma	$\varSigma$	\varSigma
$\varDelta$	\varDelta	$\varUpsilon$	\varUpsilon
$\varTheta$	\varTheta	$\varPhi$	\varPhi
$\varLambda$	\varLambda	$\varPsi$	\varPsi
$\varXi$	\varXi		

\smash 명령은 근호를 만들 때 $\sqrt{a}+\sqrt{y}+\sqrt{d}$에서 보는 것처럼 근호의 높이가 문자의 높이에 따라 달라지는 것을 교정하여 준다. 이 명령은 위 또는 아래로 근호를 움직여서 자연스러운 출력을 얻게 만든다. (plainTEX 명령인 \mathstrut 참조.) 다음의 출력에서 $\sqrt{y}$ 모양이 어떻게 바뀌었나 살펴보자.

$$\sqrt{a} + \sqrt{y} + \sqrt{d} \qquad \sqrt{a} + \sqrt{\smash[b]{y}} + \sqrt{\smash[b]{d}}$$

위의 출력은 아래 명령의 결과이다.

```
$$\sqrt{a} + \sqrt{y} + \sqrt{d} \qquad
\sqrt{a} + \sqrt{\smash[b] y} + \sqrt{\smash[b] d}$$
```

공간 조절 수학모드에서의 공간은 단순한 빈칸으로는 만들어지지 않는다. 수학모드 내에서 공간을 만드려면 표 4.21에서 정의된 고정된 길이만큼의 변경을 사용하거나 \mspace 명령으로 임의의 길이만큼 변경할 수 있다.

\mspace 명령은 수식 모드 안에서 공간을 조정하는 명령이다. 수학모드 내에서의 길이 단위는 mu를 사용하며 1mu는 1/18em이다. 따라서 수학모드 내에서 \quad는 \mspace{-18mu}와 같다. 참고로 em은 영문 알파벳 M의 폭으로서 현재의 글자크기 설정에 연동되어 절대 길이

표 4.21: 수학모드에서의 공간 조정

공간 늘이기		공간 줄이기	
공간없음	$\Rightarrow\Leftarrow$	공간없음	$\Rightarrow\Leftarrow$
`\,` 또는 `\thinspace`	$\Rightarrow\,\Leftarrow$	`\!` 또는 `\negthinspace`	$\Rightarrow\!\Leftarrow$
`\:` 또는 `\medspace`	$\Rightarrow\:\Leftarrow$	`\negmedspace`	$\Rightarrow\negmedspace\Leftarrow$
`\;` 또는 —	$\Rightarrow\;\Leftarrow$	`\negthickspace`	$\Rightarrow\negthickspace\Leftarrow$
`\quad`	$\Rightarrow\quad\Leftarrow$		
`\qquad`	$\Rightarrow\qquad\Leftarrow$		

가 신축적으로 움직이므로 절대길이보다는 사용이 권장된다. 길이는 3.1절 참조.

4.20.4. amscd 패키지

`amscd` 패키지를 이용할 때 사용할 수 있는 CD 환경은 다이어그램을 그릴 때 유용한 환경이다. 다음의 다이어그램을 그리는 방법에 대해 알아보자. 이 패키지는 가로 및 세로로 늘어나는 화살표 및 늘어나는 등호를 제공하여 다이어그램을 그리는데 도움을 준다. 제공되는 화살표 등은

`@<[`*upper*`]<[`*lower*`]<` 는 왼쪽 화살표를 만들면서 화살표의 위엔 *upper*를 아래에는 *lower*를 만든다.

`@>[`*upper*`]>[`*lower*`]>` 오른쪽 쪽 화살표를 만든다. 사용법은 `@>>>`와 같다.

`@A[`*left*`]A[`*right*`]A` 는 위로 향하는 화살표를 만들면서 화살표의 왼쪽에는 *left*를 오른쪽에는 *right*를 만든다.

`@V[`*left*`]V[`*right*`]V` 아래로 향하는 화살표를 만든다. 사용법은 `@AAA`와 같다.

`@=` 등호를 길게 만든다.

이 때 화살표의 방향은 부등호가 가리키는 방향과 같고 첫 번째 부등호 다음의 입력은 화살표 위에, 두 번째 부등호 다음의 입력은 화살표 아래에

출력된다.

$\xrightarrow{a\alpha+\beta+\gamma}$ `@> a \alpha+\beta +\gamma >>`

$\xrightarrow[a\alpha+\beta+\gamma]{}$ `@>> a \alpha+\beta +\gamma >`

$\xleftarrow{a\alpha+\beta+\gamma}$ `@< a \alpha+\beta +\gamma <<`

$\xleftarrow[a\alpha+\beta+\gamma]{}$ `@<< a \alpha+\beta +\gamma <`

$\xleftarrow[\beta]{\alpha}$ `@< \alpha < \beta <`

참고: amstex으로 미국수수학회 관련 패키지가 통합되면서 `@<<<`와 `@>>>`는 CD 환경 내에서만 사용가능하다. CD 환경이 아니라면 이들은 각각 `\xleftarrow`와 `\xrightarrow`와 같다.

다음의 보기

$$\begin{CD}
F(x) @<<n\longrightarrow\infty< G(x) \\
@V{n\longrightarrow\infty}V{m\sim n}V @AA m\longrightarrow\infty A\\
\mathcal{F}(x) @= \mathcal{G}
\end{CD} \tag{4.36}$$

는 아래의 명령으로 만들었다.

```
\begin{equation}
\begin{CD}
F(x) @<< n\go\infty <          G(x) \\
@V{n\go\infty}V{m\sim n}V      @AA m\go\infty A\\
\mathcal{F}(x) @=              \mathcal{G}
\end{CD}
\end{equation}
```

`>`, `<`, `A`, `V`의 뾰족한 방향에 따라 화살표의 방향이 정해진다고 생각하면 기억하기 좋다.

제 5 장

리스트 만들기

여러 항목을 한 번에 설명하고자 할 때 각 항목에 번호를 붙이거나 항목의 소제목을 주거나 혹은 어떤 표시("•" 등)를 각 항목에 붙이게 하여 많은 항목을 일목 요연하게 설명하고자 할 경우가 있다. LaTeX에는 세 가지 리스트 만들기 환경이 있는데 itemize, enumerate 및 description이 그것이다. 이 장에는 특히 한글 번호를 붙여 주는 henumerate와 이를 위해 필요한 한글 번호기에 대하여도 알아보기로 한다.

5.1. itemize 환경

먼저 itemize을 다음의 예를 보면서 알아보자.

In this section we study following two items

- First item
- Second item

```
In this section we study
following two....
\begin{itemize}
\item First item
\item Second item
\end{itemize}
```

위에서 보는 것처럼 itemize 환경은 리스트화할 항목마다 그 항목 앞에 \item을 주고 다른 환경과 마찬가지로 \begin으로 시작하고 \end로 끝낸다. itemize 환경 안에서 다시 itemize 환경이나 5.3절과 5.2절에서 설명될 enumerate, description 환경 등의 리스트 만들기 환경을 부를 수도 있다. 즉

To explain itemize, we have two items below;

- First item got subitems
  - This is first subitem
  - Second subitem
- Second item

```
To explain \texttt{itemize},
we have two items below;
\begin{itemize}
\item First item got
subitems
\begin{itemize}
\item This is first
subitem
\item Second subitem
\end{itemize}
\item Second item
\end{itemize}
```

와 같이 사용할 수 있다.

itemize 환경 등은 최대 네 번까지 그 환경 내에서 반복해서 쓸 수 있다.[1] 위에서 보는 것처럼 제일 먼저 나오는 리스트의 항목 앞에는 "•"($\bullet$ 또는 \textbullet)을 두 번째 리스트의 항목에는 "–"(\textbf{--} 또는 {\bfseries\textendash})를 인쇄하여 준다. 세 번째와 네 번째 itemize의 리스트 항목 앞에는 각각 "∗" ($\ast$ 또는 \textasteriskcentered)와 "·"($\cdot$ 또는 \textperiodcentered)을 붙여 주게 된다.

여기서 "•", "–", "∗" 및 "·" 을 저장하고 있는 LaTeX 변수는 가장 먼저 나오는 itemize 환경으로부터 순서대로 각각 \lableitemi, \lableitemii, \lableitemiii, 그리고 \lableitemiv인데 이들은 사용자가 원하는 경우 \renewcommand 명령을[2] 이용하여 바꿔줌으로써 각 항목 앞의 표시를 사용자가 원하는 다른 표시로 바꿔 줄 수 있다. 예로 다음처럼 처음 두 단계 itemize의 항목 표시를 각각 "♣" ($\clubsuit$)와 "☞" (\fingerright)로

[1]다음에 볼 description과 enumerate도 최대 네 번까지임.
[2]8.1 절 참조.

바꿔 보면

```
\renewcommand{\labelitemi}{$\clubsuit$}
\renewcommand{\labelitemii}{\fingerright}
```

그 결과는 다음과 같다.

- ♣ First item
  - ☞ First subitem
  - ☞ second subitem
- ♣ Second item

```
\begin{itemize}
\item First item
\begin{itemize}
\item First subitem
\item second subitem
\end{itemize}
\item Second item
\end{itemize}
```

다음에서처럼 "["와 "]" 사이에 각 항의 • 등의 표시 대신에 다른 것을 줄 수도 있다. 5.2절의 description과 비교해 보라.

First First item

Second Second item

Third Third item

```
\begin{itemize}
\item[First] First item
\item[Second] Second item
\item[Third] Third item
\end{itemize}
```

여기서 각 항목의 이름은 다음에 볼 description과 달리 오른쪽으로 정렬하여 "Second"는 테두리를 거의 벗어남을 볼 수 있다.

5.2. description 환경

description은 itemize와 마찬가지이나 각 항목에 표식을 주는 대신에 항목의 소제목을 굵은 글씨체 (\bfseries)로 준다. 소제목은 item 다음에 "[" 와 "]" 안에 주는데 소제목의 인쇄는 왼쪽으로 정렬되어 인쇄된다. 다음을 보자.

First First item

Second Second item

```
\begin{description}
\item[First] First item
\item[Second] Second item
\end{description}
```

위와 같은 내용을 `itemize` 환경을 사용한 경우의 보기인 140의 결과와 비교해 보면 `itemize` 환경의 경우는 각 항목의 이름이 오른쪽 정렬인데 반해 `description`의 경우는 왼쪽으로 정렬됨을 볼 수 있다.

또 "[" 와 "]" 안에 소제목을 주지 않으면 아래에서 보는 것처럼 각 항에 아무 표시도 나타나지 않는다.

First item

Second item

```
\begin{description}
\item First item
\item Second item
\end{description}
```

`description` 항목의 각 항목에 대한 표시는 `\descriptionlabel` 명령에 들어가 있으므로 이를 바꾸면 항목에 대한 표시를 바꿀 수 있다. 예를 들어

FIRST First item

SECOND Second item

```
\renewcommand*\descriptionlabel
        [1]{\hspace\labelsep
        \scshape\mdseries #1}
\begin{description}
\item[First] First item
\item[Second] Second item
\end{description}
```

라고 하면 위의 결과에서 보는 것처럼 각 항목의 표시가 굵은 글자체에서 보통 굵기 `\scshape\mdseries`로 바뀌었다.

5.3. enumerate 환경

enumerate도 위에서 보는 itemize나 description과 마찬가지이나 각 항마다 번호를 붙여 준다는 점이 다르다.

1. First item

   (a) First subitem

2. Second item

```
\begin{enumerate}
\item First item
\begin{enumerate}
\item First subitem
\end{enumerate}
\item Second item
\end{enumerate}
```

위에서 보는 것처럼 enumerate가 붙이는 번호는 몇 번째 enumerate인가에 따라 1 혹은 (a)와 같이 달라지는데 enumerate 가 붙이는 번호는 맨 처음부터 네 번째까지는 순서대로 아라비아 숫자, "(","')" 안의 영문 소문자, 로마 숫자 (i,ii,···), 영어 대문자 알파벳순이다. 영문 알파벳을 붙이는 두 번째와 네 번째 enumerate의 항목의 수는 27 이상은 될 수 없다.

5.4. 한글번호 ? – henumerate

위의 enmerate 환경의 예를 보면 두 번째 enumerate 환경에서는 번호가 알파벳으로 붙은 것을 볼 수 있다. 이는 모든 내용이 한글일 때는 다소 어색해 보인다.

그렇다면 enumerate 환경에서 한글 번호를 줄 수 있을까? 그 답은 "가능하다"이다. 두 가지 방법으로 한글번호를 붙일 수 있는데 한 방법은 item의 매개변수를 아래와 같이 "가", "나" 등으로 수작업으로 주는 방법이고 다른 방법은 새로운 리스트 만들기 환경을 사용자가 정의하는 것이다. 이 때 enumerate 환경에서 사용하는 번호기(counter)[3]도 같이 정의하여야 한다. 우선 편법을 쓰는 방법은 아래의 예와 같이 직접 한글로 항목이름을 붙이

[3] enumi, enumii, enumiii, enumiv.

는 방법이다.

가. First item

나. Second item

```
\begin{enumerate}
\item[가.] First item
\item[나.] Second item
\end{enumerate}
```

두 번째 방법은 한글 번호기를 도입하여 enumi 등의 값을 바꾸어 주는 방법이다. 저자는 다음에 설명할 henumerate를 만들기 위해 두 개의 한글 번호기를 만들어 보았는데 첫째는 "가", "나", "다", "라"부터 "하"까지 가는 hangula이고 두 번째는 "갑", "을", "병", "정"으로 진행되는 hangulb이다. hangula와 hangulb의 정의는 5.5 절에 실었으니 참고하기 바란다.

syshan 패키지에서 제공하는 번호기 형식에는 다음과 같은 것도 제공된다.

\jaso	ㄱ ㄴ ㄷ ㄹ ㅁ ㅂ ㅅ ㅇ ㅈ ㅊ
\ojaso	㉠ ㉡ ㉢ ㉣ ㉤ ㉥ ㉦ ㉧ ㉨ ㉩
\gana	가 나 다 라 마 바 사 아 자 차
\ogana	㉮ ㉯ ㉰ ㉱ ㉲ ㉳ ㉴ ㉵ ㉶ ㉷
\onum	① ② ③ ④ ⑤ ⑥ ⑦ ⑧ ⑨ ⑩
\hangulb	갑 을 병 정 무 기 경 신 임 계
\hangula	가 나 다 라 마 바 사 아 자 차

위에서 hangula와 hangulb를 제외한 나머지는 KC2008에서도 지원한다. 만일 위의 번호기 \hangula 와 \hangulb 를 쓰고자 한다면 다음처럼 enumi, enumii, enumiii, enumiv의 번호기의 형식을 각각 hangula, hangulb, ojaso, ogana로 바꿔 주면 된다.

```
\renewcommand{\theenumi}{\hangula{enumi}}
\renewcommand{\theenumii}{\hangulb{enumii}}
\renewcommand{\theenumiii}{\ojaso{enumiii}}
\renewcommand{\theenumiv}{\ogana{enumiv}}
```

위에서처럼 번호기를 바꿔 주었다면,[4] 아래의 `enumerate` 명령의 결과는 한글 번호를 사용하게 된다. 141면의 결과와 비교해 보라.

가. First item
   (갑) First subitem
   (을) 2nd subitem
      ㉠. Subsubitem 1
      ㉡. Subsubitem 2
         ㉮. 항목 1
         ㉯. 항목 2
         ㉰. 항목 3
나. Second item

```
\begin{enumerate}
 \item First item
 \item 2nd subitem
 \begin{enumerate}
  \item Subsubitem 1
  \item Subsubitem 2
   \begin{enumerate}
    \item 항목 1
    \item 항목 2
    \item 항목 3
   \end{enumerate}
 \end{enumerate}
 \begin{enumerate}
  \item First subitem
 \end{enumerate}
 \item Second item
\end{enumerate}
```

마지막으로 사용할 수 있는 방법은 위의 한글 번호기를 이용하여 사용자가 새 환경을 정의하는 방법이다.[5] 우리는 그 이름을 `henumerate`로 하였는데 LaTeX의 번호기 `enumi`, `enumii`, `enumiii`, `enumiv`에 대응되는 번호기는 각각 `henumi`, `henumii`, `henumiii`, `henumiv`로 정의하였다.

`henumerate` 환경에서는 사용자가 따로 정하지 않으면 두 번째와 네 번째의 `henumerate`의 번호만 소문자 대문자 영문 알파벳에서 "(가)", "(나)", "(다)" ⋯ "(하)" 와 "갑", "을", "병" ⋯ "계" 등으로 바꿔 준다. `henumerate` 환경의 정의는 5.5절에 실었으니 참고하기 바란다.

아래의 예는 5.5절의 `henumerate` 환경이 정의되었을 경우에 사용한

[4]주의 : 한 번 바뀐 번호기 형식은 사용자가 원래대로 바꾸지 않으면 계속 바뀐 상태로 있게 된다.

[5]LaTeX에서 새로운 명령이나 환경을 사용자가 정의하여 쓸 수 있다. 자세한 내용은 8.3절을 참조하기로 한다.

henumerate 환경의 결과와 결과를 얻기 위한 입력이다.

1. The First item
   (가) First Subitem of 1st
   (나) Second Subitem of 1st
      i. First SubSubitem
      ii. Second SubSubitem
         갑. First SubSubSubitem
         을. Second SubSubSubitem
         병. Third SubSubSubitem
2. Second Item
   (가) First Subitem of 2nd
   (나) Second Subitem of 2nd

```
\begin{henumerate}
\item The First item
\begin{henumerate}
\item First Subitem of 1st
\item Second Subitem of 1st
\begin{henumerate}
\item First SubSubitem
\item Second SubSubitem
\begin{henumerate}
\item First SubSubSubitem
\item Second SubSubSubitem
\item Third SubSubSubitem
\end{henumerate}
\end{henumerate}
\end{henumerate}
\item Second Item
\begin{henumerate}
\item First Subitem of 2nd
\item Second Subitem of 2nd
\end{henumerate}
\end{henumerate}
```

5.5. henumerate 환경의 정의

다음의 내용은 스타일 파일 안에 정의되어 있어야 한다. 이는 @가 명령에 내에 포함되어 있기 때문에 스타일 파일 바깥에서는 사용할 수 없기 때문이다. 그런 후에 \usepackage 명령을 사용하거나 LaTeX 2.09인 경우 \documentstyle의 옵션으로 준다. 또 전처리기를 이용하는 경우 한글로 주어진 부분은 한글코드로 바뀌어야 한다.

```
%%%%%%%%%%%%%%%%%%%%%%%%%%%%%%%%%%%%%%%%%%%%%%%%%%%%%%%%%%%%
% The following henumerate environment for hangul counters
%                (C) 1995 Songyong Sim
% 1. No Warrany, neither explicit nor empicit.
% 2. May copy, distribute, modify except for commercial use
% 3. When this is modified, however, the name henumerate,
%    hangula, hangulb should not be used.
% Here we use different counter name, even for arabic or
% romancounter. This makes it easy to change the labeling
% for each item. With this style, \hangula{counter} will
% generate GA, NA, DA, etc
% \hangulb{counter} generate GAP, EUL, BYUNG, JUNG, etc
%%%%%%%%%%%%%%%%%%%%%%%%%%%%%%%%%%%%%%%%%%%%%%%%%%%%%%%%%%%%
\newcount\@henumdepth \@henumdepth = 0

\@definecounter{henumi}
\@definecounter{henumii}
\@definecounter{henumiii}
\@definecounter{henumiv}

\def\henumerate{\ifnum \@henumdepth >3 \@toodeep\else
      \advance\@henumdepth \@ne
      \edef\@henumctr{henum\romannumeral\the\@henumdepth}\list
      {\csname label\@henumctr\endcsname}{\usecounter
        {\@henumctr}\def\makelabel##1{\hss\llap{##1}}}\fi}

\let\endhenumerate =\endlist

\def\hangula#1{\@hangula{\@nameuse{c@#1}}}
```

```
\def\hangulb#1{\@hangulb{\@nameuse{c@#1}}}

\def\@hangula#1{\ifcase#1\or 가 \or 나 \or 다 \or 라 \or 마
\or 바 \or 사 \or 아 \or 자 \or 차\or 카 \or 타 \or 파 \or 하
\else\@crterr\fi}
\def\@hangulb#1{\ifcase#1\or 갑 \or 을 \or 병 \or 정 \or 무
\or 기 \or 경 \or 신 \or 임 \cr 계 \else\@crterr\fi}

\def\labelhenumi{\thehenumi.}
\def\thehenumi{\arabic{henumi}}

\def\labelhenumii{(\thehenumii)}
\def\thehenumii{\hangula{henumii}}
\def\p@henumii{\thehenumi}

\def\labelhenumiii{\thehenumiii.}
\def\thehenumiii{\roman{henumiii}}
\def\p@henumiii{\thehenumi(\thehenumii)}

\def\labelhenumiv{\thehenumiv.}
\def\thehenumiv{\hangulb{henumiv}}
\def\p@henumiv{\p@henumiii\thehenumiii}
%%%%%%%%%%%%%%%%%%%%%%%%%%%%%%%%%%%%%%%%%%%%%%%%%%%%%%%%%%%%
```

5.6. list 환경

앞에서 본 itemize, description, enumerate 환경은 LaTeX의 원시 환경 중의 하나인 list 환경을 상화에 따라 최적화한 것이다. list 환경은

```
\begin{list}{label}{spacing}
\item First item
\item Second item
        ⋮
\end{list}
```

로 사용하며 *label*에는 각 항목이 어떻게 표시될지 (보통은 LaTeX 명령들로) 설정하고 *spacing*에는 공간을 설정해준다. *spacing*에서 설정할 수 있는 값은 다음과 같으며 그림 5.1에 이 명령들이 조정하는 길이를 정리하였다.[6]

`\topsep` 명령은 `list` 환경 전후의 본문 사이에 `\parsep`만큼의 공간에 추가되는 공간이다. 예를 들어 다음의 극단적인 경우

> `list` 환경의 전에 있는 문자열이 여기 있고 3cm의 `\topsep`를 주면
>
> **항목** 여기서 보는 것처럼
>
> **항목** `list` 환경의 전후에
>
> `\topsep` + `\parskip` 만큼의 공간이 생깁니다.

를 만들기 위한 명령은 다음과 같다.

[6]이 그림은 `picture` 환경을 이용하여 만든 것이다. 제12장 참조.

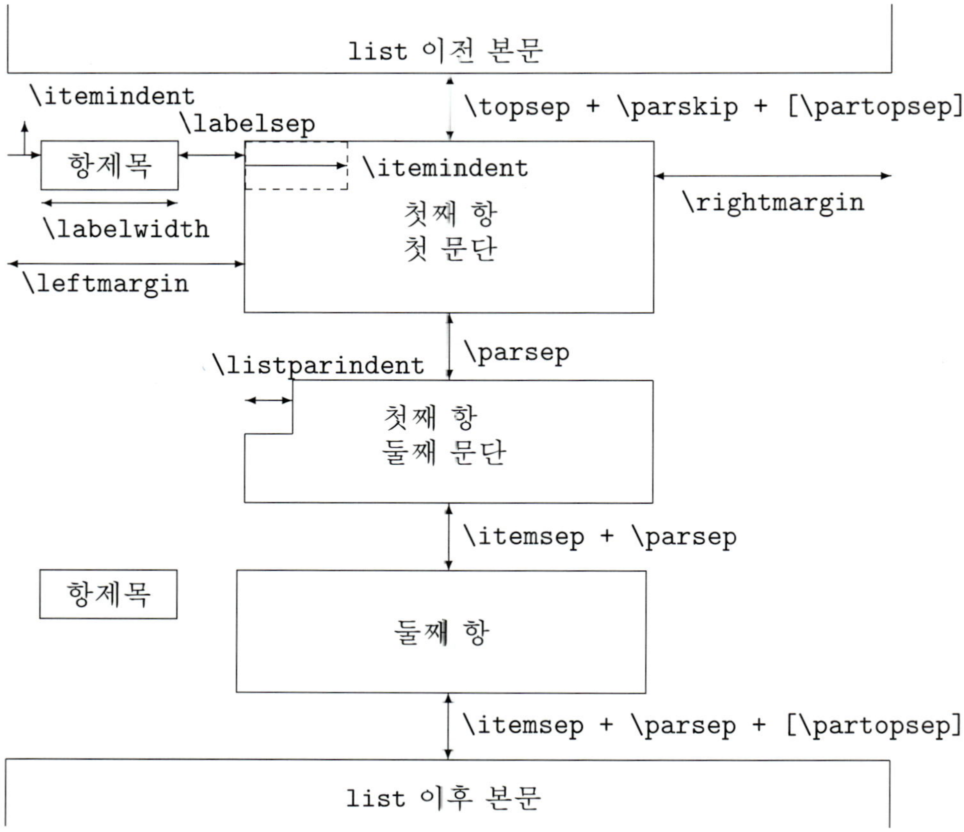

그림 5.1: list 환경의 미세 조정 변수

```
\texttt{list} 환경의 전에 있는 문자열이 여기 있고 3cm의
\verb|\topsep|를 주면
\begin{list}{\bfseries 항목}{\topsep=3cm}
\item 여기서 보는 것처럼
\item \texttt{list} 환경의 전후에
\end{list}
```

\verb|\topsep| $+$ \verb|\parskip| 만큼의 공간이 생깁니다.

\partopsep 는 첫 번째 item 이전이나 마지막 item 이후에 빈 줄이 주어졌을 때 \parskip과 \topsep에 더 추가하는 공간이다.

\parsep \item과 \item 사이에 더해 주는 공간.

\leftmargin 현재의 왼쪽 가장자리로 부터 list의 본문의 왼쪽 가장자리까지의 거리.

\rightmargin 현재의 오른쪽 가장자리로 부터 list의 본문의 오른쪽 가장자리까지의 거리. 일반적으로 0pt이다.

\listparindent list 환경 내의 본문 중에서 문단이 새로 시작할 때 들여쓰기의 양. 일반적으로 0pt이기 때문에 list 환경에서는 들여쓰기를 하지 않는다.

\labelwidth list의 각 항목의 제목이 차지하는 폭.

\labelsep 각 항의 제목과 본문 사이의 폭.

\itemindent 각 항의 제목과 이전 본문 사이의 들여쓰기 공간. 일반적으로 0pt이기 때문에 list 환경에서는 들여쓰기를 하지 않는다.

제 6 장

단원 나누기 및 번호 붙이기

6.1. 잘못된 예

절이나 장 등을 만들기 위해 아래와 같이 그 절의 제목과 번호는 물론이고 글자크기 글자모양 등을 모두 입력하는 경우를 많이 보게 되는데

```
\begin{center}
 \textbf{\Large 2. This is a Section}
\end{center}
```

LaTeX의 사용자는 그럴 필요가 없다. 왜냐하면 아래의 명령으로

예 6.1 `\section{This is a Section}`

LaTeX이 알아서 절번호 절제목의 크기 및 모양, 그 절이 시작한 면의 쪽수 등을 모두 정리하기 때문이다.[1]

LaTeX은 위의 `\section` 명령처럼 단원을 나눠 주는 명령을 다양하게 (sectional units)을 제공한다. 표 6.1에는 위의 `\section`처럼 단원을 나눠

[1]따라서 목차도 LaTeX이 알아서 만든다. 7.4절 참조.

표 6.1: 단원을 나누는 환경

part	chapter	section
subsection	subsubsection	paragraph
subparagraph		

주는 환경들이 요약되어 있는데 그 사용법은 위의 \section 명령처럼 사용하거나 \begin{환경} 과 \end{환경} 사이에 단원을 넣는 두 가지가 있는데 앞의 방법이 일반적으로 편리하다.[2] 이 때 LATEX은 각 \chapter나 \section 등의 번호기(*counter*)를 갖고 그 번호를 유지한다. 실제로 표 6.1에 있는 것은 환경의 이름이기도 하지만 번호기의 이름이기도 한다. 표 6.2에는 위에서 본 section처럼 LATEX이 번호를 붙이는 환경의 번호기를 정리하였다. 이 표에서 보는 enumi부터 enumiv까지는 enumerate의 항목수에 대한 번호기이다. 표에는 없지만 5.5절에서 정의한 henumerate 환경을 사용할 경우 henumi부터 henumiv도 번호를 붙인다.

일반적으로 큰 단위의 번호가 바뀌면 작은 단위의 번호는 자동적으로 처음으로 돌아간다(초기화). 즉 제5장이 네 개의 절로 이루어졌다면 다음 장은 제6장이 되고 제6장의 첫 절은 5절이 아닌 1절로 된다. 마찬가지로 subsection은 각 section 별로 번호가 붙는다.

또 enumii는 enumi별로, enumiii는 enumii 별로 enumiv 는 enumiii별로 번호가 붙으며(henumerate 환경의 henum n도 마찬가지임) footnote는 각 장별로 번호를 붙인다. mpfootnote는 minipage의 \footnote 환경인데 그 번호는 minipage별로 붙는다. \newtheorem에 의해 정의된 사용자 환경은 각 장별로 번호가 붙는다. 번호기(counter)에서 정하여진 값을 불러 쓸 일이 있으면 환경 앞에 the를 붙인다. 예를 들어\thepage, \thechapter, \thesection를 입력하면 "152", "6","6.1" 이 각각 인쇄되고, 따라서 "6.6.1"은 \thechapter.\thesection으로 얻어진다.[3]

[2] \end를 잊어버려 에러 메시지를 만나지는 않으니까.
[3] 여기에 나온 숫자 152, 6.1, 6등은 실제 현재면의 페이지수, 섹션번호, 챕터 번호이다.

표 6.2: 번호를 붙여주는 환경의 번호기

참조 아래에 더하여 `\newtheorem`에 의해 정의된(8.2절 참조) 사용자가 정한 환경도 번호가 붙는다.

part	chapter	section
subsection	subsubsection	paragraph
subparagraph	page	equation
eqnarray	figure	table
footnote	mpfootnote	enumi
enumii	enumiii	enumiv

6.2. 절이나 장의 번호를 붙이지 않으려면

표 6.1에 있는 환경의 뒤에 "*"를 붙인 환경이나 명령이 제공된다. 예를 들면 `table*` 환경, `\section*` 명령들이다. 이들을 사용하면 LaTeX이

- 절, 장 등의 번호를 붙이지 않고
- 목차에도 그 장이나 절을 넣지 않으며
- section 등의 번호도 바뀌지 않는다.

이와 같은 기능은 특히 영문 논문 등의 국문 초록, 국문 논문 등의 "Abstract"[4], 감사의 글 등을 만들 때 유용하다.[5]

다음 예를 보자. 먼저 지금의 `\thesection`은 "6.2" 인데 다음 명령을 넣고나서 어떤 변화가 있는지 알아보자. 지금

`\section*{감사의 글}`

로 다음과 같은

[4] 실제로는 이런 방법의 사용을 권장하지는 않는다. 다만 LaTeX이 제공하는 스타일이 원하는 스타일이 아닌 경우 이런 방법의 사용도 가능하다는 의미이다. "Abstract"를 만드는 방법은 `abstract` 환경을 참고하기로 한다.

[5] 절, 장, 등의 번호는 넣지 않으면서 목차에는 포함시키려면 7.4.1절 참조.

감사의 글

이 생겨났다. 하지만 목차에는 위의 "감사의 글"이 나타나지 않으며 (목차에 가서 확인해 보라. 이 책은 LaTeX으로 쓰여졌다.) 또 \thesection으로 나오는 값은 "6.2"이며 따라서 다음 절의 번호는 당연히 이절 바로 다음 번호이다.

6.3. LaTeX파일의 전체 구조

표 6.1에 들어가 있는 몇 가지는 특히 전체를 이루는 중요한 단위가 되는데 이전 장과 이 장은 어떻게 입력하여 만든 것인지 그 일부분만 보자.

```
\documentclass[...]{...}
\begin{document}
\tableofcontents
\chapter{리스트만들기}
\section{\texttt{itemize}}
\section{\texttt{description}}
\section{\texttt{enumerate}}
\subsection{한글번호 ?}
\chapter{번호 붙이기}
\section{잘못된 예}
\end{document}
```

참고 : LaTeX의 report나 book 클래스[6]에서 chapter를 사용하면 이 책의 각 장의 제일 첫 면처럼 인쇄되는데 이것이 너무 크다고 판단되는 경우 chapter 없이 section부터 사용할 수는 있으나 절(section)이나 수식번호 등이 문제가 있으므로 article 클래스를 사용하는 편이 낫다.[7]

[6] chapter는 article 클래스에서는 사용할 수 없음.
[7] 1 절이 번호가 "0.1"이 됨.

6.4. 번호기의 조정

LATEX이 제공하는 번호는 필요에 따라 사용자가 특정한 값을 지정하거나, 값을 더해주거나 뺄 수 있다. 번호기의 값은 정수만 가능하다.

6.4.1. 번호기의 값 바꾸기

표 6.2에 있는 값들은 사용자가 필요에 따라 바꾸어 줄 수 있다. 이러한 필요는 특히 목차나 머리말이 앞에 있고 본문부터 다시 제 1 면이 시작되는 경우가 대표적이라 하겠다.

문법 6.1. (`\setcounter`, `\addtocounter`)
`\setcounter{`*name*`}{`*value*`}`
`\addtocounter{`*name*`}{`*value*`}`

`\setounter` 명령은 번호기 *name*의 값을 정해준 값 *value*로 지정하는 명령이고, `\addtocounter` 명령은 *name*의 번호기 값에 정해준 *value*만큼 더하거나 빼주는 명령이다. 여기서 *name*으로 사용할 수 있는 이름은 표 6.2에 있는 번호기 중의 하나이다. `\addtocounter`나 `\setcounter`의 사용 예는 1.12절의 `\footnote`의 설명에 있으니 참고하자.

6.4.2. 번호기의 형식 바꾸기

표 6.2에 있는 환경들이 갖는 번호는 특별히 정하여 주지 않으면 아라비아 숫자인데[8] 이를 아라비아 숫자가 아닌 알파벳이나 로마 숫자로 바꿀 수 있다. 표 6.3에는 어떻게 바꿀 수 있는지 명령어와 그 결과를 실었다. 여기서 영문 알파벳을 사용하는 `\alph`와 `\Alph`는 27 이상의 값은 가질 수 없다. 표 6.4에는 특히 문자를 번호로 사용하는 번호기 형식인 `\fnsymbol` (footnote symbol)을 실었다. `\fnsymbol`이 가질 수 있는 값은 1부터 9까지이며 `\fnsymbol` 명령은 수학 모드에서만 사용이 가능하다. 번호기의 형식

[8] `enumii`, `enumiii` 등은 예외임.

표 6.3: 몇 가지 counter 형식

\arabic{chapter}	6	\roman{chapter}	vi
\Roman{chapter}	VI	\alph{chapter}	f
\Alph{chapter}	F		

표 6.4: \fnsymbol의 값

1	2	3	4	5	6	7	8	9
$*$	†	‡	§	¶	‖	$**$	††	‡‡

을 바꾸기 위해 \renewcommand 명령을 사용하는데 만일 다음과 같이 번호기의 형식을 바꾸면

```
\renewcommand{\thesubsection}{\Roman{subsection}}
```

명령의 전과 후의 \thesubsection의 결과는 "6.4.2"과 "II"이 되고 아래 명령의

```
\renewcommand{\thesubsection}
{\Alph{chapter}--\Roman{section}.\arabic{subsection}}
```

결과로 \thesubsection은 "F–IV.2"가 된다. 서두에서 말한 바와 같이 목차나 머리말까지와 본문의 시작부터는 많은 경우에 서로 다른 쪽수와 형식을 이용하게 되는데 그 경우에 다음이 자주 이용된다.

```
\renewcommand{\thepage}{\roman{page}}
목차, 머리말이 들어 갈 곳
\renewcommand{\thepage}{\arabic{page}}
\setcounter{page}{0}
\include{chap1}
혹은 본문의 시작
```

위와 같이 하면 목차 등의 면수는 로마 숫자로 시작하고 본문부터 다시 아라비아 숫자로 제 1 면이 시작된다.

`enumerate`에서 각 항에 붙여주는 번호를 바꾸고 싶을 때가 있는데 그 때는 그 번호기인 `enumi`, `enumii`, `enumiii`나 `enumiv`의 값을 바꾸어 주면 된다. 만일 제일 바깥쪽의 `enumerate`의 번호를 몇 장에서의 몇 번째인가를 나타내 주고자 한다면

```
\renewcommand{\theenumi}{\arabic{chapter}.\arabic{enumi}}
```

명령을 주면 가능할 것이다. 다음의 예를 보자.

```
Following three ....

\begin{enumerate}
\item This is first
\item Second item
\item The Last item
\end{enumerate}
```

Following three items are labeled according to the chapter;

6.1. This is first

6.2. Second item

6.3. The Last item

`enumerate`의 번호를 한글로 바꾸는 방법은 5.4절에 설명되어 있다.

6.5. 사용자가 정의한 번호기

LaTeX사용자는 필요하면 새 이름의 번호기를 정의할 수 있다.

`\newcounter{`*newctr*`}[`*within*`]`

명령은 새로운 번호기 *newctr*을 만드는데 그 번호기는 *within*이 바뀔 때마다 0으로 다시 설정된다. *within*은 주로 단원을 나눠 주는 환경이다.[9] 이 명

[9]표 6.1의 환경 참조.

령은 include로 불리는 파일에서는 사용하지 못한다고 LaTeX매뉴얼에 설명되어 있으나 emTeX3.0 (3a)에서는 사용 가능하였다.

```
\newcounter{testfnsymbol}
\setcounter{testfnsymbol}{9}
$\fnsymbol{testfnsymbol}$
```

명령의 결과 아홉 번째 fnsymbol인 "‡‡"가 인쇄된다. \setcounter 명령에서 번호기의 값을 어떤 수로 정하지 않고 다른 번호기의 값으로 줄 수 있는데 이 값을 계산하는 명령어로 \value가 있다.

\value{*counter*}

명령은 번호기 *counter*의 값을 계산하기 때문에 다음과 같이 사용할 수 있다.

```
\setcounter{testfnsymbol}{\value{chapter}}
```

이제 testfnsymbol 의 번호기의 값이 6이므로

```
\fnsymbol{testfnsymbol}
```

은 ∥을 출력한다.

6.6. 번호기를 이용한 단기 및 시간만들기

한글을 지원하는 LaTeX이라면 우리 고유의 단기 연호를 사용할 수 있어야 하겠다. 단기는 서기에 2333을 더해 주면 계산되므로 다음과 같이 계산하여 \dankitoday를 정의하여 보자.

```
\newcounter{D@anki}
\setcounter{D@anki}{\year}
\addtocounter{D@anki}{2333}
\def\dankitoday{단기~\arabic{D@anki}~년 \number\month~월
              \number\day~일}
```

오늘은 단기 4342 년 6 월22 일이다. .... 오늘은 \dankitoday 이다.

여기서 주의할 점은 @가 있는 명령은 클래스 또는 패키지(스타일) 파일 안에서만 정의할 수 있다. 따라서 위에서 보는 정의는 모두 클래스 또는 패키지 파일 안에 정의되어 있으며 \usepackage 명령을 이용하여 사용한다. LATEX2.09 사용자는 \documentstyle 명령 내의 옵션을 이용한다. 위는 번호기의 한 사용 예이고 저자의 \dankitoday의 정의는 위와 달리

```
\def\dankitoday{\advance\year2333 단기~\number\year 년 \number%
\month 월 \number\day 일 \advance\year by -2333}
```

이다 여기서 \def는 새 명령을 정하는 명령이고 \advance는 더해준다는 의미이다. 둘 다 plainTEX 명령이다.

참고로 이 책의 ii면은

```
\newcount\hour                      % 현재시각 in minute from midnight
\hour=\time\divide\hour by 60 % integer part of \hour=\time/60
\newcount\minute                    % 현재시각 분
\minute=\hour\multiply\minute by -60      % \minute=\hour*60 분
\minute=\minute\advance\minute by \time % \minute=\time-\minute
\newcommand*\ampm{%
```

```
  \ifnum\number\time>720 오후\else 오전\fi}%% 720분 초과는 오후
\newcommand{\nowampm}{%
\ifnum\hour > 12 \advance\hour by -12\fi   %% 13시 이상은 오후로
\today\ \ampm\ \number\hour 시 \number\minute 분}
\newcommand{\now}{\today\ \number\hour 시 \number\minute 분}
```

로 \now와 \nowampm을 정의한 후

마지막 컴파일 시각: \nowampm

으로 만들었다. 혹시 출판사의 편집과정에서 ii면이 바뀔지도 몰라 여기에 다시 그 값을 넣어 보면 마지막 컴파일 시각은 '2009년 6월 22일 오후 2시 4분'이다.[10]

위의 \time은 현재의 시간을 자정부터 시작하여 분단위로 계산한 값을 얻는다. 예를 들어 오전 1:05일 때 \time은 65이다. 따라서 현재 시각의 시간은 \hour은 \divide 명령을 사용하여 \time÷60의 몫으로 얻을 수 있다. 이 때 얻는 값은 자연수이다.

이제 분(minute)은 원래 \time을 60으로 나눈 나머지 값으로 얻는다. 이 나머지는 원래의 \time에서 \hour×60을 뺀 값으로 얻는다. 여기서 곱은 \multiply 명령을 사용한다.

\nowampm을 정의하기 위해서 \minute이 720($= 12 \times 60 =$ 12시간)이상이면 오후, 그렇지 않으면 오전이며 이에 따라 \ampm을 정의하였고 \hour가 13 이상이면 오전 오후로 표시할 때는 12를 빼주었다. 숫자의 값에 대한 비교는 \ifnum 명령을 사용하고 LaTeX의 if에 대한 endif는 \fi이다. 여기서는 사용하지 않았지만 else에 해당하는 LaTeX 명령은 \else이다. 이들은 모두 plainTeX 명령들이다.

마지막으로 \now는 24시간 기준의 시간으로 정의하였다.

[10]이 책이 꽤 길어서 1초 정도 ii면과는 차이가 날 수도 있음

6.7. \appendix 명령

LaTeX의 \appendix 명령은 아무 출력도 만들지 않는다. 다만 \appendix 명령이 주어진 이후의 출력은 '부록'으로 간주되므로 장(chapter)의 출력 형식 등이 바뀌게 된다. \appendix 명령 이후에는 \chapter 명령으로

1. report나 book 클래스에서 각 장 첫머리의 Chapter 대신에 'Appendix'가 출력된다. 이는 heading에서도 마찬가지이다. 한글인 경우 어떻게 스타일 파일에서 정해주는가에 따라[11] 'Appendix' 대신에 '부록'이 나오게 할 수도 있다. article 클래스에서는 \section 명령으로 "Section 1" 등이 아나라 번호만 출력되므로 이 부분의 변화는 없다.

2. report와 book 클래스에서는 chapter 번호기가 article 클래스에서는 section 번호기가 \Alph 형식으로 바뀌면서 1부터 시작한다. 즉 \appendix 명령 다음의 첫 장의 번호는 A, 두 번째는 B 등이 된다.

따라서 부록인 것을 표시하기 위해서는 부록이라는 출력을 따로 만들어야 한다. 즉,

```
\section*{부록}
```

등의 방법으로 '부록'이라는 표시를 하고 그 다음부터는 \chapter 명령 등을 사용하면 LaTeX이 자동으로 chpater 번호를 알파벳으로(사용중인 클래스나 패키지에 따라 다를 수 있음.) 바꾸어준다.

[11] 제24장 LaTeX의 한글화 참조.

제 7 장

인용, 차례, 입력 나누기

다음 문장을 생각해 보자.

예 7.1 The following function defined on the real line

$$f(x) = \frac{1}{\sqrt{2\pi}\sigma} \exp\left\{ -\frac{(x-\mu)^2}{2\sigma^2} \right\} \qquad (7.1)$$

is called the probability density function (*pdf*) of a normal distribution with mean μ and variance σ^2. $\cdots$ The equation (7.1) on page 163 of Chapter 7 is called standard normal pdf if $\mu = 0$ and $\sigma = 1$.

여기서 'page 163', 'Chapter 7'과 'equation (7.1)'의 163, 7이나 7.1는 LaTeX의 사용자가 정하여서(혹은 찾아내어) LaTeX 소스 파일에 직접 입력하는 것은 바람직하지 않다. 만일 사용자가 수식 번호, 면수 등을 일일이 찾아서 입력하면 나중에 식을 하나 더 추가 혹은 삭제하거나, 문장을 삽입 또는 삭제할 경우 페이지나 식의 번호가 바뀌게 되므로 그 때마다 해당 숫자를 모두 바꾸어야 하는데, 설사 그렇게 하였다 치더라도 빠뜨리거나 잘못 입력할 수 있을 것이다. LaTeX은 이런 정보를 모두 관리하므로 이 장에서는 이러한 방법을 쓰지 않고 LaTeX 내용 중의 식이나 장/절, 면, 정리, 표, 그림 등을 어떻게 인용하는지 알아보자.

7.1. 이름주기 : \label 및 \ref, \pageref

이미 짐작한 바와 같이 앞의 예에 나오는 수식 번호나 면수는 사용자가 계산하거나 찾아내어 입력한 것이 아니다. 위의 예 7.1은 다음을 입력하여 얻은 결과이다

```
The following function defined on the real line
\begin{equation} \label{eq:normal}
f(x) = \frac{1}{\sqrt{2\pi}\sigma}\exp\Bigl\{ -\frac{(x-\mu)^2}
{2\sigma^2} \Bigr\}
\end{equation}
is called the probability density function (\emph{pdf}) of a
normal distribution with mean $\mu$ and variance $\sigma^2$.
$\cdots$ The equation (\ref{eq:normal}) on page
\pageref{eq:normal} of Chapter~\ref{ch:ref} is called
standard normal pdf if $\mu=0$ and $\sigma=1$.
```

위에서 사용된 명령어 중 `\label`, `\ref` 및 `\pageref` 명령이 인용에 필요한 명령어인데 이들은 각각 다음과 같이 사용한다.

- `\label{`*name*`}`을 나중에 인용하고자 하는 환경이나 명령에 넣는다. *name*은 사용자가 적절하게 이름을 정해주며 나중에 인용할 때 사용하게 된다. 위의 예는 `\begin{equation}`과 `\end{equation}` 사이에 `\label{eq:normal}`을 주었다. `\label` 명령은 아무 출력도 만들지 않는다.

- `\ref{`*name*`}`는 `\pageref{`*name*`}`를 부를 때마다 `\label{`*name*`}`가 있는 수식번호, 장, 절의 번호, 표나 그림의 번호 또는 해당 페이지수를 만든다. 출력되는 것이 수식번호인지, 절의 번호인지, 표나 그림의 번호인지 등은 `\label{`*name*`}` 명령이 위치한 곳에 따라 달라진다. 이 명령의 위치는 7.1.2절은 참고하기로 한다.

`\ref`: 명령은 인용될 절, 장, 수식, 그림이나 표, 정리(thoerem 등) 등의 번호를 출력한다.

`\pageref`: 명령은 인용될 절, 장, 수식, 그림이나 표, 정리 등이 위치한 면수(page number)를 출력한다.

참고: `\ref`나 `\pageref` 등에서 부른 `\label`의 이름이 `\ref`나 `\pageref`보다 나중에 나올 수도 있다.

참고: LaTeX 소스 파일에서 인용할 항목이 많아서 `\label` 명령의 사용이 많은 경우 `\label{`*name*`}` 명령에서 *name*에 절은 `ss:eq1`, 장은 `ch:chap1`, 수식은 `eq:clt`, 그림은 `fig:binomial`, 정리는 `th:newthm` 등과 같이 무엇에 대한 레이블링인지 표시하면 사용하기 편리하다.

주의: `\ref`나 `\pageref`로 나오는 것은 숫자뿐이므로 "식", "Section", "절" 또는 "면" 수식번호의 "식"이나 괄호 등은 사용자가 직접 입력하여야 한다.

> `\ref{`*name*`}`은 `\label{`*name*`}`에 해당하는 절, 장, 식, 그림이나 표 등의 번호를 가져오며 `\pageref{`*name*`}`은 `\label{`*name*`}` 명령이 있는 곳이 페이지수를 가져온다.

7.1.1. "~" 의 사용

위에서 `\ref`나 `\pageref`와 그 전 혹은 후의 이름을 "~"로 연결한 것을 볼 수 있는데 이는 `\ref` 등으로 만든 번호와 그 이름 사이에서 줄 바꾸기를 방지하여 준다. 위와 같은 목적으로 ~ 를 사용하는 예로는 참고문헌의 쪽수를 나타내는 pp.와 쪽수값 사이 (예 `pp.~231--245`), 나라 이름 등의 약자(예 `R.~O.~K.`)나 호칭에 사용하는 Mr.나 Mrs.(예 `Mr.~Sim`) 등이 있다.

7.1.2. \label 명령의 위치

\label 명령은 소스 파일에서 인용하고 싶은 곳이면 아무 곳이나 줄 수 있다. 다만 페이지를 인용하는 것이 아니라면 적절한 위치에 주는 것이 좋다. 각 명령이나 환경에서 적절한 \label 명령의 위치는 아래와 같다.

- equation 환경, 사용자가 정의한 Theorem 등(8.2절 참조) 의 경우:
  \begin과 \end 사이 (주로 \begin 바로 다음). 예를 들어 191면의 Theorem 8.1에 있는 Theorem을 인용하려면 이 정리 안의 \label에 주어진 값인 {th:texusage}을 \ref하면 된다. 즉 Theorem 8.1을 얻으려면
  Theorem~\ref{th:texusage}
  을 입력하면 된다.

- figure, table 등의 경우:
  \caption 명령의 매개변수 안에 준다. 예를 들어

  ```
  \begin{figure}
  \caption{This is a Figure \label{name}}
  \end{figure}
  ```

  같이 \label 명령을 사용한다.

- chapter, section, subsection 등의 제목 안.
  예 : Section 7.3의 선언은 다음과 같고
  　　\section{에러 메시지 \label{ss:errmsg}}
  위의 "Section 7.3"은 Section~\ref{ss:errmsg}로 만들어진다.

- eqnarray 환경:
  eqnarry 환경에서는 여러 줄의 수식이 각각의 번호를 가지므로 각각의 식이 끝나기 전에(즉 \\ 전) 다른 label들을 줄 수 있다.

◉ enumerate의 항목은 item 다음의 위치 혹은 item 다음의 [와] 사이의 문자열로 그 항목을 인용한다. 지금 7.1.2항과 7.1.2항은 각각 item의 시작 부분에 \label{thisitem}과 \label{thatitem}이 주어져 있으므로 여기서 "7.1.2항"과 "7.1.2항"은 "\ref{thisitem}항"과 "\ref{thatitem}항"으로 만들어진다.

주의: enumerate에서의 인용은 잘못되기 쉬운데 그 이유는 enumi, enumii 등이 enumerate를 사용할 때마다 계속 변하기 때문이다.

7.2. 참고문헌의 인용: \cite, \bibitem

참고문헌에서 주어진 문헌들은 일반적으로 본문에서 다시 인용되는데 이때 인용되는 문헌의 참고문헌 번호를 [···] 에 주는 경우가 많다. 다음의 예를 보자.

> Billingsley's [1] book was published in New York (See also Kartzas and Shereve [3]). Harrison and Reiman [2] have a paper in The Annals of Probability.

여기서 "[1]", "[2]", "[3]"은 아래의 참고문헌 목록의 참고문헌 번호이며, 참고문헌 목록은 다음과 같았다고 하자.

참고문헌

[1] Billingsley, P. (1968) *Convergence of Probability Measures* John Wiley & Sons, New York.

[2] Harrison, J. M. and Reiman, M. I. (1981). Reflected Brownian Motion on an Orthant *The Annals of Probability* **9**, 302–308.

[3] Karatzas, I. and Shereve, S. (1988) *Brownian Motion and Stochastic Calculus* Springer-Verlag, New York.

이 때 참고문헌 번호는 LaTeX사용자가 입력하는 것이 아니라 LaTeX이 자동으로 만들어 준다. (위의 equation 등과는 달리 "[" 과 "]"까지 LaTeX이 만들어 준 것이다.) 위의 참고문헌과 인용을 하기 위해 어떤 LaTeX파일이 준비되어야 하는지 알아보자.

```
Billingsley's \cite{bill1} book was published in
New York (See also Kartzas and Shereve
\cite{KandS}). Harrison and Reiman \cite{HandR}
have a paper in The Annals of Probability.
```

지금 보는 것처럼 위의 \cite{*name*}이 "[1]" 등을 만들어 준 명령인데 여기서 "bill1", "KandS", "HandR" 등은 참고문헌 인용 이름으로 아래와 같이 참고문헌을 만들 때 \bibitem에 주어진 이름들이다.

```
\begin{thebibliography}{12345}
\bibitem{bill1} Billingsley, P. (1968) \emph{
  Convergence of Probability Measures}  John Wiley
  \& Sons, New York.
\bibitem{HandR} Harrison, J. M. and Reiman, M. I.
  (1981). Reflected Brownian Motion on an Orthant
  \emph{The Annals of Probability } \textbf{9}, 302--308.
\bibitem{KandS} Karatzas, I. and Shereve, S. (1988)
  \emph{Brownian Motion and Stochastic Calculus}
  Springer-Verlag, New York.
\end{thebibliography}
```

즉,

> \cite{*name*} 은 \bibitem{*name*}에 해당하는 번호를 가져온다.

위의 경우에는 참고문헌 인용 이름을 최대 다섯 자까지만 쓸 수 있는데 그 이유는

```
\begin{thebibliography}{12345}
```

다음의 "{" "}" 안의 문자 12345의 글자수가 다섯 자이기 때문이다. 만일 가장 긴 참고문헌 인용명을 여섯 자로 하고 싶다면 "{" "}" 안에 임의의 글(영문, 숫자) 여섯 자를 아래와 같이 넣으면 된다.

```
\begin{thebibliography}{123456}
```

\cite는 옵션으로 [와] 안에 필요한 말을 줄 수 있다.

> Billingsley's [1, see Chapter 5] book was published in New York (See also Kartzas and Shereve [3, Optional]). Harrison and Reiman [2] have a paper in The annals of Probability.

위의 예는 다음과 같이 옵션인 [...]를 이용한 출력이다.

```
Billingsley's \cite[see Chapter~5]{bill1} book was published
in New York (See also Kartzas and Shereve\cite[Optional]
{KandS}). Harrison and Reiman \cite{HandR} have a paper in
The annals of Probability.
```

> 참고: 참고문헌의 인용은 참고문헌 데이터 베이스에 있는 것 중의 일부만 따로 인용할 수 있는 방법이 10장에 소개되어 있으므로 참고하기로 한다.

7.3. 인용이 잘못된 경우의 에러 메시지

다음은 인용에 관계된 에러 중 자주 만나는 것이다.

- **Undefined**:
LaTeX Warning: Reference 'notfound' on page 2 undefined on input line 31
이 에러 메시지는 `\ref`나 `\pageref` 등에서 준 변수 "notfound"가 `\label`에 주어지지 않은 경우이다. LaTeX파일의 31번째 줄을 찾아가서 고쳐야 한다는 것이데 이 메시지는 `\ref`나 `\pageref`에서 부른 이름의 `\label`보다 먼저 나올 경우에도 나오는 에러 메시지이므로 한 두 번 더 LaTeX을 수행시키고 그래도 계속 이 메시지가 나오면 `\ref` 등의 철자가 의도한 대로 입력되었는지 확인한다.

- **Multiple**:
LaTeX Warning: Label 'many' multiply defined on input line 31
이 에러 메시지는 `\label{`*many*`}`에서 준 변수 *many*가 두 번 이상 주어진 경우이다. LaTeX파일의 31번째 줄을 찾아가서 고칠 것. 이 때 참고서적의 `\bibitem` 안에 준 인용목록과 `\label`에서 준 인용목록도 겹치지 않아야 한다는 점에 유의하여야 한다.

- **Changed**:
LaTeX Warning: Label(s) may have changed. Rerun to get cross-reference right.
이 에러 메시지는 `\label`을 바꾸거나 추가하고 나면 나오는데 이는 지금 LaTeX의 수행 때의 인용에 관계된 정보와 이전에 가지고 있던 정보가(`.aux` 파일에 있음) 다르다는 뜻이다. 한 번 더 LaTeX을 수행하면 된다. 만일 한 번 더 수행하고도 계속 같은 에러 메시지가 반복되면, `\label`에 준 이름이 겹쳐 있는 경우이므로 LaTeX파일에 가서 고쳐 주어야 한다.

- **Undefined**:
LaTeX Warning: Citation 'bill1' on page 4 undefined on input line 90.
이 메시지는 `\cite{bill1}`에서의 `bill1`을 가진 참고문헌 항목이 없다는 뜻인데, 만일 `bill1`의 이름을 가진 `\bibitem`이 있다면 LaTeX을 한 번 더 수행하면 된다.

참고: \ref, \pageref, \cite 등의 잘못된 경우를 포함하여 모든 LaTeX 실행에 생긴 메세지는 확장자가 log인 텍스트 파일에 저장되므로 이 파일을 열어서 확인하는 것이 좋다.

7.4. 차례 만들기

LaTeX에서 차례, 표차례, 그림 목차 등은 모든 입력인 완성된 후 사용자가 하나씩 차례항목을 모아서 따로 편집하는 것이 아니라 한 줄의 명령만 입력하면 만들어진다. 이 책의 차례도 단 한 줄의 아래 LaTeX 명령으로 만들어진 것이다.

```
\tableofcontents
```

LaTeX이 이와 같이 환상적인 작업을 할 수 있는 이유는 제 6장에서 설명한 바와 같이 chapter, section, subsection과 같은 장, 절, 부속절 등을 \chapter, \section, subsection 등의 명령으로 만들기만 하면 그와 관계된 모든 정보를 LaTeX이 이미 갖고 있기 때문이다. 이 정보는 .aux 파일에 저장되며, 이 파일의 내용을 이용하여 차례 파일 .toc를 만들기 때문이다.

참고: 이따금씩 **Contents**(영문일 경우)나 **차례** (한글 사용한 경우) 만 인쇄되고 그 내용이 전혀 인쇄되지 않는 경우가 있는데 그것는 .toc 파일에[1] 문제가 있는 경우이다. 이런 경우는

- \tableofcontents 명령으로 .toc 파일을 불러 들여야하는데 최초의 컴파일에서는 이전의 컴파일에서 생성된 .toc 파일이 없어서 불러들이지 못한 경우

[1]이 파일은 LaTeX이 만들어 주는 차례정보를 담고 있는 파일인데 그 확장자가 .toc이다. .lof, .lot 파일 참조.

- 컴파일 도중 에러가 생겨서 중간에 컴파일에 중지하여 이전 .toc 파일은 이번 컴파일 시작시 없어졌는데 이번 컴파일에서 중간에서 중지하여 .toc파일이 없는 경우

이다. 이런 경우 두 번 정도 컴파일을 다시 하던가 texify 명령을 사용하면 된다.

참고: 가끔 LaTeX이 생성한 차례가 실제 차례와 다른 경우가 있는데 이는 이전의 컴파일에서 .toc 파일이 생성된 후 장이나 절을 추가하거나 내용이 추가 또는 삭제되어 장이나 절의 위치가 바뀐 경우이다. 이 경우도 두 번 정도 컴파일을 다시 하던가 texify 명령을 사용하면 된다.

일반적으로 \tableofcontents 명령의 위치는 \maketitle[2] 바로 다음이다.

7.4.1. 차례에 항목 더해 넣기

어떤 경우에는 차례에 항목을 더해 주어야 할 때가 있다. 예를 들어 감사의 글을 만든다고 할 때 "감사의 글"은 절이나 장의 제목크기로 쓰지만 번호가 그 앞의 절이나 장에 이어져 붙는다면 이상할 것이다. 이런 경우 표 6.1의 환경 다음에 *를 붙이면 된다. (6.2절 참조) 그런데 이럴 경우에는 "감사의 글"이 \tableofcontents로 만든 차례에서도 빠지는데, 이를 차례에 넣고자 한다면 \addtocontentsline 명령을 사용한다. 이 명령은

```
\addcontentsline{toc_name}{sec_unit}{content}
```

로 사용하며 *toc_name*에는 차례 항목을 추가할 차례의 이름으로 toc(차례), lot(표차례), lof(그림차례) 등을 설정하고, *sec_unit*는 항목의 크기로

[2] titlepage가 있는 경우.

서 chpater, section 등을 사용한다. content에는 차례에 입력될 내용을 설정한다. 이 명령이 선언된 면의 페이지수가 차례에 포함된다.

앞에서 본 "감사의 글"을 차례에 추가하려면 다음 명령을 주면 된다.
`\addcontentsline{toc}{section}{감사의 글}`
이 경우에는 "감사의 글"이 아래처럼 "section"의 크기로 만들어졌다고 가정하였다;

```
\section*{감사의 글}
모두에게 감사합니다.
```

만일 감사의 글을 "chapter" 크기나 "subsection" 크기로 하고 싶다면 위의 "section" 대신에 각각 "chapter"나 "subsection"을 사용하면 될 것이다.

\addtocontents 명령을 사용하여 차례에 항목을 추가할 때 절이나 그림 등의 번호는 들어가지 않는데 이런 번호를 출력하고자 할 때가 있다. 이런 경우에는 \numberline 명령을 사용한다.이 명령은

\numberline{*num*}{*title*}

로 사용하는데 *num*에는 1.2 등의 번호가 *title*에는 절 등의 이름이 주어진다. 제 xxxi 면의 차례는 float 패키지에서 만든 차례인데 여기서 사용한 번호기(counter) 는 algorithm 이고 파일의 확장자는 loa 이다. 여기서 이 차례에 항목을 추가하여 보자. xxxi 면의 알고리즘 목차의 첫 번째 항목은 다음 명령의 결과로 출력된 것이다.

```
\addcontentsline{loa}{algorithm}{\protect%
\numberline{0.0}{{이 항목은 예임.
\protect\pageref{pg:toc} 면 참조.}}
```

여기서 \numberline 명령은 *fragile* 명령이므로 반드시 \protect하여야 한다(1.13절, 7.4.3절 참조).

목차에는 목차항목뿐만 아니라 문장도 추가할 수 있다. 이 때 사용하는 명령은 \addtocontents 명령이다. \addtocontents 명령은

```
\addtocontents{toc_name}{contents}
```

*toc_name*은 toc, lof, lot 등과 같이 차례의 이름을 지정하고, *contents*에는 추가할 내용을 넣어준다. 다음 명령의 결과로

```
\addtocontents{loa}{\protect\vspace{1in}}
```

알고리즘 목차(xxxi 면 참조.) 에서 첫째 항목과 그 다음 항목 사이에 1인치의 공간이 만들어졌다. 여기서 *toc_name*에 준 loa는 19.3절에서 사용한 float 패키지를 이용하여 정의된 것이다.

7.4.2. 그림차례, 표차례

그림차례나 표차례도 위의 차례와 마찬가지로 다음 한 줄식의 명령으로 만들어진다.

```
\listoffigures
\listoftables
```

다만 여기서도 그림차례와 표차례가 제대로 만들어지기 위해서는 앞의 차례에서처럼 LaTeX이 필요한 정보를[3] 갖게 하기 위해 figure와 table 환경을 사용하여야 한다는 것이다. 그림차례, 표차례에서도 앞의 차례에서처럼

[3]앞의 .toc 파일처럼 이러한 정보를 갖는 파일을 LaTeX이 만들어 주는데 그 확장자는 .lof와 .lot이다.

그 항목을 더해 줄 수 있는 데 명령의 방법은 아래와 같다.

```
\addcontentsline{lot}{table}{표제목}
```

이렇게 그림이나 표차례의 항목을 더해 주는 경우는 figure나 table 환경을 사용하지 않은 그림을 차례에 넣고 싶은 경우이다. 이 책의 그림차례에는 위의 명령을 이용한 예가 있는데 다음 명령에 의해 이 책의 그림차례에 그림 번호가 없는 그림항목

LaTeXCAD에서 원호 만들기

가 392면에 있는 것으로 나오는 것을 확인할 수 있는데 이는 그림의 위치에서

```
\addcontentsline{lof}{figure}{\protect\numberline{\null}
   {\LaTeX CAD에서 원호 만들기}}
```

를 명령하여 추가한 것이다. 당연히 392면의 그림은 그림 번호가 없음을 알 수 있다. 여기서 lof나 lot는 LaTeX에서 만드는 파일의 확장자 이름이고 figure나 table은 목차 항목이 그림이나 표의 목차 항목의 크기라는 뜻이다.

7.4.3. 차례 항목 중의 인용

차례의 항목 중에 \ref, \pageref 등이 있는 경우가 있다. 예를 들면

```
\caption{\ref{ss:example}절을 그림으로 나타낸 경우}
\section{제\ref{ch:latexcad}장의 사용예}
```

와 같은 경우이다. 이런 경우 컴파일에서 .toc, .lof를 불러들이는 중에 에러가 생기는데 이를 방지하기 위해서는 \protect 명령을 다음과 같이

```
\caption{\protect\ref{ss:example}절을 그림으로 나타낸 경우}
\section{제\protect\ref{ch:latexcad}장의 사용예}
```

함께 사용해주는 것이 좋다.

또한 앞에서 본 `\addcontentline` 명령내에서도 `\proctect`를 사용하였는데 그 이유는 이들 명령들이 *fragile* 명령이기 때문인데, *fragile* 명령은 1.13절을 참고하기로 한다.

7.5. 입력 나누기; \input, \include, \includeonly

LaTeX을 사용하면서 입력 파일을 하나의 파일로 만들지 않고 여러 개의 파일로 나누어(예를 들어 각 장별로 다른 파일로 만들 수 있다.) 입력할 수 있다. 이러한 입력 나누기는 특히 다음 두 가지 경우에 그 필요가 절실하다.

- 아주 큰 LaTeX 파일을 만들 때: 이 경우는 입력 파일이 수천 줄에 이를 수 있고 한 번 LaTeX을 수행시키는 시간이 길어져서 입력 파일을 나누지 않으면 시간 낭비가 심하다.
- 사용자의 취향에 맞춘 패키지(`.sty` 파일)나, 명령의 축약[4] 또는 새 환경의 정의[5] 등은 매 LaTeX 작업 때마다 그 내용을 LaTeX 파일에 입력하기보다는 매번 사용하게 되는 내용을 하나의 파일로 만든 다음, 매번의 LaTeX작업 때마다 그 파일을 불러들이는 것이 편리하고 또 디스크의 용량도 덜 차지하게 된다.

위의 필요에 의해 파일의 내용을 각 장별로 입력을 나누기로 하고 10개의 장이 있다면 11개의 파일을 다음과 같이 준비하자. `chap1.tex`부터 `chap10.tex`까지는 각 장의 내용을 담은 LaTeX파일[6]로 만들고 마지막으로 이 10개의 파

[4] 8.1절 참조.
[5] 8.3절 참조.
[6] `\documentclass[...]{...}`가 아니라 `\chapter...`로 시작하는 파일.

일을 불러 주고 또 필요한 차례 만들기 등이 포함된 파일을 driver.tex라 하자. 이 파일의 내용은 예를 들어 다음과 같다.

```
\documentclass[twoside]{report}
\begin{document}
  \author{Me}
  \maketitle
  \tableofcontents
  \include{chap1}
  \input{chap2}
    .
    .
    .
  \include{chap10}
\end{document}
```

이제 이 파일이 준비되었으면 Unix 콘솔이나 커맨드 창에서

```
% latex driver
```

이라고 해 주면 LaTeX이 chap1.tex부터 chap10.tex까지 순서대로 불러 준다. 위에서 사용한 명령어는 두 가지인데 \input과 \include이다. 이 두 명령은 거의 같으나 \input 명령으로 부른 파일은 그 파일의 내용이 \input 자리에 그대로 삽입하게 하는 명령이고 \include는 \input의 앞뒤에 \clearpage 명령을 준 것처럼 \include 전의 유동체(floating body) 등을 모두 정리하고 나서 \include 명령에서 준 파일을 \input하게 된다. 즉 \include{file} 명령은

```
\clearpage \input{file} \clearpage
```

와 같은 명령이다.

만일 위의 두 번째 필요에 의해 사용자가 정의한 환경이나 새 명령 등을 하나의 외부 파일 mytex.tex로 만들었다면 이 파일을 불러들이는 위치는 위의 driver.tex의 첫째와 둘째 줄 사이(즉, *preamble*이)가 좋다. 즉 \begin{document} 전 줄에

```
\input mytex
```

을 넣음으로써 사용자가 자주 쓰는 정의 등을 새로 입력하는 수고를 던다.

\includeonly{*files*} 명령은 *files*에 주어진 파일만 불러들인다는 뜻이다. 즉 driver.tex에서 \begin{document} 전에[7] 다음 명령을 주면

```
\includeonly{chap1,chap3}
```

LaTeX은 chap1.tex와 chap3.tex만 읽어들인다. "{ }"에 아무것도 주지 않으면 아무것도 읽지 않는다.

7.6. texify 명령

LaTeX은 컴파일을 하면서 어디에 어떤 인용이 필요한지, 표나 그림 등의 목차에 대한 정보, 참고문헌에 대한 정보, 색인에 대한 정보를 얻기 때문에 한 번의 컴파일로는 이 모든 정보가 바로 정리되지 않는다. 따라서 LaTeX 컴파일을 여러번 해야 하는데 이를 자동으로 해주는 명령이 texify 명령이다. 이 명령은

```
% texify mytex.tex
```

과 같이 사용하면 필요한 만큼 LaTeX 컴파일을 하고 필요한 경우 makeindex 명령도 실행하여 색인까지 포함해준다.

texify 명령에서는 확장자 .tex이나 .ltx를 생략하지 않는다.

[7]반드시 \doucumentstyle 또는 \documentclass와 \begin{document} 사이라야 함.

7.7. 파일의 확인

책머리에 말한 바와 같이 LaTeX파일을 전자 우편이나 컴퓨터 통신 등을 통하여 보낼 경우가 많다. 이런 경우 표준 패키지가 아닌 개인이 만든 패키지 등을 사용하게 되면 사용한 파일이 많아지는데 이럴 경우에 어떤 파일이 사용되었는지 리스트를 만드는 명령이 `\listfiles` 명령이다. `\listfiles` 명령은 *preamble*이나 `\documentclass`선언 이전에 사용되어야 하며 그 결과로 사용한 파일들을 알려 준다. 다음의 입력 파일이 실행되면

```
\listfiles
\documentclass[12pt]{report}
\usepackage{latexsym, syshan, latexcad}
\begin{document}
  This is test file.
\end{document}
```

그 결과로

```
*File List*
  report.cls    2005/09/16 v1.4f Standard LaTeX document class
  size12.clo    2005/09/16 v1.4f Standard LaTeX file (size option)
latexsym.sty    1998/08/17 v2.2e Standard LaTeX package (lasy symbols)
  syshan.sty    2002/05/19 Document Package for 한글LaTeX
latexcad.sty    2000/09/19 1.3
   hswmj.fd
   hwwmj.fd
   hhwmj.fd
 ***********
```

를 얻음으로, 사용된 모든 파일들을 알 수 있다. 여기서 `hreports.sty`는 날짜나 버전 등의 정보가 스타일 파일 안에 설정되지 않은 패키지이다.

filecontents 환경은 \listfiles 명령과 마찬가지로 *preamble* 이나 \documentclass 선언 이전에 올 수 있는데

```
\begin{filecontents}{파일 이름}
   파일의 내용
\end{filecontents}
```

로 사용하고 이는 "파일 내용"을 "파일 이름" 저장한다. 이 때 파일 이름이 기존의 파일 이름과 중복되지 않도록 한다. 다음의 결과로

```
\documentclass[12pt]{report}
\begin{filecontents}{file.tex}
\input mytex.tex
\input hreport.sty
\end{filecontents}
\begin{document}
\end{document}
```

새 파일 file.tex이 만들어지며 그 내용은 다음과 같다.

```
%% LaTeX2e file 'file.tex'
%% generated by the 'filecontents' environment
%% from source 'test' on 1995/09/06.
%%
\input mytex.tex
\input hreport.sty
```

이 때 위에서 보는 것처럼 %%가 있는 줄들이 자동으로 만들어지는데 PostScript 랭귀지 등에서는 %%가 다른 의미가 있으므로 이들을 만들지 않고 싶으면 filecontents* 환경을 사용한다.

`filecontents` 환경은 패키지의 배포판 등을 만들 때 사용설명서 등을 포함하려고 사용하는 경우가 많으며 일반적인 문서 작성에서는 자주 사용하는 명령은 아니다.

제 8 장

사용자가 정한 명령, 환경 및 정리 등

많은 경우 사용자가 새로운 명령이나 환경을 정의할 필요가 있다. 이는 단순한 명령의 축약에서부터(\longrightarrow, \bigtriangleup 등의 명령이 너무 길어서 불편함을 느낀 사람이 많을 것이다) 새로운 사용자 환경의 정의까지 많은 방법이 있다. 문법, 예 등 이 책에서 보는 것들도 사용자가 새로 정의한 것이다.

8.1. \newcommand 명령

이 절에서는 새 명령을 정의하는 방법에 대해 알아보기로 하자. 새 명령의 정의는 보통 LaTeX 파일의 첫 부분에서 하게 되는데 그 사용 문법은 아래와 같다.

문법 8.1. (\newcommand)
\newcommand{*newname*}[*n*]{*oldname*}

여기서 *newname*은 사용자가 새로 정의하여 사용할 명령어이고 *oldname*은 사용자가 *newname*을 불렀을 때 수행될 내용이다. "[" "]" 안의 n은 새 명령에서 사용할 매개변수의 개수이다.

*oldname*에는 새 *newname* 대신에 실제로 사용될 명령을 지정하는데 여기서 매개변수를 받는 순서대로 `#1`, `#2`,...,`#`n으로 표시한다. `\newcommand` 명령으로 이미 있는 명령어를 다시 정의할 수는 없으며 기존의 명령을 다시 정의하려면 `\renewcommand` 명령을 사용하여야 한다.(8.4 절 참조). 다음의 명령은

```
\newcommand{\dsum}[2]{ {\displaystyle \sum_{#1}^{#2}} }
```

새로 `\dsum` 명령을 사용자가 정의하는데 변수의 개수는 두 개이다. 따라서 `\dsum`의 사용법은 `\dsum{`*1st*`}{`*2nd*`}` 이고 *1st*와 *2nd*는 사용자가 입력하여야 하며 *1st*는 디스플레이 스타일의 $\sum$의 아래쪽 첨자, *2nd*는 위쪽 첨자가 된다. 위의 정의가 되어 있다면

$\displaystyle\sum_{i=1}^{n} x_i$ is the same as $\sum_{i=1}^n x_i$.

```
$\dsum{i=1}{n} x_i$ is the
same as $\sum_{i=1}^n x_i$.
```

의 결과를 얻을 수 있다.

다음의 예를 보자. 사용자의 LaTeX 파일의 첫 부분에 아래와 같이 정의되어 있다면[1]

```
\newcommand{\vphi}{\varphi}
\newcommand{\go}{\longrightarrow}
\newcommand{\Go}{\Longrightarrow}
\newcommand{\Hajek}{H\'{a}jek }
```

[1]개인적으로 자주 사용하는 명령은 특정한 이름의 파일에 저장한 후 `\input` 하는 것이 매번 입력하는 것보다 편할 수 있다.

```
\newcommand{\Sidak}{S\v{\i}d\'{a}k }
\newcommand{\dlim}[1]{ {\displaystyle \lim_{#1}} }
\newcommand{\dsum}[2]{ {\displaystyle \sum_{#1}^{#2}} }
```

아래의 오른쪽 내용으로 왼쪽과 같은 결과를 얻는다.

Hájek and Šĭdák proved that $\varphi(i/n) \longrightarrow \varphi(u)$ as $n \longrightarrow \infty$. They used "user–defined" displaystyle ${\displaystyle \lim_{n\longrightarrow\infty}}$ rather than textstyle $\lim_{n\longrightarrow\infty}$.

```
\Hajek and \Sidak proved
that $\vphi(i/n)\go\vphi(u)$
as $n\go\infty$. They used
``user--defined''
displaystyle $\dlim{n\go
\infty}$ rather than
textstyle $\lim_{n\go\infty}$.
```

다른 보기로 몇 가지 수학기호를 아래와 같이 정의하여

```
\newcommand{\harcombi}[2]{{}_{#1}{\rm H}_{#2}}
\newcommand{\permut}[2]{{}_{#1}{\rm P}_{#2}}
\newcommand{\combin}[2]{{}_{#1}{\rm C}_{#2}}
```

다음 명령을 입력하면

```
순열, 조합, 중복조합 간에는 다음 관계가 있다
\begin{enumerate}
\item $\permut{n}{r}=n(n-1)\cdots(n-r+1)$
\item $\combi{n}{r}={\displaystyle
\frac{\permut{n}{r}}{r!}}$
\item $\harcombi{n}{r}=\combi{n+r-1}{r}$
\end{enumerate}
```

다음 결과를 얻는다.

순열, 조합, 중복조합 간에는 다음 관계가 있다.

1. ${}_n\mathrm{P}_r = n(n-1)\cdots(n-r+1)$
2. ${}_n\mathrm{C}_r = \dfrac{{}_n\mathrm{P}_r}{r!}$
3. ${}_n\mathrm{H}_r = {}_{n+r-1}\mathrm{C}_r$

8.1.1. LaTeX 2ε에서의 추가 기능

LaTeX 2ε에서는 \newcommand의 기능을 보강하여 변수값을 정하여 주지 않을 때의 변수값을 지정할 수 있는 기능을 추가하였다. 사용법은 아래와 같다.

```
\newcommand{comm}[num][value]{definition}
```

여기서 *comm*는 새로 정의된 변수의 이름을 설정하며 *num*에는 사용할 변수의 갯수를 지정하며, *value*에는 첫 번째 변수(#1)의 기본값을 설정한다. 마지막으로 *definition*에는 *comm*의 정의를 설정한다.

보기로서 다음과 같이

```
\newcommand{\tmp}[1][0]{$\mathrm{R}^{#1}$}
```

로 \tmp를 정의하면 앞에서 본 것처럼 \tmp[5]는 R^5를 인쇄한다. 그런데 여기서 5라는 값을 주지 않으면 \tmp{0}라고 가정하고 \tmp라고 할 때 R^0를 인쇄하게 된다. 주의할 것은 이렇게 정의한 명령에서의 변수값은 줄 수도 있기 안 줄 수도 있기 때문에 \tmp{5} 라고 쓰면 $\mathrm{R}^0$5 가 인쇄된다는 것이다. 다음의 경우를 보면

```
\renewcommand{\tmp}[2][0]{$#2^#1$}
```

이 때는 \tmp[3]{x}는 x^3를 \tmp{x}는 x^0를 출력한다.

LaTeX 2ε에서는 새 명령도 추가하였는데 \providecommand 명령이 그 중의 하나이다. 이 명령의 사용법은 \newcommand명령과 같이

```
\providecommand{comm}[num][value]{definition}
```

이며 그 기능도 \newcommand 명령과 거의 같다. \providecommand 명령이 기존의 \newcommand 명령의 다른 점은 *comm*이 이미 선언되어 있지 않을 경우에만 명령어 *comm*이 *definition*으로 정의되고 이미 *comm*이라는 명령이 있는 경우에는 아무 효과가 없다는 것이다. 즉, 이전에 선언된 명령이 그대로 유지되며 \providecommand 명령으로 아무 변화가 일어나지 않는다.

8.1.2. \ensuremath 명령

만일 \AL을 다음과 같이 정의하면

```
\newcommand{\AL}{$\alpha$}
```

\AL은 텍스트 모드에서는 사용 가능하지만 이미 수학모드인 경우 $가 두 번씩 입력되기 때문에 에러를 만나게 된다. \insuremath는 이와 같은 경우를 위하여 새로 선언될 명령이 수학모드와 LR 모드에서 가능하게 해주는 명령이다. 이 명령의 사용은

```
\ensuremath{comm}
```

이며 명령의 효과는 *comm*이 수학모드내에서 호출되면 *comm* 명령이 그대로 사용되고 수학모드가 아닐 때 호출되면 $*comm*$와 같이 수학모드로 바꾸어주는 기능을 한다. 만일 \degree가 다음과 같이

```
\providecommand{\degree}[1]{#1\ensuremath{^\circ}}
```

가 선언되어 있다면

360°C나 360°C는 같은 결과 ....
.................\degree{360}C나 $\degree{360}$C는 같은 결과

가 얻어지며

```
\newcommand{\AL}{\ensuremath{\alpha}}
```

이라고 선언하면

새로 선언한 \AL 은 α나 α 와 같이 두 모드에서 모두 사용할 수 있다.

```
새로 선언한 \verb+\AL+ 은
\AL 나 $\AL$ 와 같이 두
모드에서 모두 사용할
수 있다.
```

와 같이 수학모드 및 LR 모드에서 같은 결과를 얻는다.

> **참고**: \ensuremath 명령은 plainTEX의 \ifmmode 명령을 응용한 것이다. 위의 명령은 다음과 같은 plainTEX의 명령과 동일하다.
>
> ```
> \def\AL{\ifmmode\alpha\else$\alpha$\fi}
> ```

여기서 \def는 \newcommand와 같은 의미이며 \ifmode는 수학 모드인지 판단하는 연산자이다. 따라서 새 명령 \AL은 수학 모드이면 \alpha, 아니면(\else) α가 된다. \fi는 \ifmode 문의 끝이라는 의미이다. \else는 '\ifmmode가 아니면'이라는 의미이기 때문에 α은 수학모드이면 \alpha$로 수학모드가 아니면 α가 된다.

8.1.3. 한글 이용

한글을 이용한 \newcommand 명령도 가능하다. 이 때는 한글을 그대로 쓰면 된다. 예를 들어 \newcommand{\htex}{\mbox{한글\TeX}}가 정의되어 있다면

한글TEX는 한글을 지원한다.	\htex 는 한글을 지원한다.

을 얻는다.

8.1.4. 사용자 정의로 정의

사용자가 이미 정의한 명령을 이용하여 다른 명령을 정의할 수도 있다. 예를 들어 다음과 같이

```
\newcommand{\HandS}{\Hajek and \Sidak}
```

이라고 \HandS가 정의되어 있으면

Hájek and Sĭdák .... \HandS

가 만들어진다. 매개변수를 갖는 명령도 재정의가 가능하며 매개변수의 값은 앞에서 본 것과 마찬가지로 #1, #2,...,#n 로 표시한다. 만일 다음과 같이

```
\newcommand{\pandc}[2]{\permut{#1}{#2} \ne \combi{#1}{#2}}
```

\pandc가 정의되어 있으면

${}_n\mathrm{P}_r \neq {}_n\mathrm{C}_r$ .... $\pandc{n}{r}$

을 얻는다.

8.2. Theorem 등

이 절에서는 정리, Theorem 등을 정의하여 사용하는 법에 대하여 알아보기로 하자. 아래의 문법 8.2도 이 절에서 설명할 방법으로 만든 것이다. 이러한 방법의 장점은 사용자가 LATEX이 자동으로 번호를 붙여주므로 정리, Thoerem의 번호 등에 신경 쓸 필요가 없고, 또 `\label`을 줌으로써 정리, Theorem 등의 인용이 편리해진다는 점이다. 사용 문법은

> **문법 8.2.** (`\newtheorem`)
> `\newtheorem{`*name*`}{`*label*`}[`*within*`]`
> 또는
> `\newtheorem{`*name*`}[`*as*`]{`*label*`}`

인데 *name*은 정의될 환경의 이름이며 *label*은 LATEX이 붙여줄 정리 환경의 이름이다. *within*은 정의되는 환경의 번호가 붙여질 장, 절 등의 단위(sectional unit)로 `chapter`, `section` 등의 값을 준다. 만일 *name*, *label*, *within*을 다음과 같이 주었다면

```
\newtheorem{theorem}{Theorem}[chapter]
```

사용자는 `theorem`이라는 새로운 환경을 사용할 수 있다. 따라서 이 정의에 의해 'Theorem'을 이용하고자 할 때 `\begin{theorem}`과 `\end{theorem}` 사이에 Theorem의 내용을 입력시키면 된다. 위의 예에서 *within*에 `chapter`를 주었으므로[2] Theorem의 번호는 그 Theorem이 그 장(chapter)에서 몇 번째인가에 의해 결정된다. 만일 이 Theorem이 세 번째 장(chapter)의 두 번째라면 그 번호는 3.2로 자동적으로 정해지며 출력은 'Theorem 3.2'가 만들어

[2] `article` 클래스에서는 `chapter`가 없으므로 `section` 등을 사용하여야 한다.

진다.

Theorem 8.1. (LaTeX) *LaTeX is easy enough to use for all scientists*

```
\begin{theorem}[\LaTeX]
  \label{th:texusage}
\LaTeX\ is easy enough
to use for all scientists
\end{theorem}
```

위에서 보는 것처럼 `\begin{theorem}` 다음에 "[" "]"을 주면 그 안의 내용은 Theorem 의 머릿글을 주는 기능이 있다.

> 참고: `newtheorem` 명령으로 만들어진 정리 등에서 머릿글을 주는 경우 그 머릿글 다음에 새 줄에서 시작하고자 "`\\`" 나 "`\newline`" 등을 주면 에러가 나는데 이 때 "[" "]"로 머릿글을 준 다음 `{\ \\}`를 주면 된다. 여기서 `\␣`는 빈칸으로 한 칸을 만들기 때문이다. `*\` 대신에 `\mbox{␣}`, 등과 같이 빈 칸을 만들어주는 것이면 어떤 것이라도 좋다.

위의 문법 8.2의 두 번째 방법에 보면 *as*가 있는데 이는 두 번째 방법으로 정의된 정리 등의 번호는 *as*에 주어진 번호를 따르라는 뜻이다. 만일 `lemma` 환경이 아래와 같이 정의되고

```
\newtheorem{lemma}[theorem]{Lemma}
```

세 번째 장의 두 번째 Theorem 다음에 첫 번째 Lemma가 온다면 그 Lemma의 번호는 3.3이 된다.

다음의 예를 보면 한글의 사용도 할 수 있음을 알게 된다.

예 8.1
```
\newtheorem{lemma}{Lemma}
\newtheorem{theorem}{Theorem}[chapter]
```

```
\newtheorem{coro}{Corollary}
\newtheorem{defn}{Definition}
\newtheorem{syntax}{문법}[chapter]
```

이 책에서 사용 된 "문법"들은 위의 예 중 마지막 줄을 `\documentclass` 또는 `\documentstyle`과 `\begin{document}` 사이에 넣고 문법 8.2가 들어갈 자리에 다음과 같은 명령을 줌으로써

```
\begin{syntax}[newtheorem] \ref{syn:th} {\ \\}
\newtheorem{name}{label}[within]
\end{syntax}
```

190면의 문법 8.2이 만들어졌다.

경우에 따라서 **Theorem**이 아닌 THEOREM 등을 사용할 수 있는데 이러한 글자체도 바꿀 수 있다. 즉

```
\newtheorem{la}{\sc Lemma}[chapter]
```

라고 정의하면 다음과 같이 굵은 글씨가 아닌 출력을 얻을 수 있다.

LEMMA 8.1. *This is a test Lemma.*

```
\begin{la}
This is a test Lemma.
\end{la}
```

8.3. \newenvironment 명령의 이용

`\newenvironment` 명령은 LaTeX에 없는 새로운 환경을 정의하는 명령이다. 사용법은 다음과 같은데

```
\newenvironment{name}[n][option]{begining}{ending}
```

여기서 *name*은 새로 정의된 환경의 이름이며(따라서 사용자가 새 환경을 사용할 때는 `\begin{name}`과 `\end{name}` 사이에 필요한 텍스트를 입력한다.) *option*은 첫 번째 변수값은 줄 수도 있고 그렇지 않을 수도 있으며 주어지지 않았을 때는 *option* 값을 사용한다는 의미이다.[3] *n*은 변수의 개수이며(변수가 없으면 생략) *beginning*과 *ending*에는 사용자가 *name* 환경을 사용하며 입력한 `\begin{name}`과 `\end{name}`을 만났을 때 LaTeX이 수행할 명령이 들어간다. `\newenvironment` 명령으로 이미 있는 환경의 이름을 쓸 수 없다.(8.4절의 `\renewenvironment` 명령 참조) 191면의 Theorem 8.1을 보면 글자체가 `\emph`인데 이를 roman 글자체로 바꾸어 보기로 하자.

```
\newenvironment{mytheorem}{\begin{theorem} \em}{\end{theorem}}
```

로 정의하면 다음과 같이 roman 글자체로 바뀐 **Theorem** 환경을 만들 수 있다.

Theorem 8.2. [LaTeX] LaTeX is easy enough to use for all scientists

```
\begin{mytheorem}[\LaTeX]
\LaTeX\ is easy enough
to use for all scientists
\end{mytheorem}
```

이제 변수를 가지는 `\newenvironment` 명령의 예를 보자. 앞의 Theorem 8.1을 다음과 같이

Theorem 8.3. (LaTeX) *LaTeX is easy enough to use for all scientists. And it can define new environment within itself.*

[3] LaTeX 2_ε에 추가된 기능임.

사각형의 외곽선을 둘러 주는 새로운 환경을 만들고자 아래와 같이 LaTeX의 tabular와 minipage 환경을 이용하여 새 환경을 정의하였다. 여기서 길이를 얼마로 할 것인지 정하지 않으면 현재 화면 폭(\textwidth)으로 한다는 것이다.

```
\newenvironment{myfbox}[1][\textwidth]%
{ \begin{tabular}{|@{\hspace{1em}}c@{\hspace{1em}}|}
\hline \\*[-.3\baselineskip]
    \begin{minipage}[t]{#1} }%
{\end{minipage} \\ \vspace{-.3\baselineskip} \\
\hline \end{tabular} }
```

주의: tabular 환경을 이용하였으므로 아래 환경은 한 면이 넘는 많은 내용의 테두리를 할 때는 중간에서 새 면으로 넘어가지 않음.

참고: 여기에서 \baselineskip 앞의 숫자를 조절하여 테두리의 아래와 위의 공간의 양을 조절할 수 있다.

참고: 또 tabular의 \hspace 의 값을 조절하여 텍스트와 좌우 테두리 사이의 간격도 조절할 수 있다. 지금의 예에서는 1em, 즉 "M"의 폭만큼의 간격이 이용되었다.

여기서 새로 정의된 환경의 이름은 myfbox이며 변수의 개수는 한 개인데 테두리 안에 들어갈 내용의 폭을 그 변수값으로 갖는다. 위의 Theorem 8.3은 아래의 명령으로 만들었다.

```
\begin{myfbox}{4.5in}
\vspace*{-1.5\baselineskip}
\begin{theorem}[\LaTeX] \label{th:texsage2}
\LaTeX\ is easy enough to use for all scientists. And it
can define new environment within itself.
```

```
\end{theorem}
\vspace*{-1.5\baselineskip}
\end{myfbox}
```

위에서 테두리 안에 들어갈 내용의 폭을 5 인치로 주었으나 다음과 같이 전체 텍스트에서의 그 비율을 주는 것이 편리할 때가 많다. 특히 `\textwidth`의 값을 바꾸는 경우(구체적으로 그 값을 바꾸기도 하지만 A4와 US letter 등 그 크기가 다른 스타일을 쓰는 경우)에 그에 따라서 그 폭을 변화시키지 않아도 된다. 다음의 예를 보면 `\textwidth` 값이 어떻게 사용되었는지 볼 수 있다.

This chapter covers Defining new command, theorem and the like, and environment	WHICH	makes your customized LaTeX job easy and fun. Enjoy your LaTeX.

위의 예는 아래의 명령들로 만들어졌다.

```
\begin{myfbox}{.32\textwidth}
This chapter covers
Defining new command, theorem and the like, and
environment
\end{myfbox} WHICH
\begin{myfbox}{.35\textwidth}
makes your customized \LaTeX\ job easy and fun.
Enjoy your \LaTeX.
\end{myfbox}
```

> **참고**: 위에서 보는 환경 중 `myfbox` 환경은 `syshan.sty` 패키지에서 정의된 환경이므로 이 패키지를 사용할 때만 사용 가능한 명령임.

수학에서 자주 사용하는 행렬을 \newenvironment를 이용하여 정의해 보자. 참고로 plainTEX의 \pmatrix는 행렬을 소괄호로 만드는데 여기서는 대괄호로 만들어 보기로 한다. 먼저 다음과 같이 barray 환경을 정의하고

```
\newenvironment{barray}[1]
{\left[\begin{array}{#1}}{\end{array}\right]}
```

아래와 같은 결과를 얻기 위해

$$\boldsymbol{y} = \boldsymbol{Ab} = \left[\begin{array}{cc} a_{11} & a_{12} \\ a_{21} & a_{22} \end{array}\right] \left[\begin{array}{c} b_1 \\ b_2 \end{array}\right] \quad (8.1)$$

다음과 같은 명령을 주었다. \boldmath가 어떻게 사용되었는지도 관심 있게 보기 바란다.

```
\mbox{{\boldmath $y$}}=\mbox{{\boldmath $Ab$}}
= \begin{barray}{cc} a_{11} & a_{12} \\
                     a_{21} & a_{22} \end{barray}
\begin{barray}{c} b_1 \\ b_2 \end{barray}
```

끝으로 list 환경을 이용하여 \newenvironment를 만든 예를 보기로 하자. enumerate나 itemize, description 환경도 list 환경의 일부분이다. 여기서 list는 사용자가 거의 모든 것을 정의해야 하므로 상당히 복잡한데 여기서는 한 가지 예를 보겠다.

예 8.2 \newenvironment{example}

```
{\vspace*{.6\baselineskip}\hrule\nopagebreak[4]
\begin{list}{}
{\setlength{\rightmargin}{.2in}}
\refstepcounter{excntr}
\item[예 \thechapter.\arabic{excntr}] }
{\vspace*{.6\baselineskip\hrule\end{list}}
```

위의 예는 이 책에서 보는 "예"를 만들기 위하여 example이라는 환경을 만들어 본 것이다. 앞에서 본 myfbox를 이용할 수도 있겠으나 myfbox는 한 면이 넘는 내용을 담기가 불편하였으나 example 환경은 한 면이 넘어도 문제가 없다. 191면의 예 8.1은 위의 예 8.2의 환경 example을 LaTeX 파일의 첫 부분에 정의한 상태에서 다음의 명령으로 만들어졌다. 아래의 \begin{singlespace}는 doublespace 패키지를 사용하였을 때만 사용 가능하다.

```
\begin{example}
  \begin{singlespace}
  \newtheorem{lemma}{Lemma}
  \newtheorem{theorem}{Theorem}[chapter]
  \newtheorem{coro}{Corollary}
  \newtheorem{defn}{Definition}
  \newtheorem{theorem}{문법}[chapter]
  \end{singlespace}
\end{example}
```

8.4. 이미 있는 환경이나 명령의 재정의

이미 있는 환경이나 명령어를 다른 내용으로 재정의할 때가 있다. 특히 LaTeX에 이미 있는 환경을 사용자의 편의를 위하여 바꾸고자 할 때는 위의 \newenvironment나 \newcommand 명령보다는 다시 정의하는 것이 편리하다. 또 이미 있는 명령이나 환경은 \newenvironment나 \newcommand로 정의하려고 하면 에러가 발생한다. 재정의 명령의 사용법은 다음과 같이 \newcommand와 \newenvironment와 똑같다.

문법 8.3. (`\renewenvironment`, `\renewcommand`)
`\renewcommand{`*comm*`}[`*num*`][`*value*`]{`*definition*`}`
`\renewenvironment{`*name*`}[`*n*`][`*option*`]{`*begining*`}{`*ending*`}`

위의 두 명령어의 사용법은 8.1절, 8.3절의 `\newcommand`와 `\newenvironment` 명령의 사용법과 같으므로 그 절의 설명을 참조하기로 하고 다음의 예를 보자. 앞에서 정의하였던 `\dsum`, `\dlim`, `\go`를 아래와 같이 다시 정의하고 나면

```
\renewcommand{\dsum}[2]{ \sum_{#1}^{#2} }
\renewcommand{\dlim}[1]{ \lim_{#1} }
\renewcommand{\go}{ \rightarrow }
```

그 결과

After redefining the limit, sum, and arrow $\lim_{n\rightarrow\infty}$ $\sum_{i=1}^{n}$ look the same as the textstyle $\lim_{n\rightarrow\infty}$ and $\sum_{i=1}^{n}$.

```
After redefining the limit,
sum, and arrow $\dlim{n\go
\infty}$ $\dsum{i=1}{n}$
look the same as the
textstyle $\lim_{n\go\infty}$
and $\sum_{i=1}^n$.
```

를 얻는다. 참고로 추후의 사용을 위해 다음과 같이 `\dlim`과 `\dsum`을 원래대로 바꾸어 주었다.

```
\renewcommand{\dlim}[1]{ {\displaystyle \lim_{#1}} }
\renewcommand{\dsum}[2]{ {\displaystyle \sum_{#1}^{#2}} }
```

제 9 장

그림, 표 등의 유동체

LaTeX에는 그림, 표 등의 유동체(floating body) 환경이 있는데 이들은 사용자가 입력한 위치가 아닌 LaTeX에서 정한 위치에 출력이 나오기 때문에 유동체라 한다. LaTeX이 그림이나 표의 위치를 정하여 준다 함은 사용자가 figure나 table 환경을 LaTeX 파일 내의 어떤 특정한 위치에서 시작하였더라도 그림 또는 표가 LaTeX 출력에는 그 자리가 아니고 그 자리의 앞면, 뒷면 또는 최악의 경우에 그 장의 맨 끝에 나올 수 있다는 것이다.

표나 그림의 제목은 \caption에 줄 수 있다. 표와 그림의 인용에 대해서는 제 7장을 참고하자.

9.1. table 과 figure 환경

table과 figure 환경은[1]

```
\begin{figure}[loc]
\caption{The caption goes here \label{fig:test}}
        .
        .
```

[1]19.3 절에는 이 둘 이외의 다른 유동체를 선언하는 패키지가 설명되어 있음.

```
  .
\end{figure}
```

로 사용하는데 loc의 가능한 값은 h, t, b, p가 있다.[2]

h Here, 즉 이 자리에 그림을 만들라는 명령이다.

t Top, 한 면의 맨 위에 그림을 만든다.

b Bottom 한 면의 맨 아래에 그림을 만든다.

p Page 그림이나 유동체 등은 따로 모아서 면을 만들라는 명령이다.

위의 htbp는 사용자가 정해주지 않으면 LaTeX은 htb로 정한다. 즉 그림의 위치를 현재의 위치, 면의 윗부분, 아랫부분 순서로 유동체를 둔다.

LaTeX 2_ε에는 !을 추가하였는데 !가 있으면 LaTeX이 그 그림이나 표를 정해진 자리에 넣으려고 한 면에 들어갈 수 있는 최대 그림 수 등 내부변수를 일부 무시하면서 그 자리에 그림을 넣는다. 즉, h, t, b, p 대신에 !h, !t, !b를 사용하면 원하는 위치에 그림이나 표가 들어갈 가능성이 상대적으로 높아진다.

또 \suppressfloats 명령은 LaTeX이 사용자가 원하지 않는 면에 유동체를 두는 것을 막을 수 있는 명령이다. 이 명령이 주어진 면에는 유동체를 인쇄하지 않는다. 일반적으로 그림이나 표가 기대한 것보다 빨리 나오면 \suppressfloats 명령을 사용하고 생각하였던 것보다 너무 나중에 나오면 !를 사용한다.

그림의 내용은 LaTeX 내부의 그림 명령인 picture 환경에서 그린 그림이거나 LaTeX이 아닌 다른 프로그램에서 그린 그림이다. LaTeX이 아닌 프로그램이나 스캐너에서 그린 그림을 LaTeX으로 불러들이는 방법과 그림 환

[2] float 절의 패키지를 사용하면 H를 이용하여 항상 원하는 자리에 둘 수도 있음. 19.3 참조.

경의 사용 예들은 제18장에 잘 설명되어 있고 제16장에는 화면에 마우스로 그린 그림을 picture 환경에서 사용하는 LaTeX 명령으로 바꾸어 주는 프로그램인 LaTeXCAD에 대한 설명이 있다.

9.2. 그림과 표의 번호, 제목, 인용

그림이나 표의 제목은 \caption 명령에 주는데 만들 표의 제목이 "LaTeX에 나타날 표"라면

```
\caption{\LaTeX 에 나타날 표}
```

를 \begin{table}과 \end{table} 사이에 준다. (figure 환경을 사용할 경우에는 \begin{figure}와 \end{figure} 사이) 이 때 \caption을 그림이나 표보다 먼저 주면 제목이 그림이나 표의 위에 나오고 나중에 주면 그림이나 표 밑에 나온다. 따라서 그림이 한 면의 위에 있는 경우(\begin{figure} 다음에 [t]를 준 경우) \caption을 그림이나 표보다 먼저 주는 것이 좋고 \begin{figure} 뒤에 [b]로 한 경우는 그림이나 표보다 나중에 주는 것이 좋다.

그림이나 표의 번호는 LaTeX에서 자동으로 붙여 주는데 article 클래스에서는 모든 그림이나 표의 번호가 1부터 시작하는 일련 번호를 갖게 되고 book이나 report 클래스에서는 매 장(chapter)마다 그림 번호가 1 번부터 시작하게 된다. 이 책은 report 클래스에 일부 가감하여 만든 패키지를 사용하였기 때문에 그림 번호는 매 장별로 되어 있다.(그림 차례 참조)

그림이나 표의 인용은 위의 \label에서 준 값을 \ref나 \pageref에서 주면 그림 번호나 그림이 위치한 면의 수가 나온다. 자세한 것은 제7장을 참고하자.

figure* 환경도 있는데 이는 one column 스타일에서는 figure 환경과 같고 two column 스타일일 때는 two column에 맞추어 인쇄한다. two column 스타일에서 figure 환경은 그림을 one column으로 그린다. Two column 스타일은 2.1절을 참고하기로 한다.

table과 table* 환경은 그림 환경과 사용법이나 만들어지는 결과가 거의 같은데 제목을 Table(영문) 또는 표(한글)로 준다는 것과 \begin{table}과 \end{table} 사이의 내용이 그림이 아니고 일반적으로 tabular 환경에서 만든 표라는 것이 figure 환경과 다르다. 9.4절의 표 9.1을 만들기 위한 설명에 table 환경의 사용 예가 있으니 참고하기 바란다. 또 한 가지는 doublespace 패키지를 사용할 때는 table 환경 안에서는 자동으로 singlespace 환경으로 돌려진다는 점이다.

9.3. 유동체의 미세 조정

이 절에서는 유동체의 환경을 바꿀 수 있는 선언에 대해 알아보자. 다음에 주어진 값은 거의 모든 경우에 사용자가 바꾸어 줄 필요가 없는 값이다.(이 책의 그림이나 표 등에서도 거의 바꾸어 주지 않았음.)

topnumber, bottomnumber : LaTeX 출력의 한 면에 최대로 들어갈 수 있는 유동체의 개수. topnumber는 한 면의 위로부터 bottomnumber는 아래로부터의 개수를 정해 준다. topnumber와 bottomnumber는 번호기이다.[3]

totalnumber 도 번호기인데 위치에 상관 없이 한 면에 들어갈 수 있는 유동체의 최대 개수.

dbltopnumber topnumber와 같은데 two-column 스타일에서의 개수.

\topfraction 유동체가 한 면의 위로부터 차지할 수 있는 최대 비율. 즉 이 값이 0.25이면 한 면의 1/4까지 유동체가 차지할 수 있다. 이 값을 바꾸려면 \renewcommnad를 이용한다.[4]

\bottomfraction \topfraction과 같으나 한 면의 아래로부터의 비율.

[3]번호기에 대한 조정은 제6장 참조.
[4]제8장의 \renewcommand 명령의 설명 참조.

\textfraction : LaTeX 출력의 한 면에서 차지하여야 하는 텍스트의 최소 비율. 즉 1-\textfraction이 그림이 차지할 수 있는 최대 비율이 된다. 이 값을 바꾸려면 \renewcommnad를 사용한다.

\floatpagefraction 유동체만 모여 있는 면(float page)에서 유동체가 차지해야 할 최소 비율. \renewcommand로 값을 바꾼다.

\floatsep 두 개의 유동체 사이에 더해지는 공간. 고무줄 길이임.

\dblfloatsep : \floatsep와 같은데 two-column 스타일에서의 공간.

\textfloatsep 텍스트와 유동체 간의 공간의 길이. 고무줄 길이임.

\dbltextfloatsep \textfloatsep와 같은데 two-column에서의 공간.

\dbltopfraction \topfraction과 같으나 two-column 스타일에서 사용됨.

\dblfloatpagefraction \flaotpagefracrion과 같으나 two-column 스타일용임.

\intexsep 그림의 아래 위로 텍스트가 올 때(그림 위치를 h로 주었을 때) 그림 아래 위의 추가 공간. 고무줄 길이임.

9.4. tabular와 array 환경

tabular와 array 환경은 행과 열로 이루어진 표나 행렬 등을 만드는 환경이다. 이 두 환경의 차이는 array 환경은 수학 모드에서만 사용될 수 있고 tabular 환경은 수학 모드와 텍스트 모드에서 사용할 수 있다는 것이다. array 환경의 사용 예는 제 4 장에서 보기로 하고 이 절에서는 tabular 환경을 기준으로 설명하기로 한다.

tabular와 array 환경에서 각 행의 구분은 \\로 하고 각 열의 구분은 &로 한다. 따라서 n 개의 열이 있으면, 항상 그런 것은 아니지만, 매 행마다

$n-1$ 개의 &가 있다. 열을 구분하기 위해 줄을 만들 때에는 |를 사용한다. 행을 구별하기 위한 가로 줄은 \hline을 사용한다. |과 \hline은 두 번 이상 사용될 수 있다. 일반적인 사용법은

```
\begin{tabular}[pos]{align}
col1  & col2 & ···  & coln \\
 ⋮
\end{tabular}
```

이며 tabular 환경으로 만들어지는 표는 표의 폭이 LaTeX 내부에서 결정된다. 한편 표의 폭을 특정한 값으로 설정하는 tabular* 환경도 제공되는데 이 환경은

```
\begin{tabular*}{width}[pos]{align}
col1  & col2 & ···  & coln \\
 ⋮
\end{tabular}
```

으로 설정할 값이 하나 더 늘어난다. array 환경은 수학모드내에서만 사용 가능하며 사용법은 tabular 환경과 같이

```
\begin{array}[pos]{align}
col1  & col2 & ···  & coln \\
 ⋮
\end{array}
```

이다.

*width*는 tabular* 환경에서만 설정해주는 값으로 만들 표의 폭을 정하

여 준다. 고무줄 길이를 사용하여 열을 늘려 주어야 한다. \extracolsep 참조.

tabular와 tabular* 환경에서 공통으로 설정하는 값에 대해서 알아보자. 옵션인 *pos*는 표가 만들어지기 전후의 텍스트에 대한 상대적인 위치를 설정하는 것으로 기본값은 중앙에 위치하며

t 표의 가장 위를 전후의 텍스트와 정렬한다.

b 표의 가장 아래를 전후의 텍스트와 정렬한다.

*align*에는 표의 각 열의 정렬기준 등을 나타내는데

l 왼쪽으로 해당 열을 정렬한다.

r 오른쪽으로 해당 열을 정렬한다.

c 중앙으로 해당 열을 정렬한다.

| | 이 있는 좌우의 두 열 사이에 세로 줄을 만든다.

@ @-expression이라고 부르는데 이는 주어진 *text*를 매 행마다 반복 인쇄한다. @를 사용하면 일반적으로 표의 열 사이에 삽입되는 공간이 없어진다. 표 9.2에서 "–" 가 반복되었음을 알 수 있다. 적당한 공간을 주고 싶을 때는 @{\hspace{1in}} 등도 사용할 수 있다. 다음 보기는 소수점을 기준으로 정렬해 본 것이다.

```
   3.14159
  16.2
12345.689
```

```
\begin{tabular}{r@{.}l}
   3&14159\\
  16&2\\
12345&689\\
\end{tabular}
```

p{*wd*} p{*wd*}는 해당 열을 주어진 넓이만큼의 parbox로 만들어 준다. 표 9.2에서 사용되었음.

*{*num*}{*loc*} 는 *loc*가 *num*만큼 반복함을 말해 준다. 표 9.2에서는 `*{2}{c}`를 사용하여 cc를 대신하였다.

!{*decl*} @나 |와 비슷하나 |이 세로의 줄을 만드는 대신에 *decl*을 넣으며, @와 달리 열과 열 사이의 공간은 넣는다.

표의 각 행에서 입력할 수 있는 값으로는

& &은 각 행에서 열의 분리를 의미한다.

\\ \\는 한 행의 끝을 의미한다. 즉, 행이 바뀌어 새 줄이 시작되며 *도 사용할 수 있으며 옵션으로 길이를 주어 한 줄의 높이를 다른 줄과 다르게 할 수도 있다.

첫째 줄의	높이는	기본 높이
이지만	둘째 줄의	높이는
1cm가	추가	되었다.

위의 표는 다음 명령의 결과이다.

```
\begin{tabular}{|l|l|l|} \hline
첫째 줄의 & 높이는 & 기본 높이 \\ \hline
이지만     & 둘째 줄의 &높이는 \\[1cm] \hline
1cm가      & 추가 & 되었다. \\ \hline
\end{tabular}
```

\hline \hline은 그 행 이후에 가로 줄을 그을 것을 명령한다.

\cline{col_1-col_2} \cline은 그 행의 col_1 열부터 col_2 열까지 줄을 그을 것을 명령한다.

표 9.1: tabular 환경의 이용 보기

성명	주소지	월수입
김철수	서울	1,000,000
이보라미	충청남도	600,000

\multicolumn{*num*}{*loc*}{*item*} 는 *num* 개의 열을 하나의 열로 묶어서 인쇄하되 그 내용은 *item*으로 하고 *item*의 정렬은 l, r, c, p 등으로 하라는 뜻이다.

특정한 행에서의 특정한 열의 값에 대해서만 정렬기준을 바꾸고자 하면 *num*을 1로 바꾸고 *loc*의 값을 원하는 정렬기준으로 바꾸면 된다. 표 9.2에서 "특기사항"은 \multicolumn 명령을 사용하지 않으면 중앙에 갈 수 없음에 유의하자. (그 열은 p{2in}에 해당하기 때문에 왼쪽부터 쓰여진다.) \multicolumn 의 인쇄 내용은 *item*이다. *loc*에는 r, c, 또는 l이 하나 있어서 그 정렬 방향을 정해 준다. 여기서 *loc* 자리에 |와 @가 사용될 수 있다.

\vline 은 l, r, c 항에서 사용하면 수직선을 그어 준다. 표 9.2에서 "최저" 와 "최고" 사이의 수직선은 \vline으로 만든 것이다.

이제 예를 보자. 표 9.1은 간단한 표를 만들어 본 것이다. 이 표를 만들기 위한 명령은 다음과 같다.

```
\begin{table}[t]
\caption{\texttt{tabular} 환경의 이용 보기 \label{tab:tabular}}
\begin{center}
\begin{tabular}{l|cr}
 성명      & 주소지    & 월수입 \\ \hline
 김철수    &  서울     & 1,000,000 \\
 이보라미  & 충청남도  & 600,000
```

표 9.2: tabular 환경으로 만든 보기–2

<table>
<tr><td colspan="6">S 사의 주가</td></tr>
<tr><td rowspan="2">연도</td><td colspan="2">주가</td><td rowspan="2">거래량</td><td rowspan="2">액수</td><td rowspan="2">특기사항</td></tr>
<tr><td>최저</td><td>최고</td></tr>
<tr><td>1972</td><td colspan="2">97–172</td><td>111</td><td>12</td><td>상장 초기로서 특이 사항은 없으나 관심을 받았음</td></tr>
<tr><td>83</td><td colspan="2">130–200</td><td>1000</td><td>900</td><td>80년대 초</td></tr>
<tr><td>95</td><td colspan="5">이 자료는 가상임</td></tr>
</table>

```
\end{tabular}
\end{center}
\end{table}
```

이 표는 table 환경 안에서 tabular 환경을 사용하였음을 주의깊게 보아 주기 바란다.

지금 예에서는 표의 각 요소들이 아래 위의 중앙에 위치하고 좌우로는 첫 번째 열은 왼쪽(l), 두 번째 열은 중앙으로(c), 그리고 세 번째 열은 오른쪽으로(r) 정렬함을 나타낸다. l과 c 사이에 사용한 | 가 있기 때문에 첫째 열과 둘째 열 사이에는 선을 그어 주었고, 또 첫째 열과 둘째 열 사이에는 \hline이 있기 때문에 가로로 선을 그어 주었다.

표 9.2에는 이들 중의 대부분이 사용되었으니 참고하자. 참고로 표 9.2를 만들기 위한 명령은 다음과 같았다.

```
\begin{table}[t]
\caption{tabular 환경으로 만든 보기--2\label{tab:tabular2}}
\begin{center}
\begin{tabular}{|r||r@{--}l|*{2}{c|}p{2in}|} \hline
\multicolumn{6}{|c|}{ S 사의 주가} \\ \hline\hline
  & \multicolumn{2}{|c|}{주가}      & & & \\ \cline{2-3}
```

```
    연도& \multicolumn{1}{r@{\vline}}{최저} &
    최고 & 거래량 & 액수 &
& \multicolumn{1}{c|}{ 특기사항 }\\ \hline
1972 &  97 & 172 & 111 & 12 &
 상장 초기로서 특이 사항은 없으나 관심을 받았음 \\ \hline
  83 &  130 & 200 & 1000  & 900 & 80+년대 초 \\ \hline
  95 & \multicolumn{5}{|c|}{+이 자료는 가상임} \\ \hline
\end{tabular}
\end{center}
\end{table}
```

9.5. 미세 조정

array 나 tabular 또는 tabular* 환경에서 열간의 간격 등을 조절하는 값이 있다. 이 값이 미치는 범위는 { 와 }로 정해 주지 않으면 한 번 바뀐 값은 계속 영향을 미친다. 이들 값은 \arraycolsep=0in 등으로 선언한다.

\arraycolsep array 환경에서 열 사이에 추가공간을 주는데 그 값의 반.(좌우에 주므로 어느 한 쪽의 추가 공간만의 길이이다.)

\tabcolsep tabular 나 tabular* 환경에서 열 사이에 추가공간을 주는데 그 값의 반. (좌우에 주므로 어느 한 쪽의 추가 공간만의 길이이다.) 다음 두 표의 차이점을 보자.

제 1 열	제 2 열
column 1	column 2

제 1 열	제 2 열
column 1	column 2

위의 두 번째 표는 다음에서 보는 것처럼 \tabcolsep=0in로 주었기 때문에 열간의 공간이 전혀 없음을 볼 수 있다.

```
\begin{tabular}{l|l}
제 1 열 & 제 2 열 \\ \hline column 1 & column 2
```

```
\end{tabular}
{\tabcolsep=0in
\begin{tabular}{l|l}
제 1 열 & 제 2 열 \\ \hline column 1 & column 2
\end{tabular}}
```

\arrayrulewidth \cline, \hline, \vline 또는 |에 의해 만들어지는 선의 굵기를 정한다.

\doublerulesep 는 \hline 이나 | 를 두 번 사용하여 만들어지는 이중의 선 사이의 거리를 정한다.

\arraystretch 이는 행사이의 추가공간을 조정한다. 이 값은 정상적인 행 사이의 공간에 곱해줄 값을 주는데 이 값이 2이면 정상적인 행 사이 공간보다 두 배 많은 공간이 생기게 된다. 이 값은 \renewcommnad로 바꿔 준다.(제8장 참조)

\arraystretch 값을 바꾸면 모든 행의 줄간격이 달라지므로 일부 행의 줄간격을 바꾸려면 \\ 또는 *를 사용하면서 옵션으로 길이를 설정하여야 한다.

9.6. tabbing 환경

tabbing 환경은

\begin{tabbing} 줄 맞출 입력 \end{tabbing}

으로 사용한다. tabbing 환경은 줄을 맞추어 출력하고자 할 때 사용한다. tabbing 환경에서 탭은 \=로 정해지고 그 탭에 맞추는 것은 \> 이다. 먼저

```
여기에    탭 설정 새 탭설정
                새 번째 줄에 출력
제 1 열   제 2 열 제 3 열
     오른쪽으로 정렬
          2 열    3 열
1 열
갑 을
   병                                   계는 오른 쪽 끝
가        나       다
Ā        À       Á
```

그림 9.1: tabbing 환경의 예

간단한 예를 보자.

```
김 철수 통계학과
이 미숙 수학과
야수 오모경제학과
```

```
\begin{tabbing}
김 철수   \= 통계학과 \\
이 미숙   \> 수학과 \\
야수 오모리 \> 경제학과
\end{tabbing}
```

위에서 보는 것처럼 탭의 위치는 \=에 의해 정해 지는데 이는 그후에 도 영향을 미쳐서 이름이 긴 경우에는 겹치게 되었다. 그림 9.1 은 다음 명령으로 만들어진 것이다.

```
\begin{tabbing}
탭설정만  \=  \kill
여기에    \> 탭 설정  \= 새 탭설정 \+\+ \\
세 번째 줄에 출력 \\
\< \<  제 1 열 \> 제 2 열 \> 제 3 열 \\
오른쪽으로 \'  정렬 \-  \\
2 열 \> 3 열 \- \\
```

```
1 열  \\
\pushtabs
갑 \= 을  \\
   \> 병 \` 계는 오른 쪽 끝\\
\poptabs
가 \> 나 \> 다  \\
\a={A} \> \a`{A} \> \a'{A}
\end{tabbing}
```

여기서 사용한 명령과 사용가능한 명령은 다음과 같은 것이 있다.

`\=` 탭의 설정에 사용된다.

`\>` 이미 설정된 탭의 표시이다.

`\\` 한 행의 입력이 끝났음을 말해준다.

`\kill` 한 행의 입력이 끝났음을 말해 준다. 그러나 이행은 탭의 설정만 하고 출력하지는 않는다.

`\+` 다음 행부터의 탭은 \+ 의 횟수만큼 탭을 한 후에 열을 맞춘다. 그림 9.1에서 두 번째 행은 위에서 \+ 가 두 번 있었기 때문에 세 번째 열에 출력된다.

`\-` \+로 만들어진 탭을 하나씩 줄여 나간다. 그림 9.1에서 "오른쪽으로 정렬" 다음의 출력은 세 번째가 아닌 두 번째 열에 나타나기 시작하는데 이는 \- 가 한 번 사용되었기 때문이다. 한 번 더 사용하여 "1 열"은 첫 번째 열에 출력하였다.

`\<` 각 줄의 처음에 사용하는데 그 전줄의 \+ 의 효과를 하나씩 줄이는 역할을 한다. 이 명령의 효과는 그 줄에만 해당한다.

`\'` 각 열의 오른쪽으로 정렬한다. 이 선언이 없으면 왼쪽으로 정렬된다.

\` 출력의 오른쪽 끝으로 정렬.

\pushtabs 현재의 탭설정을 저장한다. \pushtabs 명령으로 저장된 탭 설정은 \poptabs 명령으로 불러들인다.

\poptabs \pushtabs 참조.

\a **엑센트** tabbing 환경에서는 \=, \´ 및 \`] 명령은 원래 LaTeX 명령에서 엑센트를 만드는데서도 사용하기 때문에 그러한 엑센트를 tabbing 환경 내에서 만들고자 할 때 사용한다. 즉 \a={E},\a'{E} 및 \a`{E}가 각각 Ē, É 및 È 액센트를 만든다.

참고사항

- tabbing 환경 내에서의 선언은 다음 중 하나가 나오면 그 효력이 정지된다.

```
\=   \>   \+   \'   \pushtabs   \kill
\\   \<   \-   \`   \poptabs    \end{tabbing}
```

- tabular 환경 등과는 달리 tabbing 환경은 tabbing 환경 내에서 다시 사용할 수 없다.

9.7. longtable 패키지

tabular 환경으로 표를 만들 경우 표의 크기가 한 면보다 클 수가 없다. (좀 더 정확히는 Overfull vbox 란 경고 메세지가 출력된다.) 이러한 tabular 환경의 단점을 보완하기 위해 David Carlisle이 만든 longtable 패키지를 사용할 수 있다.[5] 이 패키지는 \\가 나올 때 마다 LaTeX이 표를 새 페이지에서 시작하여야 할 정도로 큰지 계산하여 새 페이지에서 표가 연속될 정도로 크면 tabular 환경을 잘라서 새 페이지에서 시작하게 만든다. 또한 이

[5]이와 비슷한 기능을 갖는 supertab패키지가 있는데 그 기능이 longtable 기능에 포함되기 때문에 따로 소개하지는 않는다.

패키지는 기본적으로 아주 큰 표를 만들 것으로 가정하기 때문에 표를 다 만들기 전에 각 페이지의 각 열의 폭 계산하여 그 값에 따라 각 열의 폭을 정하게 된다. 따로 정해주지 않으면 매 20줄의 행마다 가장 넓은 열의 폭을 계산하여 표를 만들게 된다. 이러한 경우의 장점은 LaTeX이 사용하는 메모리가 적어서 빠른 속도를 낼 수 있는 것이고 단점은 표가 매 20줄마다 줄이 어긋날 수 있다는 것이다. 이러한 문제의 해결 방법도 물론 주어져 있다.

이 패키지를 이용하면 `\caption` 명령을 사용할 수 있으며 그럴 경우 `\listoftables` 명령으로 만들어지는 표차례에 그 표가 포함된다. 또 이 패키지를 이용하면 `\footnote`도 이용할 수 있다. `longtable` 패키지가 제공하는 환경은 `longtable` 환경이다. 이 환경의 사용법은

```
\begin{longtable}[option]{loc}
표의 내용
:
\end{longtable}
```

인데 사용할 수 있는 *option*은 다음과 같다.

option	내용
l	표를 `\parindent` 만큼 띄어서 왼 쪽에 위치시킨다.
c	표를 중앙에 위치시킨다.
r	표를 오른쪽에 위치시킨다.
없을 때	c 가 사용된다.

*loc*는 `longtable`에서 사용하는 각 열의 위치를 주는데 `tabular` 환경에서 사용하는 l, c, r 등이 모두 사용 가능하다.

표의 내용은 보통의 `tabular` 환경으로 표를 만드는 경우와 마찬가지로 각 열은 `&`로, 각 행은 `\\`로 구분한다.

`longtable` 환경에서는 표가 한 면 이상인 경우를 생각하기 때문에 추가로 사용할 수 있는 명령이 있다. 예를 들어 각 면에서 "전 페이지에서 계

속" 또는 "다음 페이지에 계속" 등이 있으면 편리할 것이기 때문에 이런 내용을 저장할 변수가 필요한 것이다. 이런 명령은 다음과 같다.

`\LTchuncksize` 이 선언은 `longtable`이 몇 줄의 행마다 각 열의 최대 폭을 계산할 것인지 정한다. `\LTchuncksize=20`으로 정해져 있기 때문에 앞서 말한 것처럼 정하지 않으면 20 행마다 각열의 최대 폭을 계산한다. 여기서 정해진 값은 LaTeX이 폭을 계산하여 사용하기만 할 뿐 면이 바뀌는 것과는 상관이 없다.

`\setlongtables` 이미 설명한 바와 같이 LaTeX에서는 `\LTchuncksize`에서 주어진 값만큼의 행이 바뀔 때마다 열의 폭을 계산하기 때문에 `\LTchuncksize`에 주어진 행만큼씩 표의 열이 맞지 않을 수 있다. 이때 `longtable`이 시작하기 전에 이 선언을 하면 표의 최대 폭을 `.aux` 파일에 저장하였다가 그중 가장 큰 값을 각 열의 폭으로 설정한다. 따라서 표 전체의 줄이 일치하게 된다. 이 패키지의 저자는 이 명령은 원고가 거의 완성된 후에 사용하기를 권하고 있으니 참고 바란다.

`\endhead` 표의 내용이 시작하기 전에 표에 들어갈 내용을 설명하는 글이 매 페이지마다 있어야 할 경우 그 내용을 입력하고 마지막의 `\\` 대신에 `\endhead` 명령을 준다.

`\endfirsthead` 이 명령은 표의 제일 처음의 heading 이 다른 면의 것과 다를 경우에 표의 내용을 입력하고 마지막 `\\` 대신에 이 명령을 준다.

`\endfoot` 표가 새 면으로 넘어가기 직전 현재 면의 제일 밑에 출력할 표현을 준다. 예로 "다음 면에 계속" 등을 사용할 수 있다. `\endhead`와 같은 방법으로 사용한다.

`\endlastfoot` 첫 면의 표만 표의 마지막 내용이 다를 경우에 그 내용을 입력하고 `\\` 대신에 이 명령을 입력한다.

`\caption` 은 `table`이나 `figure` 환경에서와 마찬가지의 효력을 갖는다. 사용법도 같다. 한 가지 다른 점은 `\caption[]`을 사용하면 표의 번호가

증가하지 않으면서 면이 바뀔 때마다 표의 제목을 만든다는 것이다.

\kill 옛날 버전에서 사용하던 명령으로 tabbing 환경에서와 마찬가지로 \\
자리에서 사용하면 그 행은 출력되지 않고 열의 폭만 계산한다.

\LTleft 는 왼쪽으로 얼마만큼 띄울 것인지 정하는 선언이다. 앞서 말한 것처럼 \parindent, 즉 문단 시작할 때 들여 쓰는 양만큼 들여쓴다. 이 값은 \setlength로 바꿀 수 있다.

\LTright 오른쪽으로 얼마만큼 붙힐 것인지 정해주는데 정하지 않으면 \fill이 사용된다. 이 값은 \setlength로 바꿀 수 있다.

이제 예를 보자. 표 9.3 의 내용은 표 4.1, 표 4.2 표 4.3 표 4.5를 모두 합한 것이다.

표 9.3: longtable 환경을 이용한 표

수학 모드의 부호들					
출력	입력	출력	입력	출력	입력
그리스 소문자					
α	\alpha	β	\beta	γ	\gamma
δ	\delta	ϵ	\epsilon	ε	\varepsilon
ζ	\zeta	η	\eta	θ	\theta
ϑ	\vartheta	ι	\iota	κ	\kappa
λ	\lambda	μ	\mu	ν	\nu
ξ	\xi	π	\pi	ϖ	\varpi
ρ	\rho	ϱ	\varrho	σ	\sigma
ς	\varsigma	τ	\tau	υ	\upsilon
ϕ	\phi	φ	\varphi	χ	\chi
ψ	\psi	ω	\omega		
그리스 대문자					
Γ	\Gamma	Λ	\Lambda	Σ	\Sigma
Ψ	\Psi	Δ	\Delta	Θ	\Theta
Ξ	\Xi	Π	\Pi	Υ	\Upsilon
Φ	\Phi	Ω	\Omega		
					다음 면에 계속

표 9.3: 전 페이지에서 계속

출력	입력	출력	입력	출력	입력
			부호들		
$\pm$	\pm	$\mp$	\mp	$\times$	\times
$\div$	\div	$\ast$	\ast	$\star$	\star
$\circ$	\circ	$\bullet$	\bullet	$\cdot$	\cdot
$\cap$	\cap	$\cup$	\cup	$\uplus$	\uplus
$\sqcap$	\sqcap	$\sqcup$	\sqcup	$\vee$	\vee
$\wedge$	\wedge	$\setminus$	\setminus	$\wr$	\wr
$\bigtriangledown$	\bigtriangledown	$\bigtriangleup$	\bigtriangleup	$\diamond$	\diamond
$\triangleleft$	\triangleleft	$\triangleright$	\triangleright	$\lhd$[6]	\lhd
$\rhd$	\rhd	$\unlhd$	\unlhd	$\unrhd$	\unrhd
$\oplus$	\oplus	$\otimes$	\otimes	$\oslash$	\oslash
$\odot$	\odot	$\bigcirc$	\bigcirc	$\dagger$	\dagger
$\ddagger$	\ddagger	$\amalg$	\amalg		
$\leq$	\leq	$\prec$	\prec	$\preceq$	\preceq
$\ll$	\ll	$\subset$	\subset	$\subseteq$	\subseteq
$\sqsubset$	\sqsubset	$\sqsubseteq$	\sqsubseteq	$\in$	\in
$\vdash$	\vdash	$\geq$	\geq	$\succ$	\succ
$\succeq$	\succeq	$\gg$	\gg	$\supset$	\supset
$\sqsupset$	\sqsupset	$\supseteq$	\supseteq	$\sqsupseteq$	\sqsupseteq
$\ni$	\ni	$\dashv$	\dashv	$\equiv$	\equiv
$\sim$	\sim	$\simeq$	\simeq	$\asymp$	\asymp
$\approx$	\approx	$\cong$	\cong	$\neq$	\neq
$\doteq$	\doteq	$\propto$	\propto	$\models$	\models
$\perp$	\perp	$\mid$	\mid |	$\parallel$	\parallel \\|
$\bowtie$	\bowtie	$\Join$	\Join	$\smile$	\smile
$\frown$	\frown				
$\aleph$	\aleph	$\hbar$	\hbar	$\imath$	\imath
$\jmath$	\jmath	ℓ	\ell	$\wp$	\wp
$\Re$	\Re	$\Im$	\Im	$\mho$	\mho
$\prime$	\prime	$\emptyset$	\emptyset	∇	\nabla
$\surd$	\surd	$\top$	\top	$\bot$	\bot
$\\|$	\\|	$\angle$	\angle	$\forall$	\forall
$\exists$	\exists	$\neg$	\neg	$\flat$	\flat
$\natural$	\natural	$\sharp$	\sharp	$\backslash$	\backslash

다음 면에 계속

[6] ■ 표시된 부호는 latexsym 패키지를 사용할 때만 쓸 수 있음.

표 9.3: 전 페이지에서 계속

출력	입력	출력	입력	출력	입력
∂	\partial	∞	\infty	$\Box$	\Box
$\Diamond$	\Diamond	$\triangle$	\triangle	$\clubsuit$	\clubsuit
$\diamondsuit$	\diamondsuit	$\heartsuit$	\heartsuit	$\heartsuit$	\heartsuit
$\spadesuit$	\spadesuit	¶	\P	§	\S
$\rhook$	rhook	Pr	\Pr	$\land$	\land
$\lhook$	lhook	$\rhook$	rhook	$\rceil$	\rceil
$\lceil$	\lceil	$\rfloor$	\rfloor	$\lfloor$	\lfloor
$\langle$	\langle	$\rangle$	\rangle		
		수학모드 아닌 경우 사용			
ß	\ss	ł	\l	Ł	\L
		amssymb 패키지의 Greek 문자			
$\digamma$	\digamma	$\varkappa$	\varkappa	$\beth$	\beth
$\daleth$	\daleth	$\gimel$	\gimel		
		amssymb 패키지의 Delimiters			
$\ulcorner$	\ulcorner	$\urcorner$	\urcorner	$\llcorner$	\llcorner
$\lrcorner$	\lrcorner				
		amsfonts 패키지의 부호			
®	\circledR	$\checkmark$	\checkmark	✠	\maltese

표 9.3 의 끝.

위의 표는 다음의 명령으로 만들어진 것이다. 여기서 \endfirsthead 전에 주어진 내용은 표의 맨 앞에 따로 주어지고 \caption[]을 포함한 \endhead 이전의 내용은 매 페이지에서 표가 연결될 때마다 인쇄되었으며, \endhead 부터 \endlastfoot 사이의 내용은 표의 맨 끝에 인쇄하였다. 여기서 보는 것처럼 longtable도 인용할 수 있다. 끝으로 \endfoot는 표가 잘라질 때마다 표의 제일 끝에 붙였다. 마지막으로 tabular 환경에서는 의도한 대로 사용하기 힘든 \footnote도 의도한 대로 사용할 수 있었음을 강조하고자 한다.

```
\setlongtables
\begin{longtable}[c]{ll@{\hspace*{\fill}}ll
                        @{\hspace*{\fill}}ll}
```

```
\caption{\texttt{longtable} 환경을 이용한 표
                    \label{tab:longtable}}
\\ \hline \multicolumn{6}{c}{수학 모드의 부호들} \\ \hline
출력 & 입력 & 출력 & 입력 & 출력 & 입력\\ \hline\endfirsthead
\caption[]{전 페이지에서 계속}\\ \hline
출력 & 입력 & 출력 & 입력 & 출력 & 입력\\ \hline \endhead
\hline \multicolumn{6}{r}{다음 면에 계속}\\ \hline \endfoot
\hline \multicolumn{6}{r}{표~\ref{tab:longtable} 의 끝.}
\\ \hline \endlastfoot
\multicolumn{6}{c}{소문자}\\
$\alpha$ & \verb+\alpha+ & $\beta$ & \verb+\beta+ &
$\gamma$ & \verb+\gamma+ \\


⋮


\colorbox{mycyan}{$\lhd$}\myfootnote{\colorbox{mycyan}{\mbox{  }}
표시된 부호는\texttt{latexsym} 패키지를 사용할 때만 쓸 수 있음.}


⋮


\circledR  & \verb+\circledR+ & \checkmark & \verb+\checkmark+ &
\maltese   & \verb+\maltese+ \\ \hline
\end{longtable}
```

9.8. colortbl 패키지

colortbl 패키지는 David Carlisle가 제작한 것으로 color 패키지가 필요하다.

이 패키지는 tabular나 array 환경에서 표 및 행렬의 행, 열, 개별 칸(cell)의 색깔 및 표에서 \hline, |에 의해 만들어지는 줄 및 두 개이상의 줄이 있을 때 생기는 줄사이의 공간의 색을 만들어준다.

9.8.1. 표의 내부의 색깔 설정

표의 내부의 색은 크게 행, 열 및 개별 칸의 색을 설정할 수 있다. 열의 색은 \columncolor 명령으로 조정한다. 이 명령은

\columncolor[*color_model*]{*color*}[*left_overhang*][*right_overhang*]

으로 사용하며 *color_model*에는 color 패키지에서 사용가능한 컬러 모델을 주면 gray, rgb 등의 값 중에서 하나를 지정하고, *color*는 되고 *left_overhang*과 *right_overhang*은 표의 각 칸에 들어가는 내용에서 얼마나 배경색을 확장할 것인지 정한다. 값을 주지 않으면 \tabcolsep의 넓이나(tabular인 경우) \arraycolsep(array인 경우) 만큼 확장하므로 표의 칸이 전부 색이 칠해진다.

tabular나 array의 선언에서 |, l, r, c 등은 tabular나 array 환경과 마찬가지로 사용하면 되고 >를 사용하여 열의 속성을 추가로 정해 준다. 예를 들어

```
\begin{tabular}{|>{\columncolor[rgb]{0,.8,0}}l|
  >{\color{white}\columncolor[gray]{.2}}l|}
```

는 \begin{tabular}{|l|l|}에 추가된 속성이 >{}에 주어진 것이다.

```
\begin{tabular}{
|>{\columncolor[rgb]{0,.8,0}[0pt]}l|
 >{\color{white}
 \columncolor[gray]{.2}[0pt]}l|}
Green  & 바탕색 \\
By     & \texttt{colortbl} 패키지\\
And    & 회색도 사용
\end{tabular}
```

Green	바탕색
By	colortbl 패키지
And	회색도 사용

는 *left_overhang*과 *right_overhang* 모두 0pt로 표의 내용만 배경으로 덮어졌으며

```
{|>{\columncolor[rgb]{0,.8,0}}l|
  >{\color{white}
  \columncolor[gray]{.2}}l|}
```

Green	바탕색
By	colortbl 패키지
And	회색도 사용

는 *left_overhang*과 *right_overhang* 모두 설정되지 않아 \tabcolsep 만큼 배경이 확장되었다.[7]

```
{|>{\columncolor[rgb]{0,.8,0}
   [.5\tabcolsep]}l|
>{\color{white} \columncolor[gray]
   {.2}[.5\tabcolsep]}l|}
```

Green	바탕색
By	colortbl 패키지
And	회색도 사용

는 *left_overhang*과 *right_overhang* 모두 \tabcolsep의 반만 설정되었다.

*left_overhang*과 *right_overhang*은 둘다 옵션이라 둘 중의 한 값만 주는 경우 두 값이 같은 값으로 설정된다.

각 행의 색은 \rowcolor 명령을 다음

```
\rowcolor[color_model]{color}[left_overhang][right_overhang]
```

[7] 열의 정렬에 대한 부분만 표시하였음

과 같이 설정하며 각 매개변수는 \colomncolor 명령의 사용법과 같다. 이 명령은 매 행의 맨 처음에 선언되어야 한다. 만일 \columncolor에 의해 표의 *preamble*에 먼저 색이 설정된 경우 \rowcolor가 우선한다.

각 행의 색은 \cellcolor 명령을 다음

```
\cellcolor[color_model]{color}[left_overhang][right_overhang]
```

과 같이 설정하며 각 매개변수는 \columncolor 명령의 사용법과 같다. \cellcolor 명령이 들어간 칸의 색은 columncolor 및 \rowcolor 명령이 있는 경우 이들 보다 \cellcolor 명령이 우선한다.

다음은 위에서 만든 표를 사용하여 행과 개별 칸의 색을 바꾸어 본 것이다.

```
\begin{tabular}{
  |>{\columncolor[rgb]{0,.8,0}}l|
  >{\color{white}
      \columncolor[gray]{.2}}l|}
Green& \cellcolor[gray]{.4}바탕색\\
By   & \texttt{colortbl} 패키지 \\
\rowcolor[rgb]{1,0,1} And
     & 회색도 사용
\end{tabular}
```

Green	바탕색
By	colortbl 패키지
And	회색도 사용

9.8.2. 줄의 색깔 설정

table이나 array 환경에서 |나 \hline 등을 사용하여 줄을 만들 수 있다. 이 줄의 색은 \arrayrulecolor 명령으로 만들며

```
\arrayrulecolor{color}
```

로 사용한다. *color*는 color 패키지의 색깔 설정과 같은 방법으로 준다.

|나 \hline를 두 번 사용하면 줄이 두 개 만들어지고 두 줄 사이에 공간이 만들어지는데 이 공간의 색은 \doublerulesepcolor 명령으로 만들며

```
\doublerulesepcolor{color}
```

로 사용한다. *color*는 color 패키지의 색깔 설정과 같은 방법으로 준다.

다음 보기를 보면 바로 이해될 것이다.

```
\setlength\arrayrulewidth{2pt}
\setlength\doublerulesep{2pt}
\arrayrulecolor{blue}
\doublerulesepcolor{yellow}
\begin{tabular}{||l||c||} \hline\hline
줄의 & 굵기와 \\ \hline
폭을 & 일부러 \\ \hline
크게 & 하였음 \\ \hline\hline
\end{tabular}
```

줄의	굵기와
폭을	일부러
크게	하였음

제 10 장

참고문헌 데이터베이스 만들기; BIBTEX

참고문헌을 인용하기 위한 방법에는 크게 두 가지가 있는데 한 방법은 그때그때마다 참고문헌의 목록을 만들어서 사용하는 것이고 또 다른 방법은 참고문헌의 데이터베이스를 구축하여 필요한 부분만 불러오는 방법이다. 첫 번째 방법은 7.2절에서 설명하였으니 참고 바란다. 두 번째 방법의 장점은 이용하는 문헌들이 거의 비슷한 경우에 그 때마다 참고 문헌을 입력하지 않아도 된다는 장점이 있다.

10.1. .bib 파일 만들기

참고문헌 데이터베이스의 구축을 위해서는 참고문헌이 모두 수록된 파일이 필요한데 이 파일의 이름을 biblio.bib라 하자. 파일의 확장자는 bib이다. 이 파일의 내용은 다음처럼 주어졌다고 가정하자. 이 데이터베이스에는 세 개의 논문과 두 개의 책이 주어져 있다.

```
@ARTICLE{besag74,
  AUTHOR="Besag, J.",
  year=1974,
```

```
  TITLE="Spatial Interaction and the Statistical Analysis of
         Lattice System",
  JOURNAL="Journ. Roy. Statist. Soc.",
  VOLUMN=36,
  PAGES="192--236"}
@ARTICLE{besag89,
  author="Besag, J. and Clifford, P.",
  year=1989,
  title="Generalized Monte Carlo Significant Tests",
  journal="Biometrika",
  volumn=76,
  pages="633-642"}
@book{gilbert92,
  author="Gilbert, R.O. and Simpson, J.C.",
  year=1992,
  Title="Statistical Methods for
  Evaluating the Attainment of Cleanup Standards",
  volumn=3,
  publisher="Battelle Pacific Northwest Laboratory",
  address="Richland, WA."}
@article{johnson87,
  author="Johnson, R.A. and Verrill, S. and Moore, D. H.",
  year=1987,
  title="Two Sample Rank Tests for Detecting Changes That
  Occur in a Small Proportion of the Treated Population",
  journal="Biometrics",
  volumn=43,
  pages="641--655"}
@book{lehman86,
```

```
author="Lehman, E. L.",
year=1986,
title="Testing Statistical Hypotheses",
edition=2,
publisher="John Wiley and Sons",
address="New York, NY"}
```

위에서 보는 것처럼 .bib 파일의 내용은 @book, @article 등의 참고문헌 형식을 먼저 준다. 이 때 사용가능한 형식으로는 masterthesis, unpublished 등이 있는데 이는 표 10.1에 정리하였다. 위에서 보는 besag74나 lehmann86 등은 각 참고 문헌의 인용 이름인데 인용할 때 \cite 명령을 이용하여 \cite{besag74} 또는 \cite{lehman86} 등으로 사용된다. 인용명 이후에 나오는 것은 저자명, 출판 연도 등 필요한 정보들이다. 이러한 정보로 사용할 수 있는 것은 10.2절에 설명한다.

이제 biblio.bib가 위와 같이 만들어졌으면 LaTeX 파일 test.tex에서 인용할 항목들에는 \nocite를 준다.[1] 만일 항목 besag74, johnsosn87와 lehman86을 본문에서 인용할 예정이라면

```
\nocite{besag74,lehman86,johnson87}
```

라고 하여 필요한 참고문헌 항목을 불러준 다음 인용할 부분에서

\cite{besag74} 또는 \cite{johnson87}

등을 준다. 마지막에 참고문헌 목록이 들어갈 부분에

```
\bibliography{biblio}
\bibliographystyle{plain}
```

이라고 준다. 여기서 \bibliography{biblio}는 참고문헌 데이터가 파일 biblio.bib 에 정리되어 있다는 뜻이며 \bibliographystyle{plain}은

[1]\nocite가 없어도 \cite한 참고문헌은 참고문헌 목록에 들어간다.

표 10.1: 참고문헌 형식 및 키워드

이름	필수 키워드	없어도 좋은 키워드
article	author, title, journal, year	volumn, number, pages
book	author 또는 editor, title, year, publisher	volumn, series, address, edition, month, note
booklet	title	author, month, address, howpublished, year, note
conference	Same as inproceedings	
inbook	author editor, publisher, chapter pages, title, year	volumn, series, address, edition, month, note
incollection	author, title, booktitle, publisher, year	editor, chapter, pages, address, month, note
inproceedings	author, title, booktitle, year	address, pages, editor, month, note publisher, organization
manual	title	author, organization, address, edition, month, year, note
masterthesis	author, title, school, year	address, month, note
misc		author, title, month howpublished, year, note
phdthesis	author, title, school, year	address, month, note
proceedings	title, year	address, publisher, month organization, editor, note
techreport	author, title, year, institution	type, number, address, note
unpublished	author, title, note	month,year

참고문헌 목록과 그 문헌의 인용의 방식이 `plain`이라는 것이다. 한 번의 `\bibliography`에는 두 개 이상의 `.bib` 파일이 지정될 수 있다. 만일 `stat.bib` 파일과 `math.bib` 파일에 정리한 참고문헌을 이용한다면

```
\bibliography{stat,math}
```

라고 할 수 있다. 참고문헌의 스타일에는 plain, unsrt, alpha 및 abbrv 등이 있는데

plain 스타일은 "김철수 [1]"처럼 인용한 문헌의 번호가 나타나고 참고문헌의 목록은 알파벳 순서로 나타난다.

unsrt 스타일은 plain 스타일과 같으나, 참고문헌 목록이 인용된 순서로 나타난다.

alpha 스타일은 plain 스타일과 같으나, 문헌의 인용시 번호가 나오지 않고 besag74처럼 그 인용 키워드가 나타난다.

abbrv 스타일은 저자명이나 month 이름, 그리고 journal 이름이 약자로 출력된다.

이제 아래 순서대로 DOS나 유닉스 콘솔 등에서 명령을 주면 참고 문헌의 인용과 인용된 참고문헌 목록을 포함하는 LaTeX 결과를 얻을 수 있다.

```
% latex test
% bibtex test
% latex test
```

여기서 두 번째 latex test의 수행 때 LaTeX경고 에러가 나오면 한두 번 더 latex test를 수행하여 주면 해결된다. 첫 번째 LaTeX수행 결과 test.aux 파일이 생기고 이 때 필요한 참고문헌 목록이 .aux 파일에 정리되고 DOS에서

```
% bibtex test
```

를 수행하면 .bbl 파일에 참고문헌들의 정보가 정리된다. 두 번째

```
% latex test
```

의 결과로 LATEX출력인 .dvi 파일에 참고문헌 및 인용한 문헌 번호 등이 나타나게 된다.

앞의 biblio.bib를 사용하는 LATEX파일 test.tex가 다음과 같다면

```
  \documentclass[a4,12pt,doublespace]{article}
  \setstretch{1.4}
  \begin{document}
  \nocite{besag74,lehman86,johnson87}
  \thispagestyle{empty}
  This is an example to inculde
  Besag \cite{besag74}, \cite{lehman86}  for references.
  Johnson et. al. \cite{johnson87} is a good example, too.
  \bibliography{biblio}
  \bibliographystyle{plain}
\end{document}
```

그 출력은 그림 10.1과 같다. 이 그림에서 보는 것처럼 biblio.bib에 있는 모든 참고문헌이 참고문헌 목록에 나오는 것이 아니라 \cite나 \nocite된 참고문헌만 참고문헌 목록에 나타난다.

10.2. 참고문헌 정보에서 사용되는 용어

각 참고문헌에서 사용될 수 있는 키워드와 그 내용은 다음과 같다.

address: 출판사의 주소.

author: 저자명, 두 명 이상일 경우 and 사용.

booktitle: 책 제목.

chapter: 책 등의 장 번호.

This is an example to include Besag [1], [3] for references. Johnson et. al. [2] is a good example, too.

참고문헌

[1] J. Besag. Spatial interaction and the statistical analysis of lattice system. *Journ. Roy. Statist. Soc.*, pages 192–236, 1974.

[2] R.A. Johnson, S. Verrill, and D. H. Moore. Two sample rank tests for detecting changes that occur in a small proportion of the treated population. *Biometrics*, pages 641–655, 1987.

[3] E. L. Lehman. *Testing Statistical Hypotheses.* John Wiley and Sons, New York, NY, 2 edition, 1986.

그림 10.1: LaTeX의 참고문헌 데이터베이스의 출력결과

`edition:` 책 등의 판 번호.

`editor:` proceeding 등의 편집자.

`howpublished:` 일반적이지 않은 문헌의 출판 경위.

`institution:` 책 등을 출판한 기관명.

`journal:` 학술지명.

`key:` `author`나 `editor`가 주어지지 않았을 때 사용할 키워드.

`month:` 월.

`note:` 기타 참고문헌에서 밝히고 싶은 내용.

`number:` 호(No.).

`organization:` `proceeding` 등에서의 주관한 기관.

`pages:` 면수. 21 또는 '21--97' 등으로 준다.

`publisher:` 출판사명.

`school:` 학위논문 등의 학교.

`series:` 시리즈로 된 책이나 학술지의 시리즈 번호 또는 이름.

`title:` 논문, 책 등의 제목.

`type:` Technical Reoprt의 타입.

`volume:` 권수.

`year:` 출판된 연도

제 11 장

LaTeX에서 색인 만들기

이 장에서는 MikTeX이나 KC2008에서 제공하는 makeindex와 LaTeX 명령어인 \makeindex를 이용하여 색인을 만들어보기로 하자. 위의 배포판들 뿐 아니라 다른 LaTeX 배포판들은 색인을 만드는 기능을 포함하고 있다.

11.1. 색인 만들기의 순서

색인을 만들기 위해서는 다음의 순서를 따르면 된다.

1. 소스 파일의 *preamble*에(\documentclass와 \begin{document} 사이)에 다음과 같은 명령을 준다.

```
\makeindex
```

   이 명령이 들어간 LaTeX 파일의 이름을 testindex.tex라 가정하자.

2. LaTeX 소스 파일을 준비하는 과정에서 색인의 항목으로 추가하고자 하는 것이 있으면 바로 그 자리에

```
\index{index_entry}
```

명령을 사용하여 색인의 항목 *index_entry*를 추가하도록 명령한다. 예를 들면

```
\LaTeX 에는 차례만들기 기능이 있다. 이 기능은
```

에 차례라는 색인 항목을 만들고자 하면

```
\LaTeX 에는 차례\index{차례}만들기 기능이 있다. 이 기능은
```

라고 하면 위의 출력이 만들어지는 페이지를 찾아서 색인 항목을 만들게 된다.

3. `testindex.tex`이라는 파일이 다 만들어졌으면 컴파일을 한다. 만일 이 소스 파일이 차례 등이 있는 경우라면 컴파일을 할 때 차례 등을 추가하는 작업으로 페이지수가 달라질 수 있기 때문에 여러번 컴파일하는 것이 좋다.(이런 경우는 두 번은 필수이며 세 번 이상이 안전하다. 7.6절의 `texify` 명령 참조.) 컴파일을 한 후 만들어진 파일을 보면 `testindex.idx`라는 `.idx` 파일이이 만들어진 것을 확인할 수 있다. 이 파일의 내용은

   ```
   \indexentry{차례}{51}
   ```

   등과 같은 `\indexentry` 명령이 가득 들어 있다. `\indexentry` 명령은

   `\indexentry{`*index_item*`}{`*page*`}`

   로 사용되며 *index_entry*에는 색인에 들어갈 항목이, *page*는 페이지수가 들어간다. 위의 경우 차례라는 항목이 51 면에 있다는 색인 항목이 만들어진다. `\indexentry` 명령을 직접 넣는 경우는 흔하지 않다.

4. 이제 커맨드 창이나 편집기의 옵션, Unix 콘솔에서

   ```
   % makeindex testindex[.idx]
   ```

라고 명령하여 testindex.ind라는 확장자가 .ind인 파일을 생성한다.[1] .idx 파일은 \index 명령이 들어간 순서대로 만들어지는데, 이를 각 *index_entry*의 오름차순으로 정리하고 LaTeX의 theindex 환경으로 변환시키는 역할을 하는 것이 makeindex 명령이다. .idx 파일을 LaTeX 색인 파일 .ind로 변환하는 중의 에러 메세지 등은 .ilg 파일에서 확인할 수 있다.

> 여기서 makeindex 명령은 콘솔에서의 명령이고, 소스 파일에서 사용하는 명령은 LaTeX 명령인 \makeindex 명령으로 성경이 완전히 다른 명령이다.

5. 이제 색인의 내용이 모두 만들어져 색인을 만들 준비가 모두 끝났으므로 원래의 소스 파일 testindex.tex 파일에서 색인이 들어갈 자리에

   ```
   \include{testindex.ind}
   ```

   를 명령하고[2] LaTeX 컴파일을 다시 한 번 더 해준다. 사용하는 클래스에 따라서는

   ```
   \input{test.ind}
   ```

   을 사용하는 것이 더 좋을 수도 있다.[3]

11.2. \index 명령과 특수문자

색인 항목내의 *index_entry*에는 \verb 등과 같은 fragile LaTeX 명령은 사용할 수 없다.

---

[1] 이 명령은 texify 명령으로 컴파일하는 경우 생략할 수 있다. 7.6절 참조.

[2] 소스 파일을 처음 준비할 때 부터 이 명령을 넣어 두어도 좋다. 다만 처음부터 이 명령을 넣을 경우 \include하려는 파일이 없기 때문에 LaTeX 컴파일 시에 에러가 나오는데, 이는 무시하면 된다. 대신 한 번이라도 makeindex 명령을 수행한 경우는 나중에 \include하는 번거로움은 피할 수 있다. 7.6절의 texify 명령을 사용하면 이 번거로움은 해결된다.

[3] 이 둘의 차이는 7.5절 참조.

또한 색인 항목을 만들기 위한 목적으로 \index명령 안에서는 다음과 같은 특수문자를 사용한다.

| 색인항목에 \를 넣고자 할 때 \ 대신에 사용하여 색인 항목 안에서 LATEX 명령을 실행할 수 있도록 해준다. 기본적으로 *index_entry* 안에서도 LATEX 명령을 사용할 수 있기 때문에

```
\index{\hspace}
```

등의 색인 항목을 넣으면 원래 의도대로 \hspace에 대한 색인 항목이 만들어지는 것이 아니라 빈 칸이(실제로는 길이를 주지 않았기 때문에 에러메세지)생긴다. 이런 경우에는

```
\index{|hspace}
```

로 \ 자리에 |를 사용한다. 주로 \see 명령을 위해서 사용된다.

! 색인 항목 중에는 하나의 항목에 여러 가지의 항목이 생기는 경우가 있다. 예를 들면

```
패키지,          15
    alltt,       17
    graphics,   132
```

과 같이 패키지의 부차 항목에 alltt나 graphics와 같은 부차 색인 항목을 넣고자 하는 경우이다. 이런 경우 !를 사용하며

\index{*main_entry*!*sub_entry*}

와 같이 !를 사용한다.

@ 색인의 항목을 특정한 위치에 넣고자 하는 경우가 있다. 이 책에서 보는 색인의 경우 LaTeX 명령이나 환경들은 모두 type writer체의 글자를 사용하였는데 `tabular` 항목의 경우

```
\index{\texttt{tabular}}
```

라고 하면 이 항목의 순서는 원래의 의도인 tabular의 위치가 아니고 `\texttt{tabular}`의 위치인 \, t, e 등에 의한 순서를 찾아서 해당 위치에 가기 때문에 알파벳 t의 위치에서 `tabular`를 찾을 수 없게 된다. 이런 경우

`\index{`*index_order*`@`*index_entry*`}`

를 사용하면 색인의 항목은 *index_entry*가 만들어지지만 이 항목의 위치는 *index_order*에 나타난다. 위의 경우

```
\index{\texttt{tabular}}
```

로 쓸 수 있다.

\(및 \) : 색인의 항목 중에

```
그림 넣기,     150-170
```

와 같이 여러 면을 찾아보기에 포함하고자 할 때는 시작면에는 |(를 항목의 끝부분에 추가해 주고, 마지막면에는 |)를 항목의 끝부분에 추가해 준다. 즉, 위의 경우 출력의 150면에 해당하는 부분에는

```
\index{그림 넣기|(}
```

가 출력의 170면에 해당되는 곳에는

```
\index{그림 넣기|)}
```

가 명령되어 있는 경우이다.

색인에서 위의 특수문자를 구현하는 다른 방법으로는 부록에 있는 부호 표를 이용하는 것이다. 표 B.1부터 표 B.9까지에는 각 글자체에서 \char*num* 또는 \symbol{*num*} 명령을 사용할 때 *num*과 그에 대응해 만들어지는 문자를 각 글자체별로 정리하였다. 예를 들면

```
\texttt{\symbol{30}\symbol{64}} .......................... Œ@
```

와 같이 \textnormal이나 \normalfont일 때의 \texttt 글자체 표인 표 B.3에 의해 위와 같이 얻는다. 이 글자체의 이름은 cmtt이다.

11.3. \see 명령

내용상 같은 것을 두 가지 이상의 명칭으로 불리는 경우 색인에서 이 둘을 다 인용하는 것은 바람직하지 않으며, 특히 부차항목이 수십개가 되는 것(이 책의 경우 '패키지' 항목)은 더욱 피해야 할 일이다.

이와 같이 둘 이상의 이름이 사용되는 경우는 한 항목에는 제대로 색인을 하고 이름만 다른 항목들은 원래 항목을 참조시키는 방법에 대해서 알아보자. 이런 경우에 대비해서 LaTeX에는 \see 명령이 만들어져 있으며 사용법은

```
\index{same_entry|see{entry}}
```

이며[4] 이 명령에 의해서 만들어지는 색인 항목 *same_entry*를 찾아보면 '*entry* 참조'와 같이 다른 항목을 참조하라는 항목이 만들어진다.

[4]여기서 |see는 실제로는 \see이다.

`\see` 명령은 문자권이 다르면 사용방법도 달라서 LaTeX 내부에서 정의되지 않는데, 이 명령은 두 개의 매개변수 *same_entry*와 *entry*를 갖는 새 명령으로 사용자가 직접 정의하여야 한다. 예를 들어 다음과 같이

```
\def\see#1#2{#2 \space #1\space 참조\space}
```

`\see`를 정의하면 *same_entry* 위에서 설명한 것과 같이 *same_entry*를 찾아보면 '*entry* 참조'가 나오며

```
\def\see#1#2{#2 \space \emph{see}\space #1}
```

으로 정의하면 *same_entry*를 찾을 때 '*see entry*'가 나오게 된다.

11.4. 보기

위에서 설명한 색인의 항목의 상용보기를 이 책에나온 색인 항목을 기준으로 몇가지 알아보자.

- 이 책의 색인(찾아보기)에서 '`.bib` 파일' 항목이 있는데 이 항목의 순서는 점(.)을 무시하고 bib의 위치에 있음을 알 수 있다(사실은 LaTeX 명령의 \도 무시되었음). 이 항목을 만들기 위해 해당 페이지에

  ```
  \index{bib@\texttt{.bib} 파일}
  ```

  를 명령하였다.

- 이 책의 찾아보기에는 `\footnote`의 항목에는 세 개의 항목이 있다. 하나의 주 항목, 두 개의 부차 항목이 있는데 이들은 각각 해당 페이지에 다음과 같이 명령되어 있다.[5]

[5]실제 입력에는 빈 칸이 없으나 공간 제약으로 줄을 바꾸었음에 유의.

```
\index{footnote@\texttt{\symbol{92}footnote}}
\index{footnote@\texttt{\symbol{92}footnote}
        !\texttt{minipage}}
\index{footnote@\texttt{\symbol{92}footnote}
        !\texttt{longtable} 패키지}
```

여기서 \symbol{92}는 \에 해당하며, |를 사용하는 것을 더 권장한다. 또한 위에는 공간의 제약으로 \index 명령 중에 줄바꾸기를 하였지만 실제로는 빈칸없이 한 줄이다.

- 이 책의 *class* 항목을 보면 '클래스 참조'로 되어 있는데 이는 해당 페이지에

```
\index{class@\textit{class}|see{클래스}}
```

로 명령한 결과이다. 여기서 \index 안에 사용한 @는 *class*의 알파벳 순서를 \textit{class}가 아니고 'class'로 하라는 뜻이며, 실제 *class* 항목을 찾아보면 \see에 의해 정의된 '클래스 참조'로 되어 있음을 알 수 있다.

- 이 책의 \includegraphics 항목은 437면부터 431면까지 페이지에 걸쳐 있는 것을 볼 수 있는데 이는 437면에

```
\index{includegrahpics@\texttt{\symbol{92}
                                    includegrahpics}|(}
```

를 명령하고 431면에는

```
\index{includegrahpics@\texttt{\symbol{92}
                                    includegrahpics}|)}
```

를 명령한 결과이다.[6]

[6]실제 입력에는 빈 칸이 없으나 공간 제약으로 줄을 바꾸었음에 유의.

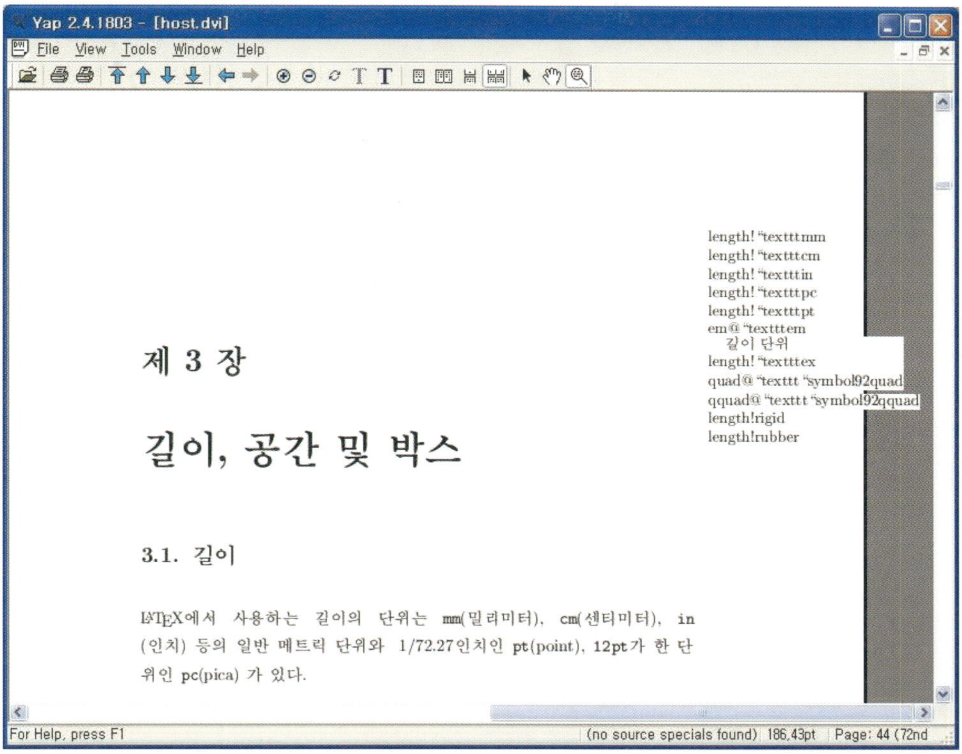

그림 11.1: showidx 패키지에 의한 결과

11.5. showidx 패키지

색인을 만들 때 색인이 적절하게 이루어졌는지, 또는 잘못된 색인이 정확하게 어디 쯤 있는지 확인할 수 있는 패키지로 showidx 패키지가 있다. 이 패키지는 최종 출력의 모양을 바꾸는 것이 목적이 아니고 색인의 항목이 적절하게 사용되었는지 확인하는데 목적이 있다.

이 패키지를 사용하면 그림 11.1의 오른쪽 위의 length 등에서 보는 것과 같이 \index 명령이 있는 페이지의 출력에 있는 모든 색인 항목을 보여준다. 그림 11.1는 이 책의 원고를 준비하는 중에 원고의 한 화면을 MiKTEX의 YAP으로 띄운 것이다.

11.6. makeidx 패키지

색인은 만들 때 사용할 수 있는 패키지로 makeidx 패키지가 있다. 이 패키지를 사용하면

- \printindex 명령을 색인이 들어갈 자리에 사용하면 .ind 파일을 따로 \input 또는 \include하지 않아도 된다. 즉, \input *file_name*.ind가 들어갈 자리에

  ```
  \printindex
  ```

  라고 하면 색인이 현재의 위치에 만들어진다.

- \baselinestretch의 값이 1로 초기화 되어 색인의 줄간격은 1이 된다.

제 12 장

LaTeX의 picture 환경

이 절에서는 LaTeX에 기본적으로 주어진 그림 환경인 picture 환경에 대해 살펴보기로 하자. picture 환경을 이용한 그림은 일반적으로 상당히 복잡하기 때문에 LaTeXCAD를 사용하는 것이 편리하나 앞에서 본 바와 같이 LaTeXCAD를 사용하면서 LaTeX의 그림 명령의 일부를 고칠 경우도 있기 때문에 이 절에는 그 명령을 소개한다.

12.1. picture 환경의 명령

picture 환경 : picture 환경은

```
\begin{picture}(urx,ury)(llx,lly)
picture 환경에서 사용하는 commands
          ⋮
\end{picture}
```

로 사용되는데 *urx*, *ury*는 그림의 오른쪽 위의 x, y 좌표이고 *llx*,*lly*는 왼쪽 아래의 x, y 좌표이다. 여기서는 *urx*, *ury* 등의 값은 cm이나 in 등의 단위를 주지 않는데 LaTeX은 그 단위를 \unitlength에 주어진 값을 사용한다.

즉 (*llx, lly*)가 (1,1)이고 `\unitlength`가 2mm라면 (*llx, lly*)는 (2mm, 2mm)가 된다. `\unitlength` 없는 경우 사용하는 DVI 구동자에 따라 사용하는 기본 단위가 달라질 수 있으며, 그럴 경우 그림의 크기가 너무 크거나 작을 수 있으므로 `\unitlength`를 선언해 주는 것을 권장한다.

`\unitlength=`*unit* 명령은 그림을 그릴 때 사용자가 준 숫자의 단위가 *unit*이라는 의미이다. 이 절에서 그려진 모든 그림의 단위는 1mm이다. 즉

```
\unitlength=1mm
```

을 먼저 선언해주고 그림을 그린 것이다.

`\put(`*llx,lly*`){`*object*`}` 는 왼쪽 아래 좌표 (*llx,lly*)를 기준점(reference point)으로 *object*를 그린다는 명령이다.

This Text `\put(3,0){This Text}`

함수 $f(x) = x^2$ `\put(10,0){\textcolor{blue}{함수 $f(x)=x^2$}}`

`\framebox(`*width,height*`){`*object*`}` [1]는 왼쪽 아래 좌표점을 기준점으로 가로 세로가 가로 *width* 단위, 세로 *height* 단위의 실선으로 사각형 안에 *object*를 그리고 실선으로 테두리를 치라는 명령이다.

This text	`\put(4,0){\framebox(20,5){This text}}`
This text	`\put(4,0){\framebox(15,2){This text}}`
This text	`\put(4,-2){\framebox(30,7){This text}}`

다음에서 볼 `\dashbox`에서와 마찬가지로 `\framebox`의 기준점은 박스의 왼쪽 아래 좌표이고 이 값은 `\put`에서 준 값이다.

[1] `\fbox`와 `\frame`과 달리 옵션을 갖는다.

`\dashbox{`*len*`}(`*width, height*`){object}` 는 사각형의 왼쪽 아래 좌표를 기준점으로 하여 *object*를 그리되 가로 *width* 세로 *height*의 파선으로 된 사각형의 테두리를 치라는 명령이다. 기준점은 사각형의 왼쪽 아래 모서리이다. 이 때 *len*은 각 파선의 길이이다.

This text	`\put(4,0){\dashbox{1}(20,5){This text}}`
This text	`\put(4,0){\dashbox{2}(15,2){This text}}`
This text	`\put(4,-2){\dashbox{3}(30,7){This text}}`

`\rule{`*width*`}{`*height*`}` 내부를 검게 한 사각형은 `\rule`을 사용한다는 것을 다음 예로 보자.

```
\put(4,0){\rule{26\unitlength}{4.00\unitlength}}
```

`\rule{width}{height}`는 가로 `width` 세로 `height`의 줄을 만들게 한다. `\rule`에서는 반드시 그 단위를 주어야 한다. 여기서의 단위 길이 `\unitlength`는 1mm이다.

`\shortstack[`*loc*`]{`*objects*`}` 은 *objects*를 쌓게 한다. *loc*는 `tabular`나 `array` 환경에서처럼 쌓을 때 왼쪽(`l`), 오른쪽(`r`) 혹은 중앙(`c`)으로 줄을 맞추게 한다. 주어지지 않으면 중앙으로 맞춘다. `\shortstack`의 기준점은 왼쪽 아래 모서리이다.

first layer layer 2 셋째 켜	first layer layer 2 셋째 켜	first layer layer 2 셋째 켜

는 아래 세 명령의 결과이다. (박스 제외)

```
\put(13,-4){\shortstack{first layer\\layer 2\\셋째 켜}}
\put(43,-4){\shortstack[l]{first layer\\layer 2\\셋째 켜}}
\put(73,-4){\shortstack[r]{first layer\\layer 2\\셋째 켜}}
```

`\circle*{`*dia*`}`, `\circle{`*dia*`}` 는 각각 지름 *dia*인 내부를 검게 한 원 (filled circle)과 원주 (circle)를 그리는데 이 때는 그 기준이 원의 중심이다.

```
\put(15,-5){\circle{10}}
\put(35,-5){\circle*{3}}
```

LaTeX이 그릴 수 있는 가장 큰 원의 지름은 약 40/72(`circle`의 경우) 인치와 15/72(`circle*`의 경우) 인치이다. 위의 그림은 다음 명령으로 만들었으니 참고하자.

```
\put(15,-5){\circle{10}}
\put(35,-5){\circle*{3}}
\put(55,-10){\shortstack[l]{ \texttt{
\symbol{92}put(15,-5)\{\symbol{92}circle\{10\}\} }\\
\texttt{\symbol{92}put(35,-5)\{\symbol{92}circle*\{3\}\}
}} }\\*[.15in]
```

> **참고** : `\verb`명령이 `\shortstack` 내에서 작동하지 않으므로 (`\verb` 명령이 fragile 이기 때문이다.) \를 만들기 위해 `\texttt{}`와 `\symbol` 명령을 사용하였다. 뒤의 `\oval`을 만들 경우처럼 `minpage`를 사용할 때는 `\verb`가 사용 가능하다.

`\frame{`*object*`}` 는 *object*를 테두리로 둘러친다.[2]

K
S

```
\put(10,-8){\frame{\shortstack{K\\S}}}
```

`\oval(`*width,height*`)[`*part*`]` 는 가로 세로의 길이가 각각 *width* 단위와 *height* 단위인 모서리가 둥근 사각형(oval)을 만든다. 이 때의 기준점은 사각형과 달리 둥근 사각형의 중심이다. 둥근 사각형의 일부분만(반이나 사분의 일) 그릴 수도 있는데 어느 부분을 그릴 것인지는 *part* 자리에 `b`(bottom), `t`(top), `l`(left), `r`(right)로 나타낸다. 가령 *part* 자리에

[2] `\fbox`나 `\framebox`와 비슷한 기능을 가졌다.

bl을 주면 왼쪽 아래 사분의 일이 그려지고 t를 주면 윗부분(반)만 그려진다.

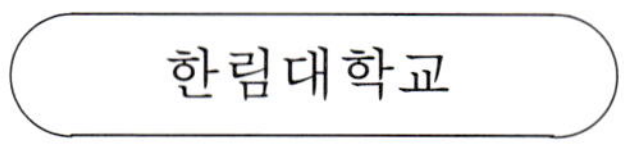


```
\put(20,-1){한림대학교}
\put(30,0){\oval(40,8)}
```

다음은 둥근 사각형의 일부를 그려 본 것이다.

```
\put(20,0){\oval(10,4)[t]}
\put(40,0){\oval(10,5)[bl]}
```

참고로 위의 \oval 그림과 텍스트는 다음 명령의 결과이다. 앞의 circle 명령과 \circle* 설명 때의 \shortstack과 달리 \verb가 사용 가능하다. 이 때 \verb는 1.13절에서 말하는 *fragile* 명령이다.

```
\put(20,0){\oval(10,4)[t]}
\put(40,0){\oval(10,5)[bl]}
\null \hfill \begin{minipage}[t]{7cm}
\verb+\put(20,0){\oval(10,4)[t]}+\\
\verb+\put(40,0){\oval(10,5)[bl]}+
\end{minipage}
```

\newsavebox{*box*}, \savebox{*box*}{*box_definition*} 및 \usebox{*box*} 는 각각 LaTeX이 새로운 박스 이름 *box*를 설정하고[3], 새로운 박스 box의 내용을 *box_definition*을 정의하고, 필요할 때 그 박스의 내용 *box*를 불러 쓸 수 있게 한다.

아래에서 \testbox 명령

```
\newsavebox{\testbox}
```

은 새로운 박스를 \testbox를 설정하고 다음의 명령

[3] *box*에는 \로 시작하는 LaTeX 명령으로 지정한다. 예를 들어 *box*에 \mybox는 가능하나 mybox는 가능하지 않다.

```
\savebox{\testbox}{\fbox{\shortstack{가 나\\다 라}}}
```

은 \testbox의 내용을 \shortstack 으로 저장하였으며 필요한 장소에서

```
\usebox{\testbox}
```

라고 하여 새로 정의한 박스를 사용할 수 있다.

다음의 보기에서는 \testbox를 정의하고 그 박스를 세 번 이용하였다.

```
\newsavebox{\testbox}
\savebox{\testbox}{\fbox{\shortstack{가 나\\다 라}}}
\begin{center}
  \rotatebox{30}{\usebox{\testbox}}
  \rotatebox{0}{\usebox{\testbox}}
  \rotatebox{-30}{\usebox{\testbox}}
\end{center}
```

위의 결과로 다음의 그림을 얻을 수 있다.[4]

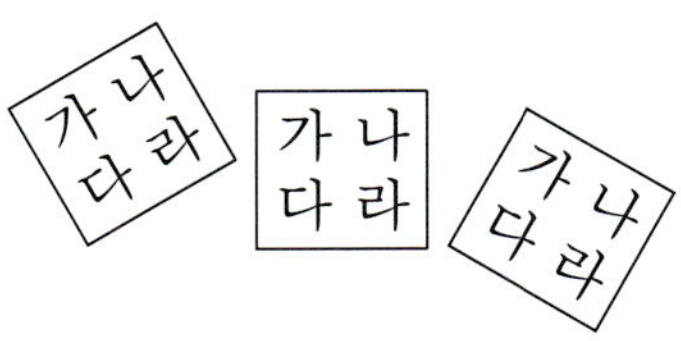

\savebox 명령은 \newsavebox 명령으로 만든 박스의 정의를 바꿔 주는 역할도 한다. \newsavebox 명령으로 한 번 설정된 박스는 같은 이름을 사용하는 동안은 다시 이 명령을 쓸 필요없이 \savebox 명령을 사용하여 박스의 내용을 바꿀 수 있다. 즉 다음과 같이 \testbox의 내용을 원으로 바꾸어 보면

[4]\rotatebox 명령은 graphics 패키지의 명령이다. 제15장 참조.

```
\begin{center}
 \savebox{\testbox}{
   \textcolor{red}{\circle{20}} \space \space
   \textcolor{green}{\circle{20}} \space \space
   \textcolor{blue}{\circle{20}} \space \space  }
 \newcount\cnt
 \loop\ifnum\cnt<100
   \usebox{\testbox}
   \advance\cnt by 15 \repeat
 \end{center}
```

다음에 보는 결과가 나타난다. 여기서 `\loop`와 `\repeat`는 plainTEX 명령으로 이 두 명령 사이의 명령들을 반복하는 기능을 갖는다. `\space`는 한 칸 띄우라는 명령이며 `\textcolor` 명령은 제 15장에서 소개하는 `color` 패키지의 명령이다. 즉 0부터 시작하여 `\cnt`의 값을 15 씩 증가시키면서 (`\advance`) 지름이 20 단위인 원을 `\cnt`가 100보다 작을 때까지 계속하여 그리라는 뜻이다.

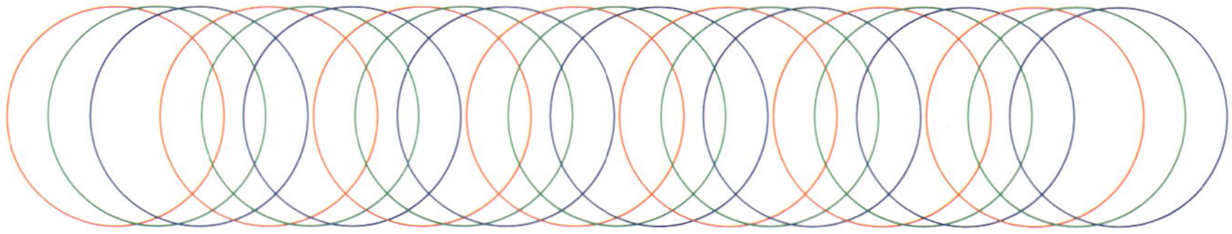

`\multiput(`x,y`)(`dx,dy`){`n`}{`*object*`}` 를 이용하면 일정한 규칙으로 *object*를 n개 반복하여 그린다. 이 때 시작하는 점의 좌표는 (x,y)이며 그림을 하나씩 그릴 때마다 x축으로 dx, y축으로 dy만큼 평행이동하여 n개의 그림을 그린다.

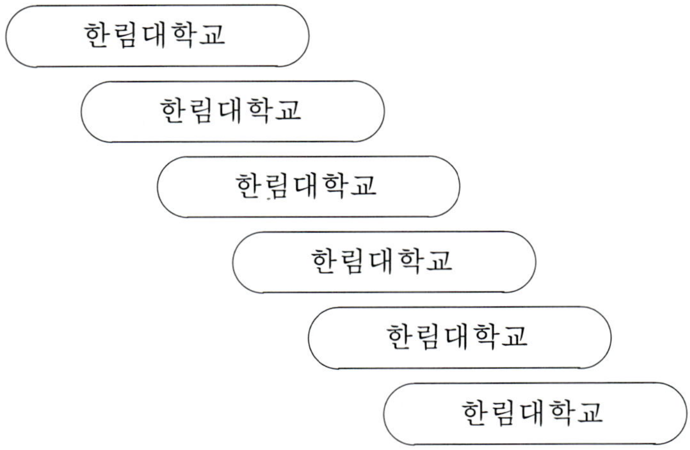

위의 그림은 다음 명령으로 만들어진다.

```
\multiput(0,0)(10,-10){6}
{\put(20,-1){한림대학교}\put(30,0){\oval(40,8)}}
```

`\line(`x,y`){`*len*`}`, `\vector(`x,y`){`*len*`}` 는 직선이나 벡터를 그려 준다. 여기서 직선이나 벡터의 기울기는 y/x이고 직선 또는 벡터의 길이는 *len*에 주어진다. x와 y의 값의 범위는 -6부터 6사이의 정수라야 하며, 또 x와 y는 "서로 소"라야 한다.[5] 예를 들어 x와 y의 값으로 2와 4 혹은 6과 3 등은 서로 소가 아니기 때문에 사용할 수 없는 x, y 값이다. x 값이 0이면 수직인 직선이고 y 값이 0이면 수평선이 만들어진다. `\vector`는 `\line`과 마찬가지이나 화살표가 있다는 점만 다르다.

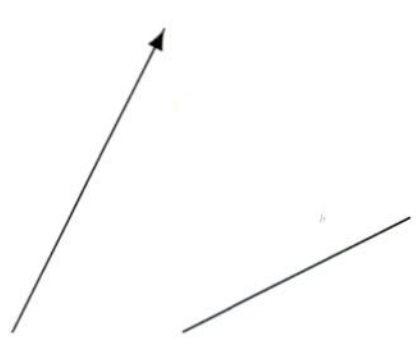
..................`\vector(1,2){2} \line(2,1){4}`

기울기가 $-\frac{1}{3}$이고 길이가 10cm 인 직선을 x–y 평면에 그려보자. 다음은 각 줄마다의 입력과 그 출력을 설명한 것이다. 이 명령들로 만들어진 결과인 그림을 보며 읽어 주길 바란다.

```
\thinlines
```

[5] 이런 제약은 13.2절의 eepic 패키지를 사용하면 해결된다.

```
\put(0,-3){$y$} ........................................ y 쓰기⁶
\put(107,-60){$x$} ..................................... x 쓰기
\put(5,-60){\vector(0,1){60}} ........................ y 축 만들기
\put(5,-60){\vector(1,0){100}} ....................... x 축
\put(11,-57){기울기 $-\dfrac{1}{3}$, 길이 10cm, 시작점
 $(8,-10)$ 인 직선} ................................... 그림 설명⁷
\thicklines
\put(5,-10){\textcolor{red}{\line(3,-1){100}}}..... 직선그림
```

위의 명령 결과는 아래의 그림과 같은 x–y 평면의 직선 및 그 직선에 대한 설명이다.

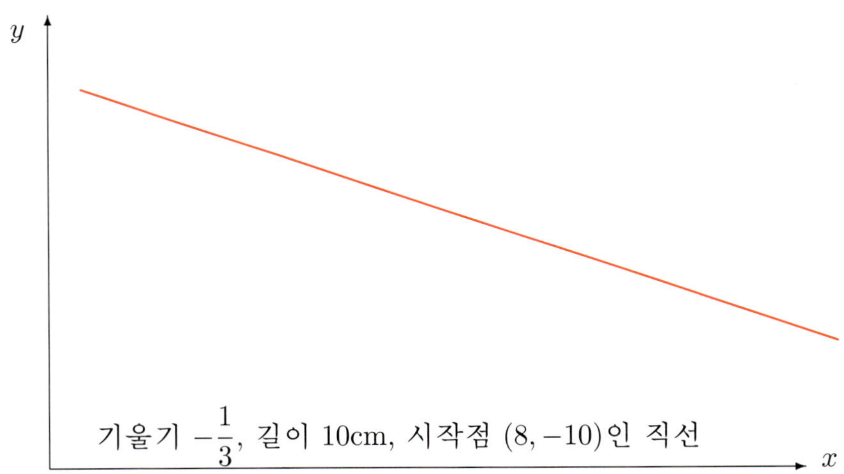

참고: 위의 그림은 원점이 $(5,-60)$이고, y축 맨 위의 좌표가 (5,0)으로 정하여 그린 그림이므로 여기서의 좌표 값들의 일부는 음수이다.

참고: 가끔 그림 등에서 "vertical 모드에서 raise 불가능" 등의 에러가 나는 수가 있는데 이 때는 `\leavevmode`[8] 명령을

[6] 수학 모드에서도 `\put`할 수 있다.
[7] 한글도 `\put` 가능.
[8] plain TEX 명령.

에러가 나오는 그 줄 바로 앞에 주면 해결되는 수가 많다.

`\thinlines`와 `\thicklines` 명령은 `\line` 명령으로 그린 그림의 굵기를 조절해 준다. 위의 직선 그림에서 축은 가늘고 그 위에 그려진 직선은 굵은 것을 볼 수 있는데 이는 그전에 `\thinelines`와 `\thicklines`로 선의 굵기를 조정하였기 때문이다. 아래의 Bezier 곡선은 `\thicklines` 명령 다음에 그렸고 직선은 `\thinelines` 명령 후에 그린 것이다.

`\qbezier[`$npts$`]`$(x_1, y_1)(x_2, y_2)(x_2, y_3)$ 명령은 LATEX 2_ε에서 추가된 내용으로서 quadratic Bezier 곡선을 만드는 명령인데 옵션의 *npts*는 Bezier 곡선이 실선이 아닌 점으로 그려지게 하며 이 숫자만큼의 점으로 곡선이 그려진다. Bezier 곡선을 얻기 위한 두 개의 끝 점은 (x_1, y_1) 및 (x_2, y_2)이며 Bezier 곡선의 꼭지점의 좌표가 (x_3, y_3)이다.

다음 두 가지 예는 `\qbezier`명령 어떻게 사용되는지 잘 보여준다. 아래 그림은 (0,0)과 (50,5)를 연결하는 곡선을 그린 그림이다.

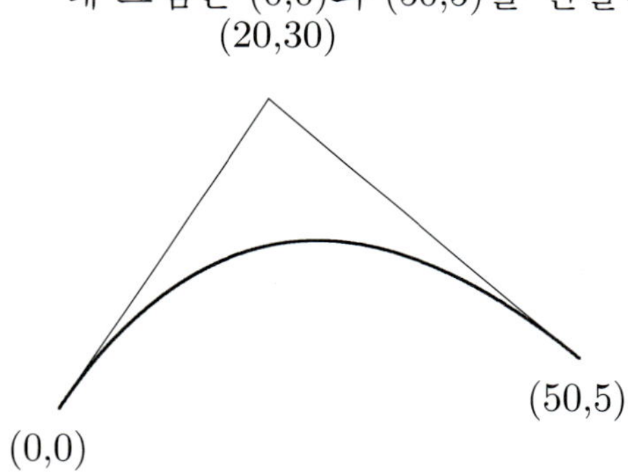

`\qbezier(0,0)(20,30)(40,5)`

`\qbezier`에는 옵션으로 실선이 아닌 점으로 곡선을 그리게 할 수 있다.

`\qbezier[40](0,0)(20,30)(40,5)`

위와 같이 옵션으로 40을 주면 위의 그림에 주어진 곡선과 같이 점이 정확하게 40개로 만들어진 곡선을 그리 수 있다.

끝으로 picture 환경을 이용하여 만든 그림의 한 예로 그림 5.1가 만들어진 명령들을 소개한다.

```
\begin{figure}
 \unitlength=0.9mm
 \begin{picture}(137,150)(0,0)
   \put(0,145){\line(0,-1){10}}
   \put(0,135){\line(1,0){130}}
   \put(130,135){\line(0,1){10}}
   \put(50,137){\texttt{list} 이전 본문}

   \put(65,130){\vector(0,1){5}}
   \put(65,130){\vector(0,-1){5}}
   \put(67,129){\texttt{\symbol{92}topsep +
      \symbol{92}parskip + [\symbol{92}partopsep]}}
   \put(2.5,123){\vector(0,1){5}}
   \put(3,130.5){\texttt{\symbol{92}itemindent}}
   \put(0,123){\vector(1,0){5}}
   \put(5,118){\framebox(20,7){항제목}}
   \put(30,123){\vector(1,0){5}}
   \put(30,123){\vector(-1,0){5}}
   \put(25,126.5){\texttt{\symbol{92}labelsep}}
   \put(35,100){\framebox(60,25){\shortstack[l]{\mbox{ }\\
     첫째 항 \\ 첫 문단}}}
   \put(35,118){\dashbox(15,7){\null}}
   \put(35,121.5){\vector(1,0){15}}
   \put(52,120){\texttt{\symbol{92}itemindent}}
   \put(112.5,120){\vector(1,0){17.5}}
   \put(112.5,120){\vector(-1,0){17.5}}
```

```
\put(99,115){\texttt{\symbol{92}rightmargin}}
\put(15,116){\vector(1,0){10}}
\put(15,116){\vector(-1,0){10}}
\put(5,111){\texttt{\symbol{92}labelwidth}}
\put(17.5,107){\vector(1,0){17.5}}
\put(17.5,107){\vector(-1,0){17.5}}
\put(2,103){\texttt{\symbol{92}leftmargin}}

\put(65,95){\vector(0,1){5}}
\put(65,95){\vector(0,-1){5}}
\put(67,93){\texttt{\symbol{92}parsep}}

\put(35,72){\line(1,0){60}}
\put(35,72){\line(0,1){10}}
\put(35,82){\line(1,0){7}}
\put(42,82){\line(0,1){8}}
\put(42,90){\line(1,0){53}}
\put(95,90){\line(0,-1){18}}
\put(55,78){\shortstack[l]{첫째 항\\둘째 문단}}
\put(38.5,87){\vector(1,0){3.5}}
\put(38.5,87){\vector(-1,0){3.5}}
\put(30,91){\texttt{\symbol{92}listparindent}}

\put(65,67){\vector(0,1){5}}
\put(65,67){\vector(0,-1){5}}
\put(67,66){\texttt{\symbol{92}itemsep + \symbol{92}parsep}}

\put(5,55){\framebox(20,7){항제목}}
\put(34,44){\framebox(60,18){둘째 항}}
```

```
    \put(65,39){\vector(0,1){5}}
    \put(65,39){\vector(0,-1){5}}
    \put(67,38){\texttt{\symbol{92}itemsep + \symbol{92}parsep +
    [\symbol{92}partopsep]}}

    \put(0,34){\line(0,-1){10}}
    \put(0,34){\line(1,0){130}}
    \put(130,24){\line(0,1){10}}
    \put(50,27){\texttt{list} 이후 본문}
  \end{picture}
  \caption{\texttt{list} 환경의 미세 조정 변수 \label{fig:list}}
\end{figure}
```

12.2. 모눈종이 graphpap 패키지

$\LaTeX\ 2_{\varepsilon}$에 있는 graphpap 패키지를 이용하면 모눈종이를 쉽게 그릴 수 있다. 이 패키지를 이용하려면 *preamble*에

```
\usepackage{graphpap}
```

이 선언되어 있어야 한다. 모눈종이를 그리는 명령은

\graphpap[*spacing*]$(x_1, y_1)$$(x_2, y_2)$

인데 *spacing*이 주어지지 않으면 10단위에 한 눈금씩 만든다.

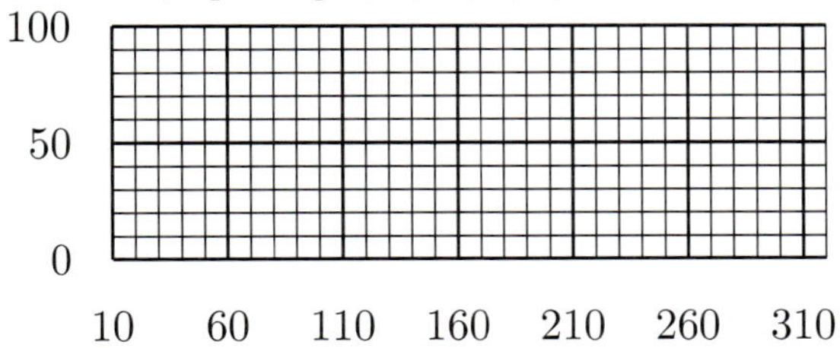


```
\graphpaper(10,0)(310,100)
```

이 때 *spacing*에 특정한 값을 정하여 주면 그 값만큼에 한 줄씩 눈금을 만들게 된다.

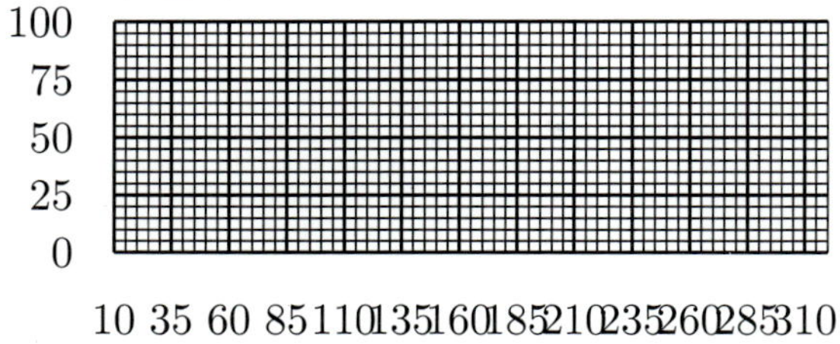

`\graphpaper[5](10,0)(310,100)`

이 때 여기의 (x_1, y_1)와 (x_2, y_2)의 크기는 `\unitlength`에 의해 결정된다. 위의 두 그림은 모두 `\unitlength`가 0.2mm인 경우이다. 여기서 설정된 값 `\unitlength`를 0.3mm로 바꾸어 보면 처음의 모눈종이는 다음과 같이 바뀐다.

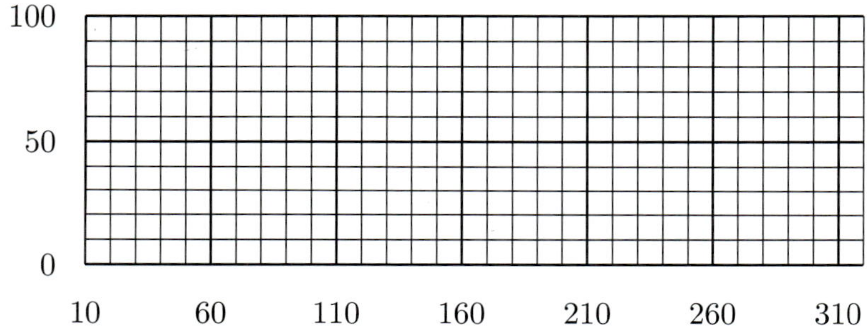

`\unitlength=0.3mm \graphpaper(10,0)(300,100)`

제 13 장

epic 및 eepic 패키지

epic 패키지는 LaTeX의 picture 환경의 확장으로 Hideki Isozaka가 만들었다. eepic 패키지는 Conrad Kwok가 만든 epic 패키지의 확장으로 LaTeX의 picture 환경이나 epic 환경보다 더 많은 종류의 그림을 그릴 수 있다. 다만 eepic 패키지는 내부적으로 \special 명령을 이용하므로 DVI previwer에 따라서 그 결과를 볼 수 없는 경우가 있다. emTeX의 v.bat도 그러한 경우이다. DVIWIN 버전 2.9는 eepic 패키지를 이용하여 그린 그림을 보여주며 dvips558도 eepic 패키지의 \special 명령을 처리한다. epic과 eepic을 같이 사용할 때는 epic 다음에 eepic를 부른다. 이제 epic이나 eepic 패키지를 사용할 때 제공되는 명령과 환경에 대해 알아보자.

13.1. epic 패키지

epic 패키지를 이용하면 다음과 같은 명령과 환경을 사용할 수 있다.

\multiputlist 명령은 LaTeX의 \multiput 명령의 확장으로 서로 다른 것도 한꺼번에 그릴 수 있다. 이 명령의 사용법은

$$\texttt{\textbackslash multiputlist}(x,y)(\Delta x,\Delta y)\{\,obj_1, obj_2, \ldots, obj_n\}$$

여기서 x, y는 시작점의 x-y 좌표이며 Δx와 Δy는 x와 y의 증가량이다. obj_1부터 obj_n은 하나씩 그릴 내용들이다. 다음의 사용 예를 보자.

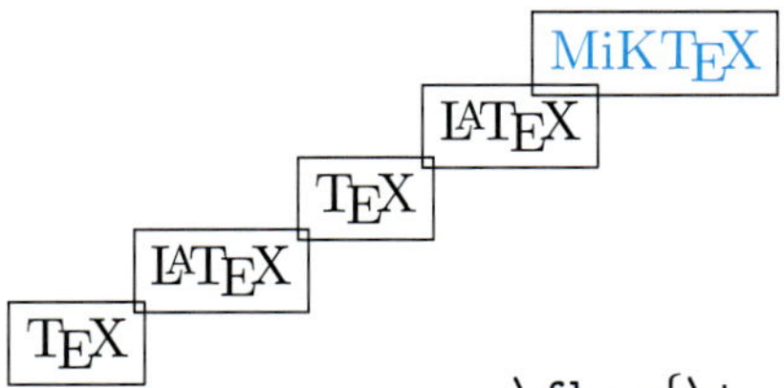

```
\multiputlist(0,-30)(10,5){%
\fbox{\TeX},\fbox{\LaTeX},%
\fbox{\TeX},\fbox{\LaTeX},
\fbox{\textcolor{cyan}{MiK\TeX}} }
```

\matrixput 명령은 사각형으로 한 가지 모양을 반복하여 만들어 준다. 사용법은

\matrixput$(x_1, y_1)(\Delta x_1, \Delta y_1)$\{$n_1$ \}$(\Delta x_2, \Delta y_2)$\{n_2\}\{obj\}

인데 이 명령의 의미는 (x_1, y_1)에서 시작하여 x와 y를 $(\Delta x_1, \Delta y_1)$씩 증가하면서 n_1개의 obj를 만들고 다시 x와 y를 $(\Delta x_2, \Delta y_2)$만큼 증가시켜 n_1개의 obj를 만든다. 이 과정을 n_2만큼 반복하므로 궁극적으로 $n_1 n_2$개의 obj가 만들어진다.

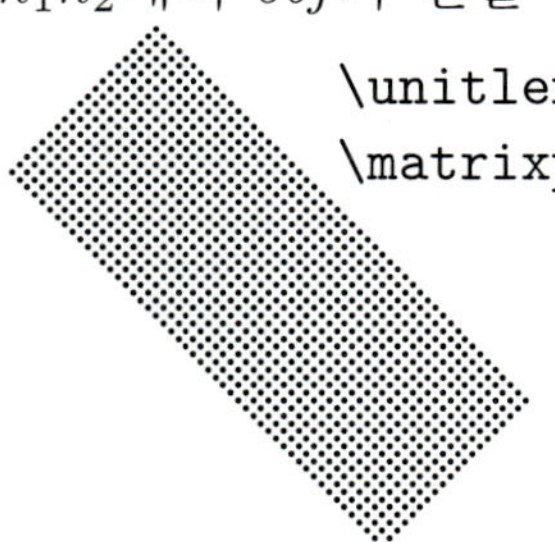

```
\unitlength=.5mm
\matrixput(50,-50)(1,1){20}(-1,1){50}{$\cdot$}
```

\grid 명령은 graphpap 패키지에서처럼 모눈종이를 만들어 주는 명령이다. 이 명령의 사용법은

\grid$(x, y)(\Delta x, \Delta y)[x_0, y_0]$

인데 이 명령의 결과로 (x_0, y_0)를 왼쪽 아래의 좌표, (x, y)를 오른쪽 위의 좌표로 하는 모눈종이를 그리는데 모눈의 간격은 $(\Delta x, \Delta y)$로 만

들어진다.

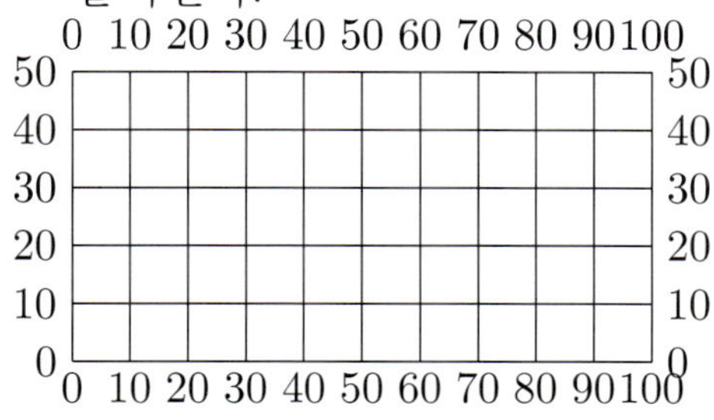


```
\grid(100,50)(10,10)[0,0]
```

\dottedline 명령은 점이나 혹은 사용자가 정해준 표시로 주어진 점을 연결한다. n개의 점이 주어져 있으면 그 점들 사이, 즉 $(n-1)$개의 점선이 만들어 진다. 사용법은

\dottedline[*obj*]{*interval*}$(x_1, y_1)(x_2, y_2) \cdots (x_n, y_n)$

인데 이 명령은 *obj*를 *interval* 간격으로 그리면서 점 (x_1, y_1)부터 점 (x_n, y_n)까지 이으라는 뜻이다.


```
\dottedline{5}(0,0)(100,0)
```

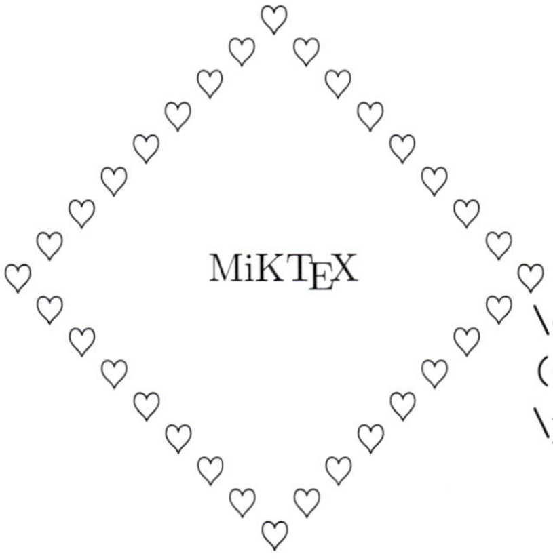


```
\dottedline[$\heartsuit$]{10}%
(0,0)(50,50)(100,0)(50,-50)(0,0)
\put(37,0){MiKsymbol92TeX}
```

\dashline 명령은 파선을 만든다. 이 명령의 사용법은

\dottedline[*density*]{*len*}[*int*]$(x_1, y_1)(x_2, y_2) \cdots (x_n, y_n)$

인데 *density*는 파선의 조밀도를 정해주는 값으로 가장 듬성듬성한 파선은 −100으로 만들어지며 사용 가능한 값은 −100 이상의 값이다. 이

값은 \dashlinestretch 에 정해져 있는데 \renewcommand 명령으로 바꿔 줄 수 있다. *int*는 파선의 간격을 정해주며 *len*은 파선의 한 조각의 길이를 정해준다. 이렇게 정해진 파선은 (x_1, y_1)부터 (x_n, y_n) 사이를 직선으로 연결하는데 사용된다.

위의 세 마름모 꼴은 왼쪽부터 다음의 세 명령으로 만들어진 것이다.

```
\put(0,0){\dashline{5}[3](0,0)(50,50)(100,0)(50,-50)(0,0)}
\put(200,0){%
   \dashline[-100]{5}(0,0)(50,50)(100,0)(50,-50)(0,0)}
\put(400,0){%
   \dashline[100]{5}(0,0)(50,50)(100,0)(50,-50)(0,0)}
```

\drawline 명령은 n개의 주어진 점 사이를 실선으로 이어 준다. 사용법은

\dottedline[*density*]$(x_1, y_1)(x_2, y_2) \cdots (x_n, y_n)$

인데 *density*의 값은 0이면 가장 성긴 선이 되고 숫자가 클수록 더욱 매끈한 직선으로 만들어 준다. 이 값은 \drawlinestretch에 정해져 있는데 \renewcommand 명령으로 바꿔 줄 수 있다.

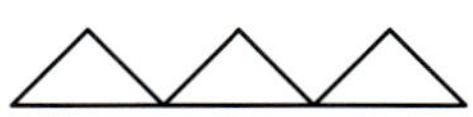

는 다음 명령의 결과이다.

```
\drawline[10](0,0)(5,5)(10,0)(15,5)(20,0)(25,5)(30,0)
\drawline(0,0)(30,0)
```

dottedjoin, dashjoin, drawjoin **환경 및** \jput **명령** 은 꺾은선 그래프의 꺾인 점에 특정한 객체를 인쇄하는 기능을 갖는다. 이 환경들의 사용법은

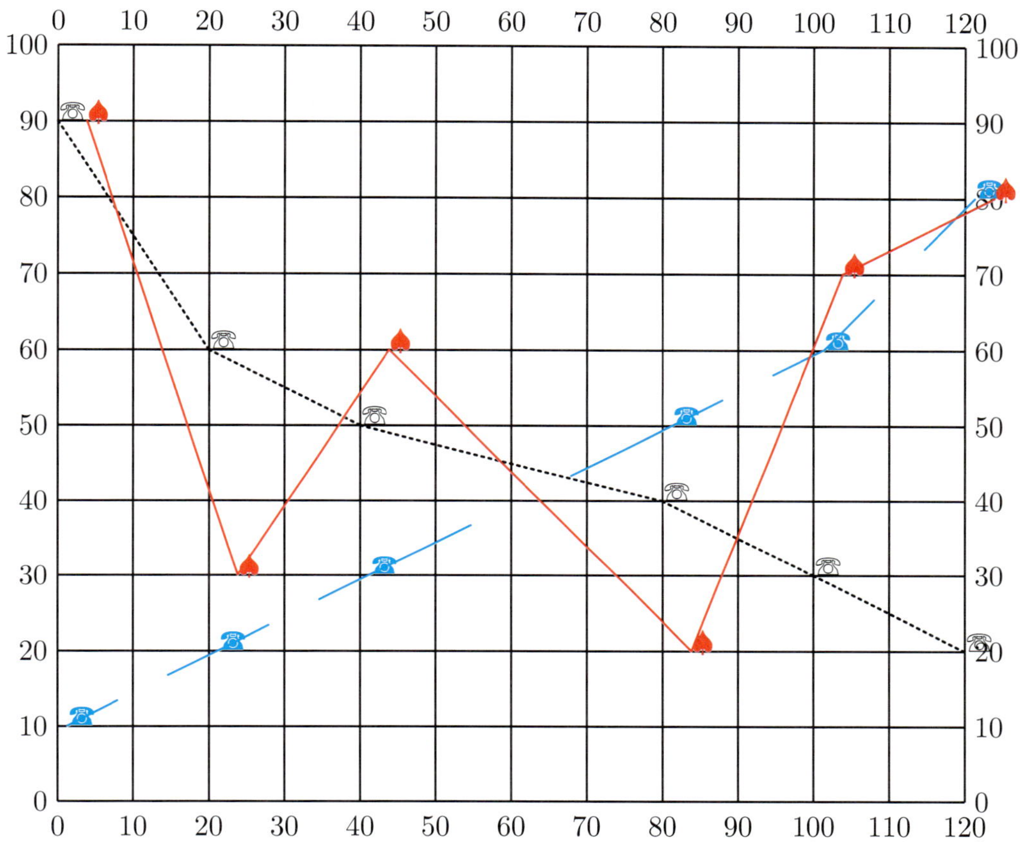

그림 13.1: epic 패키지에서의 그림

```
\begin{dottedjoin}[obj]{int} \jput 명령 \end{dottedjoin}
\begin{dashjoin}[density]{len}[int] \jput 명령\end{dashjoin}
\begin{drawjoin}[density] \jput 명령 \end{drawjoin}
```

이며 여기서 *obj*, *len*, *density*, *int*는 순서대로 각각 `\dottedline`, 그리고 `\dashline` 및 `\drawline`에서의 효력과 같다. `\jput` 명령은

```
\jput(x,y){obj}
```

인데 좌표 (x,y)에서 꺾인 점이 되며 그 점에 *obj*를 인쇄하라는 명령이다. 그림 13.1는 다음 명령의 결과로 만든 것이다.[1]

```
\begin{picture}(120,110)
  \put(0,0){\grid(120,100)(10,10)[0,0]}
  \begin{dottedjoin}{1}
    \jput(0,90){\whitephone}
    \jput(20,60){\whitephone}
    \jput(40,50){\whitephone}
    \jput(80,40){\whitephone}
    \jput(100,30){\whitephone}
    \jput(120,20){\whitephone}
  \end{dottedjoin}
  \begin{dashjoin}{50}
  \textcolor{cyan}{%
    \jput(0,10){\blackphone}
    \jput(20,20){\blackphone}
    \jput(40,30){\blackphone}
    \jput(80,50){\blackphone}
    \jput(100,60){\blackphone}
    \jput(120,80){\blackphone}}
  \end{dashjoin}
  \begin{drawjoin}
  \textcolor{red}{%
    \jput(0,90){$\spadesuit$}
    \jput(20,30){$\spadesuit$}
    \jput(40,60){$\spadesuit$}
    \jput(80,20){$\spadesuit$}
    \jput(100,70){$\spadesuit$}
    \jput(120,80){$\spadesuit$}}
  \end{drawjoin}
```

[1]여기서 사용한 \textcolor 명령은 color 패키지의 명령이다. 제15장 참조.

```
\end{picture}
```

\picsquare 명령은 작은 사각형을 출력한다.

```
\matrixput(0,0)(1,0){10}(0,1){10}{\picsquare}
```

13.2. eepic 패키지

eepic 패키지는 epic 패키지의 확장으로 \special 명령을 이용하므로 DVI 구동자에 따라서는 그 효과가 나타나지 않을 수도 있다. DVIWIN이나 dvips는 eepic의 \special 명령의 결과를 보여준다. 이 패키지와 epic 패키지를 같이 사용할 경우에는 eepic 패키지를 나중에 불러야 한다. eepic 패키지를 사용할 경우에 향상되는 LaTeX 명령이나 새로운 명령은 다음과 같다.

\line 명령은 원래 \line(x, y){*len*}로 사용하는데 이 때 x와 y가 서로 소이고 -6부터 6사이의 정수여야 하는 제약이 없다. 길이의 제약도 없어졌다.

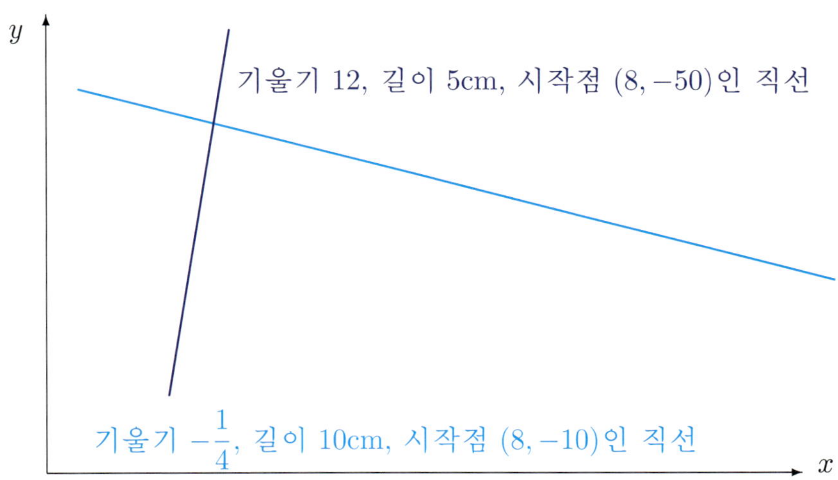

위의 그림은 다음의 명령으로 만들어진 것으로

```
\thinlines
```

```
\put(0,-3){$y$}
\put(107,-60){$x$}
\put(5,-60){\vector(0,1){60}}
\put(5,-60){\vector(1,0){100}}
\put(11,-57){\textcolor{cyan}{기울기 $-\dfrac{1}{4}$,
                    길이 10cm, 시작점 $(8,-10)$인 직선}}
\put(30,-10){\textcolor{blue}{기울기 12, 길이 5cm,
                             시작점 $(8,-50)$인 직선}}
\thicklines
\put(8,-10){ \textcolor{cyan}{\line(12,-3){100}} }
\put(20,-50){ \textcolor{blue}{\line(2,12){8}} }
```

여기서 보는 것처럼 기울기에 대한 제약없이 직선을 구현할 수 있다.

\circle 과 \circle* 명령의 지름에 대한 제약이 없어져서 임의의 원을 주어진 지름으로 그릴 수 있게 되었다. 지름이 40mm인 원을 그리기 위해 다음과 같이 명령하였다.

```
\unitlength=1mm
\put(30,0){\circle{50}}
\put(30,0){\circle{40}}
\put(30,0){\circle{30}}
\put(30,0){\circle{20}}
\put(90,0){\circle*{50}}
```

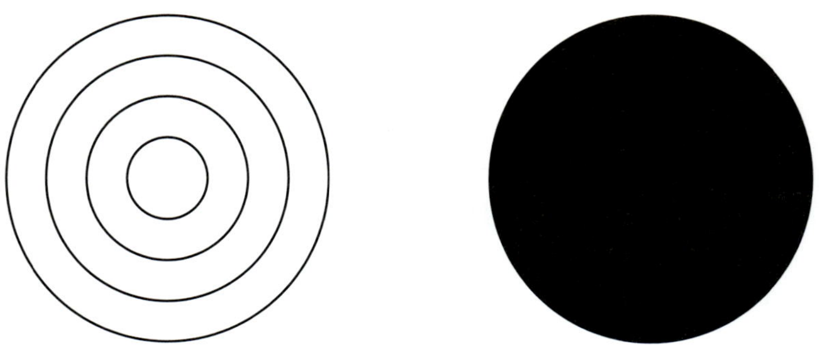

\ellipse 또는 \ellipse* 명령으로 타원을 그릴수 있다. \ellipse* 명령은 원에서처럼 타원의 내부를 칠하는 명령이다. 이 명령의 사용법은

\ellpise{dia_x}{dia_y}

또는

\ellpise*{dia_x}{dia_y}

인데 dia_x와 dia_y은 각각 타원의 x축 y축의 지름을 정해준다.

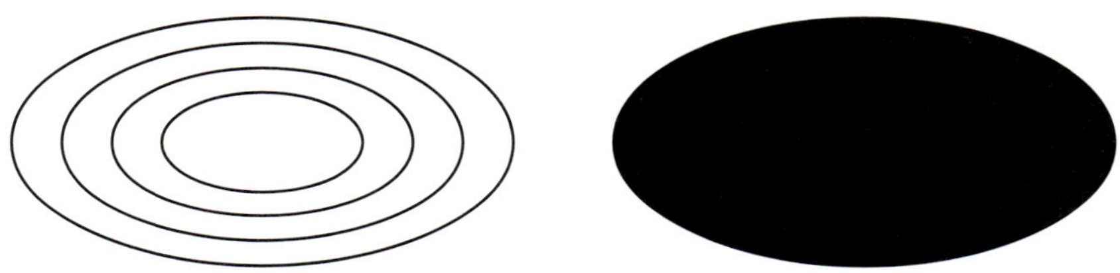

위의 그림들은 아래 명령의 결과이다.

```
\put(30,0){\ellipse{50}{25}}
\put(30,0){\ellipse{40}{20}}
\put(30,0){\ellipse{30}{15}}
\put(30,0){\ellipse{20}{10}}
\put(90,0){\ellipse*{50}{25}}
```

\oval 명령은

\oval{*width*}{*height*}[*loc*]

로 사용하는데 *width*와 *height*는 각각 가로와 세로의 길이이며 *loc*에는 t, b와 l, r이 있는데 각각 위 아래 및 좌우를 의미하며 이들은 조합하여 사용할 수 있다.

 \oval(10,5)[lb] \oval(10,5)

eepic 패키지에서는 \maxovaldiam이란 변수를 도입하여 사각형의 둥

근 부분의 지름을 조절할 수 있다. 이 값은 정해주지 않으면 40pt이다.

\arc 명령은 원주의 일부만 그릴 수 있게 하는 명령이다. 사용법은

\arc{*dia*}{*ang1*}{*ang2*}

인데 이는 지름이 *dia*인 원의 원주를 각도 *arg*1부터 *arg*2까지 그리라는 명령이다. 이 때 각도는 호도법으로 주며 원주는 시계방향으로 그리게 된다.

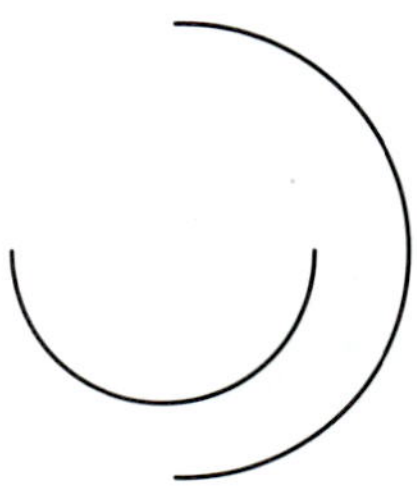

```
\arc{30}{-1.6}{1.6}
\arc{20}{0}{3.14159}
```

\filltype 명령은 \circle*나 \ellipse*의 내부를 검게할 것인지 아니면 다른 방법을 쓸 것인지 정한다. 사용법은

\filltype{*type*}

인데 *type*에는 black, shade, white 등이 사용될 수 있으며 각각 검은색, 회색 및 흰색이 원이나 타원의 내부의 색이 된다.

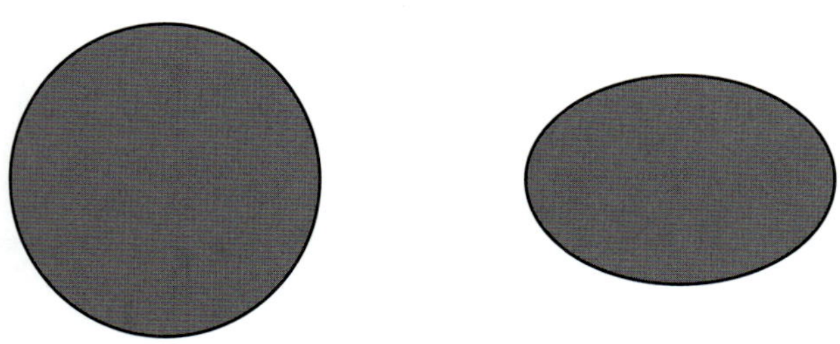

는 다음 명령의 결과이다.

```
\filltype{shade}
\put(30,0){\circle*{30}}
```

```
\put(80,0){\ellipse*{30}{20}}
```

`\path` 명령은 epic 패키지의 `\drawline`에 해당하는 명령인데 옵션이 없다. 이 명령의 사용법은

`\path`$(x_1, y_1)(x_2, y_2) \cdots (x_n, y_n)$

인데 점 (x_1, y_1)부터 점 (x_n, y_n)을 실선으로 연결한다.

```
\textcolor{blue}{
\path(5,0)(10,5)(15,0)(20,5)(25,0)(30,5)(35,0) }
```

`\spline` 명령은 `\path` 명령과 사용법이 같은데 직선이 아닌 Chaikin 곡선으로 연결한다는 점이 다르다.

```
\spline(5,0)(10,5)(15,0)(20,5)(25,0)(30,5)(35,0)
```

`\Thicklines` 명령은 line의 굵기를 `\thicklines` 선언 때보다 1.5배 굵게 한다.

`\allinethickness` 는 모든 line의 굵기를 정해준다. 사용법은

`\allinethickness{`*width*`}`

이다.

13.3. eepicemu 패키지

이 패키지는 eepic 패키지의 emulator 인데 eepic이 설치되지 않은 곳에서 eepic 패키지의 명령을 대치해 준다. 이 패키지는 원은 oval 로 Chaikin 곡선은 직선으로 선의 굵기는 LaTeX의 선의 굵기 명령 등을 사용하여 eepic 패키지에 근사시킨다.

제 14 장

TikZ와 PGF 패키지

LaTeX에서 그래픽은 다양한 도구들이 개발되어 있기 때문에 그림 제작이 편리해졌고 다양한 동적그래픽 화면을 만들 수 있게 되었다. 그래픽을 만들 수 있는 것들은 PGF 패키지, LaTeX `picture` 환경, `pstricks` 패키지, `xypic` 패키지, `dratex` 패키지, `metapost` 프로그램, `xfig` 프로그램 등이 있으며 이것들 중에서 최근에 개발된 PGF 패키지 사용법에 대하여 소개한다. PGF(Portable Graphics Format) 패키지는 LaTeX에서 명령을 사용하여 그래픽을 만드는 것이다. 예를 들어

```
\tikz \draw (0pt, 0pt) -- (20pt, 6pt);
```

로 입력하면 직선( )이,

```
\tikz \fill[orange] (1ex, 1ex) circle (1ex);
```

로 입력하면 원( )이 그려진다. PGF 패키지의 사용은 그래픽 프로그램으로 LaTeX 문서에 직접 그림을 그리기 때문에 이미지 파일(BMP, JPG, GIF)이나 PostScript 파일을 삽입하는 것보다 더 선명하게 그림이 보여진다.

TikZ, PGF 패키지는 동일한 것으로 PGF 패키지는 LaTeX에서 그래픽을 만들기 위하여 홈페이지에서 다운로드한 프로그램을 말하며, 이 패키지

가 내부에서 부르는 또 다른 이름이 TikZ이다.

14.1. PGF 다운로드 및 설정

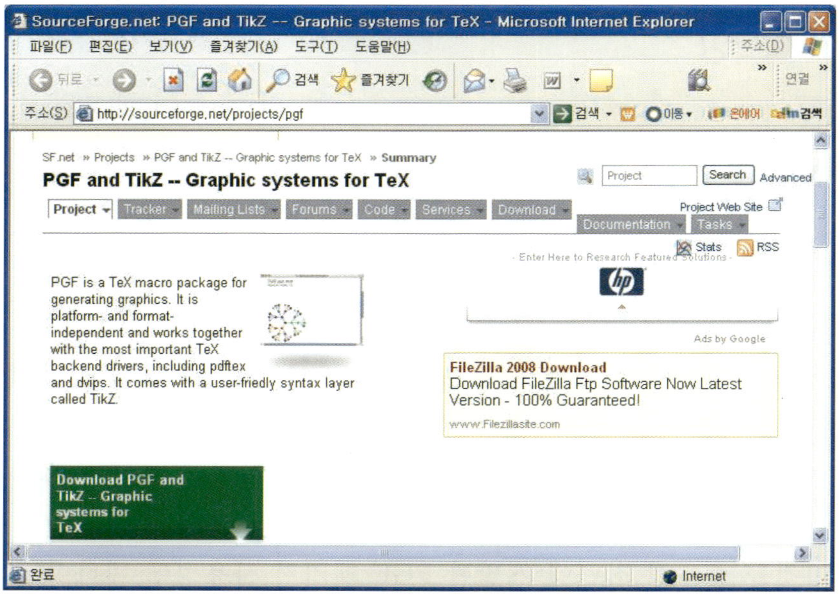

그림 14.1: PGF 다운로드 홈페이지1

PGF 패키지를 사용하려면

`http://sourceforge.net/projects/pgf`

사이트를 방문하자. 그러면 그림 14.1의 화면이 나타난다. 이 화면의 중간에서 "Download PGF and TikZ Graphic systems for TEX"을 클릭하면 그림 14.2 화면이 보이며 다운로드할 수 있는 파일들이 버전별로 보인다. 그 파일 중 가장 최신파일 `pgf-2.00.tar.gz`을 다운로드한다. 이 파일은 `tar`와 `gzip`으로 묶여있어서 유닉스 계열 컴퓨터에서만 실행되는 것이라 생각할 수 있으나 모든 운영체제에서 사용이 가능하다. 다운로드한 파일은 특정한 폴더에 압축을 해제하고, TEX과 LATEX에서 사용할 수 있도록 패키지를 설

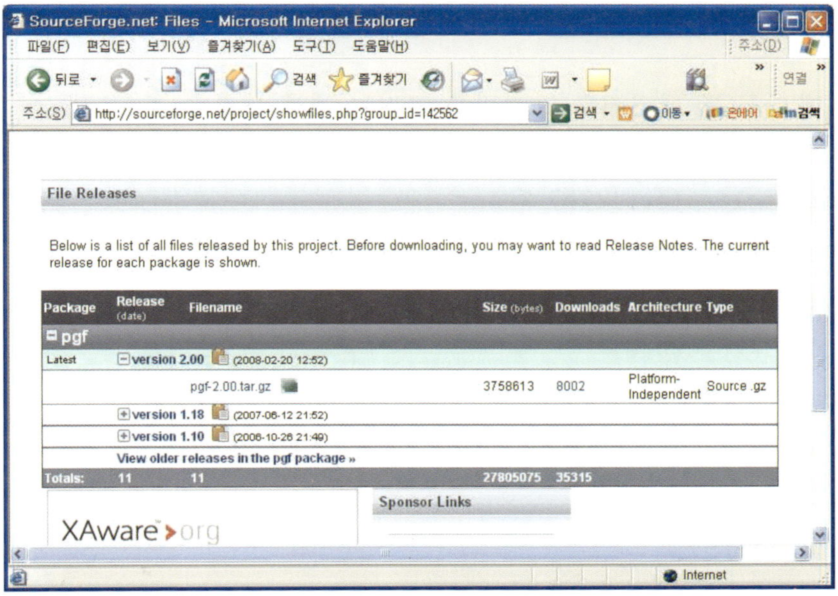

그림 14.2: PGF 다운로드 홈페이지2

치한다. 패키지 설치는 497 면 19.1절에서 소개되어 있으니 참조하여 PGF 패키지를 설치하자.

14.2. LATEX에서 PGF로 그래픽 그리기

TikZ로 그래픽을 그리려면

- LATEX에서는 `\begin{tikzpicture}` 와 `\end{tikzpicture}`에 명령을 입력하고
- plainTEX은 `\tikzpicture` 와 `\endtikzpicture`에 명령을 입력한다.

만일 그리는 것이 간단하여 한 줄만 사용한다면 `\tikz` 명령을 사용하며, 자세한 내용은 14.3.1절에 소개되어 있다.

14.2.1. PGF 사용법과 PDF 파일 만들기

LaTeX에서 PGF 패키지로 그래픽을 그리는 예를 보자

```
\documentclass{article} % say
\usepackage{tikz}
\begin{document}
\begin{tikzpicture}
  \draw (-1.5,0) -- (1.5,0);
  \draw (0,-1.5) -- (0,1.5);
\end{tikzpicture}
\end{document}
```

LaTeX에서 PGF 패키지를 사용하여 그래픽을 제작하려면 제일 먼저 *preamble*에 `\usepackage{tikz}`로 TikZ 패키지를 불러야한다(두 번째 줄). 그런 다음 `tikzpicture` 환경에 그림 명령들을 입력하거나 `\tikz` 명령에 그림 명령들을 사용하면 그래픽이 그려진다. `tikzpicture` 환경과 `\tikz` 명령의 사용법은 14.2.2 절에 소개되었으니 참조하자.

위의 소스에서 그림을 그린 부분은 네 번째 – 일곱 번째 줄로 결과는 다음과 같다.

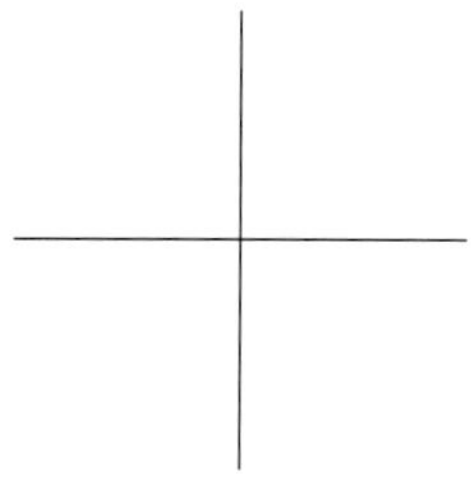

그림만 그린 부분은

```
\begin{tikzpicture}
```

```
  \draw (-1.5,0) -- (1.5,0);
  \draw (0,-1.5) -- (0,1.5);
\end{tikzpicture}
```

이다. 위의 소스에서 `\draw`는 괄호( ) 안의 한 점에서 다른 점까지 직선을 그리는 명령으로 단위를 지정하지 않으면 기본값은 cm이다. PGF로 작성한 문서는 `dvi` 파일로 일부 텍스트 내용은 확인 할 수 있으나 그래픽이나 삽입된 이미지 파일 등은 그 내용을 일부분 볼 수가 없기 때문에 PDF 파일로 만들어서 보아야 그 내용을 모두 볼 수 있다. PGF는 대부분 그래프를 그리는 것이 목적이기 때문에 대부분 PDF로 변환해야 그 내용을 올바로 확인할 수 있다.

LaTeX 파일을 PDF 파일로 변환 유틸리티는 여러 가지 있으며 그 중 두 가지를 소개한다.

첫 번째 `pdflatex` 명령으로 PDF 파일을 만드는 방법은 다음과 같다. 이 명령은 `tex` 파일을 바로 PDF 파일로 한 번에 변환할 수 있으나 `ps`나 `eps` 파일이 `tex` 파일에 포함되어 있으면 PDF 파일로 변환을 할 수 없는 단점이 있다. `pdflatex` 명령에 대한 사용법은 399면 17.1절을 참조하자.

두 번째 방법은 `dvi`→`ps`→`pdf` 과정으로 PDF 파일을 만든다. 그 과정은

1. `% latex` *filename*`.[tex]`
2. `% dvips -Ppdf` *filename*`.[dvi]`
3. `% ps2pdf` *filename*`.ps [`*filename*`.pdf]`

이다. 첫 번째 명령 `latex`은 `.tex` 파일을 `.dvi` 파일로 변환하고, 두 번째 명령 `dvips`는 `.dvi` 파일을 `.ps` 파일로 변환한다. 이때 옵션 `-Ppdf`는 `dvi`파일을 `ps`파일로 변환할 때 PDF 파일로 변환할 정보를 Ghostscript에 주는 것으로 이 옵션을 넣지 않으면 일부 그래프가 깨지는 경우가 발생할 수 있

다[1]. 세 번째 명령 ps2pdf는 .ps 파일을 .pdf 파일로 변환한다. dvips 명령의 사용법은 422면의 17.6절에서, ps2pdf의 사용법은 401면의 17.3절에서 확인할 수 있다.

14.2.2. tikzpicture 환경과 \tikz 명령

일반적인 tikzpicture 환경의 사용법은

```
\begin{tikzpicture}[options]
      TikZ 명령들
          ⋮
\end{tikzpicture}
```

이며, 한 줄에 명령을 입력하여 간단한 그래픽을 그리려면

```
\tikz[options] 하나의 TikZ 명령;
```

명령으로 한다. *options*는 tikzpicture 환경을 사용할 경우에 TikZ 명령에 여러 가지 설정을 하는 것으로 그 환경내의 모든 TikZ 명령에 영향을 주며 \tikz 명령을 사용할 때는 바로 다음에 오는 TikZ 명령에만 영향을 준다. *options*에서 설정할 수 있는 것은 아주 많기 때문에 14.2.3절에서 따로 자주 사용하는 *options*를 소개하기로 한다.

PGF 패키지의 *options*의 설정은

```
key=value
```

[1] KC2008에서는 일부 그림이 깨지는 것이 확인되었으나 MiKTEX 2.7에서는 그림이 정상적으로 출력되었다

으로 *key list*를 사용한다. *options*에서 자주 사용하는 *key*의 종류는 화면의 크기, 색, 화살표 모양, 그림 모양 등이다. *options*가 특정한 명령에서만 적용될 때는 개별 명령에서 따로 설정할 수 있다.

*options*에 *key=value* 설정은 다음과 같다.

- 첫 번째 방법으로 *options*에 *key=value*를 직접 설정한다. 다음에 보이는 직선은 tikzpicture 환경에 옵션을 사용하여 그린 것이다.

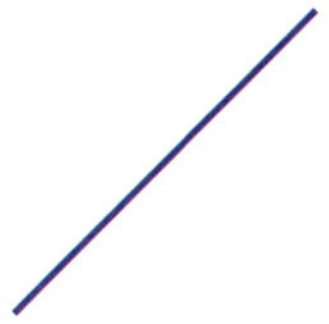

다음은 직선을 그린 소스이다.

```
\begin{tikzpicture}[scale=2, very thick, blue]
\draw (0,0) -- (1,1);
\end{tikzpicture}
```

소스에서 첫 줄에 *options*을 직접 설정하였고, 그 결과 tikzpicture 환경에 적용되었다. 첫 줄에서 scale=2는 그림의 크기를 두 배로 하였고, very thick는 선의 굵기를 매우 굵게 설정하였으며, blue 선의 색은 파란색이다. 이 설정값의 종류는 14.2.3절에 설명하였다. 두 번째 줄은 좌표 (0,0)과 (1,1)를 선으로 잇는 것으로 14.3.1절에 소개하였으니 참조하자.

- 두 번째로 *options*에 스타일을 *key=value*로 만들고 그림 명령에서 이 값들을 불러들여 사용한다. 스타일은

style name/style=value

로 만들며 *style name*은 사용할 스타일 이름으로

☞ 이미 *key list*에 정의된 *key* 값이면 *style*에 `.style`과 `.append style`을 사용할 수 있으며, `.style`은 새로운 환경을 설정하는 것이고 `.append style`는 기존에 정의되어 있는 것에 새로 정의하는 환경이 추가되는 것이다.

☞ *key list*에 정의되지 않은 새로운 이름이면 *style*에 `.style`을 사용하여 새로운 환경을 정의한다.

☞ 필요에 따라 *style name*이 같은 것을 사용할 경우가 있으며, 하나는 기본값 설정으로 *style*을 `.default`로 설정하며, 나머지는 전달인자를 사용하여 두 설정값을 다르게 적용시킬 수 있다. 전달인자의 사용은 *value*에 전달인자 `#`*num*를 설정하여, 그림 명령에서 인자를 입력하여 사용할 수 있다. *num*은 입력하는 전달인자의 순서로 자연수를 사용한다. 그림 명령에서 설정의 적용은 *style name*=`#`*num*이며 `#`*num*에는 숫자가 아닌 실제로 적용될 *value*를 입력한다. *style*이 `.default`로 설정된 경우는 기본으로 설정된 값과 `.style`에서 설정된 모든 값이 적용된다.

다음 예제들은 위에서 소개한 스타일을 만들어 그래픽에 적용한 것들이다. 세 개의 직선을 그린 그림이다.

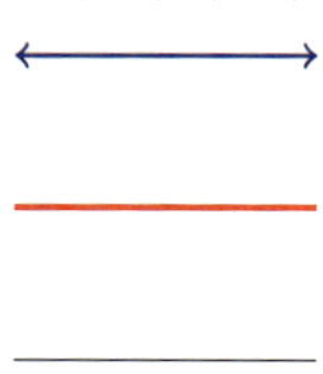

소스는 다음과 같다.

```
\begin{tikzpicture}[my style/.style={very thick, red},
                    thick/.append style={<->, blue}]
\draw (0,0) -- (2,0);
\draw[my style] (0,1) -- (2,1);
```

```
\draw[thick] (0,2) -- (2,2);
\end{tikzpicture}
```

소스에서 첫 줄은 스타일 이름이 `my style`로 *key list*에 없는 *key*로 네 번째 줄에서 설정값을 적용하여 직선을 그렸다. 두 번째 줄은 스타일 이름이 `thick`로 이미 *key list*에 정의된 선의 굵기이다. 이미 정의된 선의 굵기 `thick`에 직선 모양을 양방향 화살표 모양(<->)으로 색을 파란색으로 설정하고 다섯 번째 줄에서 설정값을 사용하여 직선을 그렸다. 소스에 적용된 *key=value*는 14.2.3절에 소개하였다.

또 다른 그림을 보자.

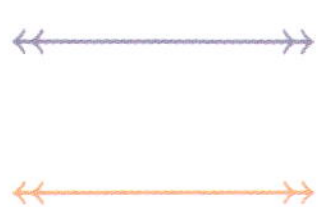

소스는 다음과 같다.

```
\begin{tikzpicture}[my style/.style={<<->>,
                    thick, color=#1!50},
                    my style/.default=red]
\draw[my style] (0,0) -- (2,0);
\draw[my style=blue] (0,1) -- (2,1);
\end{tikzpicture}
```

소스에서 첫 번째 – 세 번째 줄은 *style name*이 동일한 것을 두 개 설정하였다. 첫 번째 – 두 번째 줄은 화살표의 종류(<<->>)로 선의 굵기는 `thick`로, 색은 전달인자로 입력받는 것으로 설정하였다. 세 번째 줄은 `.default`에 빨간색을 설정하였다. 네 번째 줄은 기본색을 적용하여 화살표를 그렸으며, 나머지 설정값인 화살표의 모양과 선의 굵기가 모두 적용되었다. 다섯 번째 줄은 전달인자에 파란색(blue)를 입력하여 화살표를 그렸다. 소스에 적용된 *key=value*는 14.2.3절에 소개하였다.

- 세 번째로 `\tikzset{`*options*`}` 명령으로 설정한다. 이 설정은 바로 위에서 소개한 tikzpicture에서 설정방법이 동일하며, tikzpicture 환경 밖에서 스타일을 설정하고 tikzpicture 환경에서 정의된 스타일을 사용한다. tikzpicture 밖에 스타일이 정의되었기 때문에 모든 tikzpicture 환경에서 사용할 수 있다. 참고로 이 명령은 PGF 패키지에 포함된 명령 중에서 tikzpicture 환경이나 `\tikz` 명령 밖에서 사용할 수 있는 유일한 명령이다. 다음은 `\tikzset` 명령으로 설정된 스타일을 tikzpicture 환경에 적용하여 직선을 그렸다.

직선을 그린 소스는 다음과 같다.

```
\tikzset{my style/.style={scale=2, very thick, blue}}
\begin{tikzpicture}
\draw[my style] (0,0) -- (1,1);
\end{tikzpicture}
```

첫 줄은 스타일을 tikzpicture 밖에서 설정하고, 세 번째 줄에서 직선을 그릴 때 정의된 값을 사용하였다. 소스에 적용된 *key*=*value*는 14.2.3절에 소개하였다.

14.2.3. tikzpicture 환경에서 자주 사용하는 *key list*

tikzpicture 환경에서 적용할 수 있는 *key list*의 종류를 소개하였다.

- 좌표는 *key list*는 아니지만 자료 표현에 가장 기본이기 때문에 먼저 알아보기로 한다.

(x, y) 좌표의 위치가 ($x$cm, $y$cm)이다. 예를 들어 좌표가 (2, 3)은 (2cm, 3cm)의 위치이다.

(*xunit*, *yunit*) 좌표의 단위를 다르게 사용할 수 있다. 예를 들어 (2in, 3pt)은 x축으로 2인치, y축 3 포인트로 계산한 후 위치가 결정된다. 단위는 55 면의 3.1 절을 참조한다.

(*degree*, *unit*) 이 좌표는 이미 사용한 좌표를 기준으로 결정되는 것으로 *degree*는 좌표가 이동할 방향이고, *unit*는 이동할 길이이다. 예를 들어 (2cm, 3cm) -- (180:2cm)는 (2cm, 3cm)에서 180° 방향인 왼쪽으로 2cm 이동한 좌표이다.

◉ 좌표 변경, 화면 확대 및 축소하는 *key list*에 대하여 알아보자.

shift=*coordinates* 이동할 좌표 *coordinates*를 입력한다.예를 들어 설정값을 shift=(2,3)로 하면 입력하는 모든 x 값에 2, y 값에 3을 더하여 좌표값이 계산된다.

shift only 다른 옵션과 같이 사용하였을 경우 모든 옵션은 적용되지 않고 shift 옵션만 적용된다.

xshift=*dim* x축으로 *dim*만큼 이동한다.예를 들어 xshift=3은 오른쪽으로 3cm 이동하며, 음수를 입력하면 왼쪽으로 좌표가 이동한다.

yshift=*dim* y축으로 *dim*만큼 이동한다. 예를 들어 yshift=3은 위로 3cm 이동하며, 음수를 입력하면 아래로 좌표가 이동한다.

scale=*factor* 그래픽 화면을 *factor*로 설정한다. 너무 넓게 하거나 0에 가까운 값은 사용하지 않는다.예를 들어 scale=3은 설정한 값을 3배하여 좌표가 결정된다.

scale around={*factor*: *coordinate*} 이 값은 좌표가 *coordinates*를 중심으로 *factor*만큼 확대 또는 축소하여 결정된다.

xscale=*factor* x축 좌표가 *factor*배 만큼 곱하여 결정된다. 예를 들어 xscale=2는 모든 x 값에 2배하여 좌표가 결정된다.

`yscale=`*factor* y축 좌표가 *factor*배 만큼 곱하여 결정된다. 예를 들어 `yscale=2`는 모든 y 값에 2배하여 좌표가 결정된다.

`xslant=`*factor* 좌표가 수평으로 *factor*만큼 기울어져 결정된다. 예를 들어 `xslant=2`는 모든 좌표가 수평으로 2만큼 기울어져 결정된다.

`yslant=`*factor* 좌표가 수직으로 *factor*만큼 기울어져 결정된다. 예를 들어 `xslant=2`는 모든 좌표가 수직으로 2만큼 기울어져 결정된다.

`rotate=`*degree* 좌표가 *degree*만큼 회전하여 결정된다. 예를 들어 회전할 각을 `rotate=45`로 설정하면 45°만큼 이동한 좌표이다.

`rotate round=`*degree*:*coordinates* 좌표가 *coordinates*를 기준으로 *degree*만큼 회전한 후 결정된다. 예를 들어 회전할 각과 좌표를 `rotate round={90,(2,3)}`로 설정하면 좌표 `(2,3)`에서 90° 이동한 값이다.

이것들 중 그래프 전체에 영향을 주는 것들은 `scale`, `xscale`, `yscale` 정도가 적당하다.

◉ 선의 굵기 설정하는 *key list*는 다음과 같다.

`line width=`*length* `line width=5pt` ....

`thin` ....

`very thin` ....

`ultra thin` ....

`thick` ....

`very thick` ....

`ultra thick` ....

`semithick` ....

◉ 선의 종류를 설정하는 옵션

- 기본값
- `dotted`
- `loosely dotted`
- `densely dotted`
- `dashed`
- `loosely dashed`
- `densely dashed`

◉ 화살표의 종류를 설정하는 옵션으로 *value*만 입력해도 된다.

- `->`
- `<->`
- `->|`
- `|<->|`
- `->>`
- `<<->>`

◉ PGF 패키지에서 색은 직선이나 곡선, 도형을 그리거나 그 안을 채울 때 그리고 텍스트에 사용한다. 사용할 수 있는 색은 LaTeX에서 지원하는 표준 색 `black`, `white`, `red`, `green`, `blue`, `cyan`, `magenta`, `yellow` 여덟 개와 `xcolor` 패키지에서 지원하는 색까지 확장하여 사용할 수 있다. 색은 단색으로 사용할 경우 다음과 같이

color=color_name

로 하며, 혼합색은

color_name1 ! *num1* ! *color_name2*

로 설정하여 선이나 도형 등을 그리거나 그 영역을 채울 수 있다. 예를 들어 `green!20!white`라 설정하면 녹색이 20% 흰색이 80%가 혼합된 것이다. 색이 적용 14.3.9절과 14.3.10절에서 확인할 수 있다.

◉ 그림 그리기에 설정하는 옵션

`variable=`*macro* 변수로 사용할 변수명을 설정하는 것으로 기본값은 x이며, `\x`로 사용한다.

`samples=`*number* 만들 자료의 개수로 기본값은 25개다.

`domain=`*start* : *end* : 자료가 가지는 범위를 설정하는 것으로 기본값은 $-5:5$이다.

`sample at=`*list* 만들 자료값을 *list*에 명시하는 것으로, 만일 설정값들이 `sample at= {1, 3, 4, 9}`이면, 입력한 값만 정확히 계산에 사용한다.

이 옵션이 적용된 예는 그림 14.27의 소스에서 확인할 수 있다.

14.2.4. PlainTEX에서 PGF 사용하기

PGF 제작에 PlainTEX을 사용하려면 과정은 비슷하지만 설정하는 방법이 약간 다르게 되어있다. 다음은 PlainTEX으로 작성된 소스이며 여기에서는 LATEX을 기준으로 설명하기 때문에 이 소스에 대한 설명은 생략한다.

```
%% Plain TeX file
\input tikz.tex
\baselineskip=12pt
\hsize=6.3truein
```

```
\vsize=8.7truein
We are working on
\tikzpicture
\draw (-1.5,0) -- (1.5,0);
\draw (0,-1.5) -- (0,1.5);
\endtikzpicture.
\bye
```

14.3. 그리는 명령

그래픽을 그릴 때 사용하는 명령이나 옵션은

`\draw[`*options*`]` *commands* 선으로 그리는 명령으로 사용 예는 14.3.1절, 14.3.3절 참조.

`\fill[`*options*`]` *commands* 선택된 영역에 색을 칠하는 명령이다. 사용 예는 14.3.9절을 참조.

`\filldraw[`*options*`]` *commands* 선으로 그리면서 선택된 영역에 색을 칠하는 명령이다. 사용 예는 14.3.9절 참조.

`\pattern[`*options*`]` *commands* 일정한 영역에 채워서 그릴 때 채워지는 모양을 설정는 옵션이다.

`\shade[`*options*`]` *commands* 음영을 그리는 명령으로 사용 예는 14.3.10절 참조

`\shadedraw[`*options*`]` *commands* 음영효과를 주면서 선택 영역에 색을 칠한다. 사용 예는 14.3.10절 참조

`\clip[`*options*`]` *commands* 그래프에서 그릴 전체 영역중에서 일부만 그리는 명령으로 14.3.7절 참조.

`\useasboundingbox[`*options*`]` *commands* 그래픽을 영역을 설정하는 명령이다.

각 *options*는 14.2.3절에서 소개한 *keylist*의 값들을 모두 사용할 수 있고, *commands*는 그림 명령으로 이후 여러 가지 도형 종류를 소개하고 있으니 참조하자.

14.3.1. 직선 그리기

TikZ에서 모든 그래픽 제작에는 좌표의 경로(path)를 사용한다. 다시 말해서 두 개 이상의 좌표를 입력하고 그 점들이 지나가는 길(path)를 연결하여 그래픽이 작성되는 것이다.

2차원인 경우 좌표는 (*xunit*, *yunit*)의 형태로 주어지고 이 점들은 경로 확장 연산자(`--`)를 사용하여 여러 개의 점을 잇게 된다. 점과 경로을 모두 입력하였으면, 문장의 끝을 알리는 세미콜론(;)을 입력한다. 다음은 여러 개의 점을 직선으로 잇는 예이다.

```
\tikz \draw (-1.5,0) -- (1.5,0) -- (0,-1.5) -- (0,1.5);
```

위의 예제에서 `tikzpicture` 환경을 사용하지 않고 `\tikz`를 사용하였는데, 한 줄에 표현할 수 있는 간단한 명령을 사용하는 경우에 주로 사용하며, 때로는 다음과 같이 한 줄인 경우에는 세미콜론 없이 중괄호({})로 사용할 수도 있다.

```
\tikz {\draw (-1.5,0) -- (1.5,0) -- (0,-1.5) -- (0,1.5)}
```

그래픽을 그릴 때 사용하는 `\draw`는 LaTeX 환경에서 독립적으로 사용할 수 없고, 반드시 `tikzpicture` 환경이나 `\tikz` 명령과 함께 사용해야만 하는 TikZ 내부 명령이다.

14.3.2. 곡선 그리기

TikZ에서 곡선을 그리는 구조는 특별한 형식을 제공하는데, 한 개 또는 두 개의 특별한 통제점(control point)으로 곡선을 그리는 것이다. 이 통제점으로 곡선을 그리는 원리는 점 x가 있고, 통제점 y가 있다고 가정할 때, 곡선은 점 x에서 점 y방향으로 그리면 된다. 이때 곡선은 점 x에서 점 y 방향으로 탄젠트 커브로 그리며, 또 다른 통제점이 점 w가 있고, 곡선이 끝나는 좌표 점 z가 있으면 점 z에서 점 w로 탄젠트 커브을 그리게 된다. 이렇게 그린 곡선을 Bezier 곡선이라 부른다. 통제점을 사용하여 곡선을 그리려면

startpt `..` `controls` *conpts1* `and` *conpts2* `..` *endpt*

로 그린다. *startpt*는 곡선의 시작점, *endpt*는 곡선이 끝나는 점이며, 통제점은 .. 과 .. 사이에 위치한다. 통제점을 명확하게 설정하여 그리는 것은 포물선(parabola)을 그리는 14.3.8절에서 소개하고 있으니 참조하자. 다음은 두 개의 곡선을 그린 것으로

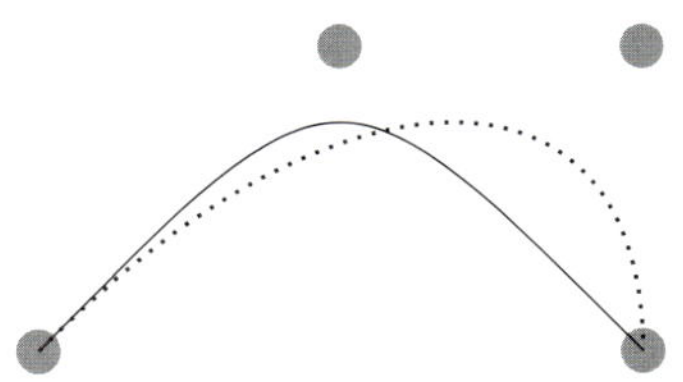

그림 14.3: bezier 곡선 그리기

소스는 그림 14.3의 내용이다.

```
\begin{tikzpicture}[sca;e=2]
  \filldraw [gray] (0,0) circle (2pt)
                   (1,1) circle (2pt)
                   (2,1) circle (2pt)
```

```
                  (2,0) circle (2pt);
  \draw (0,0) .. controls (1,1) .. (2,0);
  \draw [dotted](0,0) .. controls (1,1) and (2,1) .. (2,0);
\end{tikzpicture}
```

여기서 circle은 원을 그릴 때 사용한 그림 명령으로 14.3.3절에 소개되어 있다. 또한 \filldraw 명령은 그림 영역을 색칠하는 것으로 14.3.9절에 소개되어 있으니 참조하자. 이 그림은 곡선 그리기의 이해를 돕기 위하여 원 네 개를 그렸으며 그 중심은 각각 (0,0), (1,1), (2,1), (2,0)이다. 위의 코드에서 여섯 번째 줄은 한 개의 통제점 (1,1)을 기준으로, 일곱 번째 줄은 두 개의 통제점 (1,1)과 (2,1)을 기준으로 곡선을 그렸다. 따라서 두 통제점을 기준으로 그린 그림 일곱 번째 줄은 시작점 (0,0)에서 통제점 (1,1) 방향으로 탄젠트 커브을 그리고 끝점 (2,0)에서 통제점 (2,1) 방향으로 탄젠트 커브을 그린 것이다. 이와 같은 방법은 원의 호와 같은 모양도 그릴 수 있으며 그림 14.4에 원 그림을 그렸다.

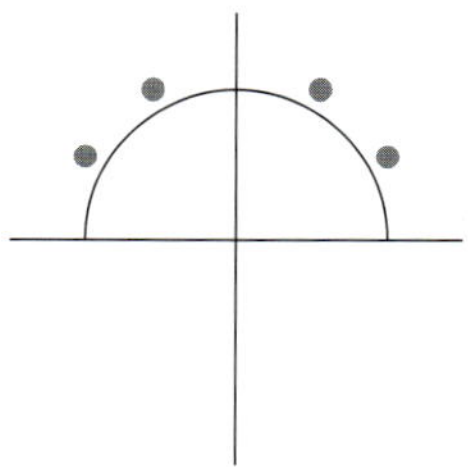

그림 14.4: 반원 모양 그리기

```
\begin{tikzpicture}
  \draw (-1.5,0) -- (1.5,0);
  \draw (0,-1.5) -- (0,1.5);
  \filldraw [gray] (-1,0.555) circle (2pt)
                   (-0.555,1) circle (2pt)
                   (0.555,1) circle (2pt)
```

```
                    (1,0.555) circle (2pt);
  \draw (-1,0) .. controls (-1,0.555) and (-0.555,1) .. (0,1)
               .. controls (0.555,1) and (1,0.555) .. (1,0);
\end{tikzpicture}
```

소스에서 두 번째 줄과 세 번째 줄은 원점을 지나는 직선을 두 개 그렸고, 네 번째 줄에서 일곱 번째 줄은 네 개의 통제점을 작은 원으로 나타내었다. 열 덟 번째 줄과 아홉 번째 줄은 원을 그리기 위하여 (-1,0) 과 (0,1) 사이에서 통제점 (-1,0.555)와 (-0.555,1)로 제 2 사분면의 원을 그렸고, (0,1) 과 (1,0) 사이에서 (0.555,1)과 (1,0.555)를 통제점으로 제 1 사분면의 원을 그렸다.

14.3.3. 원과 타원 그리기

원을 그릴 때는 원의 중심과 원의 반지름을 가지고 그리며 사용하는 경로 연산자는 circle이다. 원은

```
\draw (xunit, yunit) circle (radius);
```

로 그린다. (*xunit*, *yunit*)는 원의 중심이고 (*radius*)는 그릴 원의 반지름이다.

다음은 세 개의 원을 그린 그림 14.5의 소스이다.

```
\begin{tikzpicture}
  \draw (0,0) circle (10pt);
  \draw[dotted] (0,0) circle (1);
  \draw[dashed] (0,0) circle (2.5cm);
\end{tikzpicture}
```

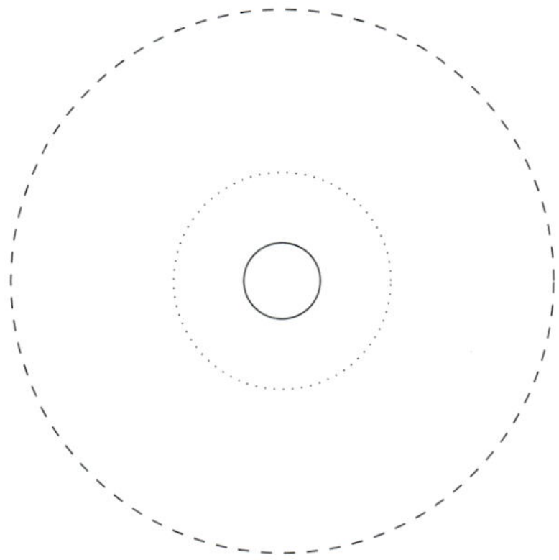

그림 14.5: 반원 모양 그리기

세 원은 모두 중심이 (0,0)이고, 두 번째 줄은 반지름이 10pt, 세 번째 줄은 반지름이 1cm, 네 번째 줄은 반지름이 2.5cm이다.

타원은 ellipse 명령을 사용하며

```
\draw (xunit, yunit) ellipse (xradius and yradius );
```

로 그린다. (*xunit*, *yunit*)는 타원의 중심이고, *xradius*는 x축 길이의 절반, *yradius*는 y축 길이의 절반이다.

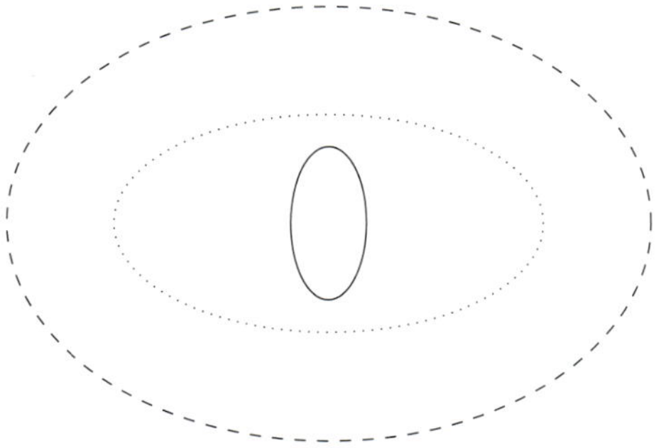

그림 14.6: 타원 그리기

다음은 세 개의 타원을 그린 그림 14.6의 소스로

```
\begin{tikzpicture}
  \draw (0,0) ellipse (10pt and 20pt);
  \draw[dotted] (0,0) ellipse (2 and 1);
  \draw[dashed] (0,0) ellipse (3cm and 2cm);
\end{tikzpicture}
```

세 타원은 모두 중심이 (0,0)이고, 두 번째 줄은 반지름이 x축의 길이가 20pt, y축의 길이가 40pt이고(실선) 세 번째 줄은 x축의 길이가 4cm, y축의 길이가 4cm이며(점선) 네 번째 줄은 x축의 길이가 6cm, y축의 길이가 4cm이다(dash 선).

원은 축을 회전하여도 그 모양이 변하지 않지만, 타원은 그 모양이 변한다. 만일 타원을 회전하려면 `rotate=`*degree* 옵션을 사용하며 *degree*는 반시계 방향으로 회전할 각을 입력한다. 다음은 회전하지 않은 타원과 반시계 방향으로 45° 회전한 타원(점선)을 그린 것이다.

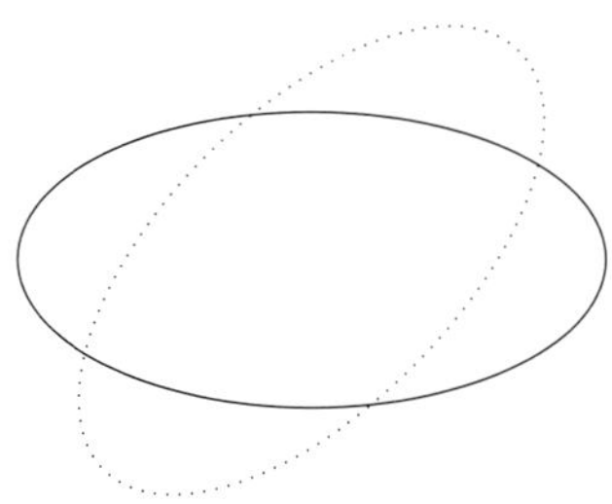

그림 14.7: 회전한 타원 그리기

그림 14.7에 대한 소스는

```
\begin{tikzpicture}
\draw (0,0) ellipse (2 and 1);
```

```
\draw[rotate=45, dotted] (0,0) ellipse (2 and 1);
\end{tikzpicture}
```

이다.

14.3.4. 사각형 그리기

사각형은

- 꼭지점 좌표 4 개를 알고 있거나
- 한 점과 가로 길이, 세로 길이를 알고 있거나
- 마주 보는 두 점의 좌표를 알고 있으면

그릴 수 있다. TikZ에서는 마주 보는 두 점으로 사각형을 그린다.

```
\draw (xunit1, yunit1) rectangle (xunit2, yunit2);
```

여기서 (*xunit1*, *yunit1*)와 (*xunit2*, *yunit2*)는 사각형에서 대각선에 해당되는 좌표이며, `rectangle` 경로 연산자로 그린다.다음에 사각형과 원을 그렸다.

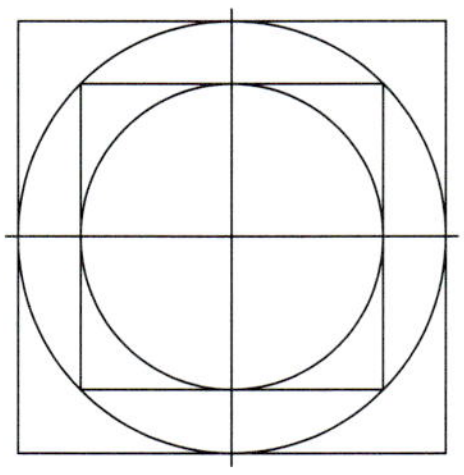

그림 14.8: 원과 사각형 그리기

원과 사각형에 대한 그림 14.8의 소스는 다음과 같다.

```
\begin{tikzpicture}
  \draw (-1.5,0) -- (1.5,0);
  \draw (0,-1.5) -- (0,1.5);
  \draw (0,0) circle (1cm);
  \draw (0,0) circle (1.414cm);
  \draw (-1,-1) rectangle (1,1);
  \draw (-1.414,-1.414) rectangle (1.414,1.414);
\end{tikzpicture}
```

소스에서 네 번째 줄은 원의 중심이 (0,0)이고 반지름의 길이가 1cm인 원을 다섯 번째 줄은 원의 중심이 (0,0)이고 반지름의 길이가 1.414인 원을 그렸다. 여섯 번째 줄은 마주보는 두 점 (-1, -1)과 (1, 1)로 일곱 번째 줄은 (-1.414,-1.414)과 (1.414,1.414)로 두 개의 사각형을 그렸다.

14.3.5. 격자 그리기

격자(grid)는 모눈종이처럼 일정한 공간에 정사각형 여러 개를 그린 것으로 TikZ에서 격자는 grid 연산자를 사용한다. 격자는

```
\draw[step=len, linetype](xunit1, yunit1) grid (xunit2, yunit2);
```

로 그린다. step=*len*는 격자에 사용할 정사각형의 크기이다. 만일 사각형을 직사각형으로 그리려면 xstep로 x축 길이와 ystep로 y축 길이를 각각 설정할 수 있다. *linetype*은 격자에 사용할 선의 형태이며 (*xunit1*, *yunit1*) 와 (*xunit2*, *yunit2*)는 격자를 그릴 범위이고 grid 경로 연산자로 격자를 그린다.

다음은 그림 14.9의 격자 그리기에 대한 소스이다.

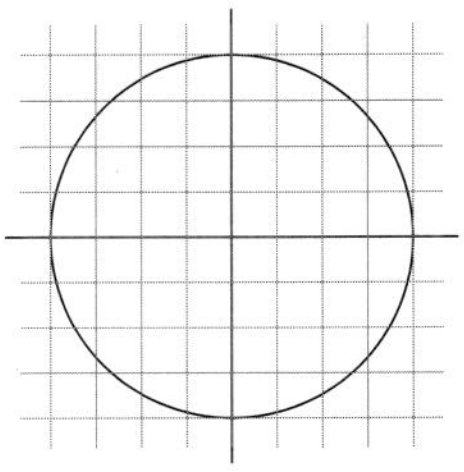

그림 14.9: 격자 그리기

```
\begin{tikzpicture}
  \draw (-1.5,0) -- (1.5,0);
  \draw (0,-1.5) -- (0,1.5);
  \draw (0,0) circle (1.2cm);
  \draw[step=.3cm] (-1.4,-1.4) grid (1.4,1.4);
\end{tikzpicture}
```

소스에서 다섯 번째 줄은 격자를 그리는 것으로 격자의 단위는 `0.3cm`이고 격자를 그릴 범위는 `(-1.4,-1.4)`에서 `(1.4,1.4)`이다.

다음은 격자의 색과 선의 굵기를 설정하여 그래픽을 그린 결과이다.

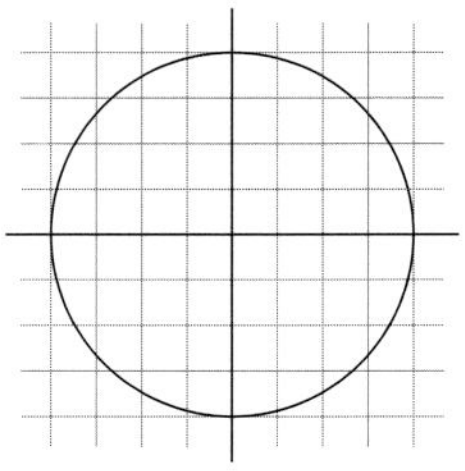

그림 14.10: 격자 그리기

그림 14.10의 격자 그리기에 대한 소스는 다음과 같다.

```
\begin{tikzpicture}
```

```
  \draw[step=.3cm,gray,very thin] (-1.4,-1.4) grid (1.4,1.4);
  \draw (-1.5,0) -- (1.5,0);
  \draw (0,-1.5) -- (0,1.5);
  \draw (0,0) circle (1.2cm);
\end{tikzpicture}
```

소스의 두 번째 줄에서 gray는 격자의 색을 회색으로, step=.3은 격자를 그릴 때 정사각형의 한 변의 길이를 0.3cm로 설정하였다. 또한 very thin은 선의 굵기를 매우 가늘게 그렸다. 위의 예제에서 사용한 선의 굵기, 배경색이나 도형의 색, 화살표의 모양 등은 key list에 등록되어 있기 때문에 여러 명령에서도 사용이 가능하다. draw 명령도 선의 굵기나 선의 종류에 대한 설정할 수 있으며 그 내용은 14.2.3절에 소개되어 있으니 참조하자.

14.3.6. 호(arc) 그리기

호(arc)는 원이나 타원에 그리기 유용한 곡선이다. 호는 arc 경로 연산자로 그리며 사용법은

\draw (*xunit, yunit*) arc (*startangle* : *endangle* : *radius*);

이다. (*xunit, yunit*)는 호를 그리기 시작하는 좌표이고 *startangle*은 호를 그리는 시작각, *endangle*은 끝각이며 *radius*는 반지름 길이다. 다음은 그림 14.11에 원을 그리고 원 안에 호를 그렸다.

```
\begin{tikzpicture}
  \draw[step=.3cm,gray,very thin] (-1.4,-1.4) grid (1.4,1.4);
  \draw (-1.5,0) -- (1.5,0);
  \draw (0,-1.5) -- (0,1.5);
  \draw (0,0) circle (1.2cm);
```

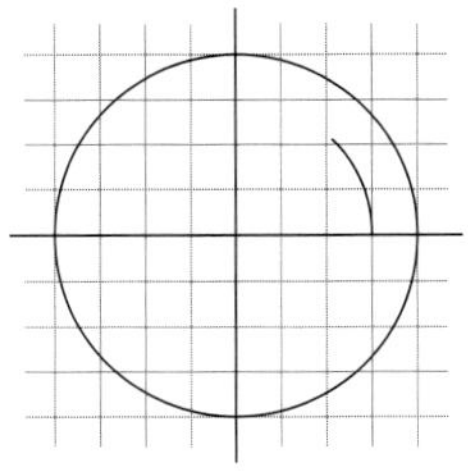

그림 14.11: 원과 호 그리기

```
  \draw (9mm,0mm) arc (0:45:9mm);
\end{tikzpicture}
```

그림 14.11에 그린 원과 호에 대한 소스를 살펴보자. 여섯 번째 줄은 호를 그리는 시작점은 (9mm, 0mm)이고, 시작각은 0°에서 끝각은 45°이고 호의 반지름 길이는 9mm이다. 호가 너무 작으면 잘 보이지 않으며 크게 그릴 필요가 있다. 이때 그림 크기를 조절에 사용하는 옵션이 scale이다.만일 3배 확대한 scale=3으로 하였다면 기본 단위가 cm이기 때문에 길이 1cm를 그리면 3cm가 출력된다. 또한 x축과 y축의 비율을 다르게 확대, 축소하려면 다음과 같이 xscale, yscale로 각각 지정할 수 있다.

다음은 그림 14.12에 대한 소스로, 그림 14.11보다 3배 확대하기 위하여 scale=3 옵션을 사용하였다.

```
\begin{tikzpicture}[scale=3]
  \draw[step=.3cm,gray,very thin] (-1.4,-1.4) grid
                                              (1.4,1.4);
  \draw (-1.5,0) -- (1.5,0);
  \draw (0,-1.5) -- (0,1.5);
  \draw (0,0) circle (1cm);
  \draw (9mm,0mm) arc (0:45:9mm);
\end{tikzpicture}
```

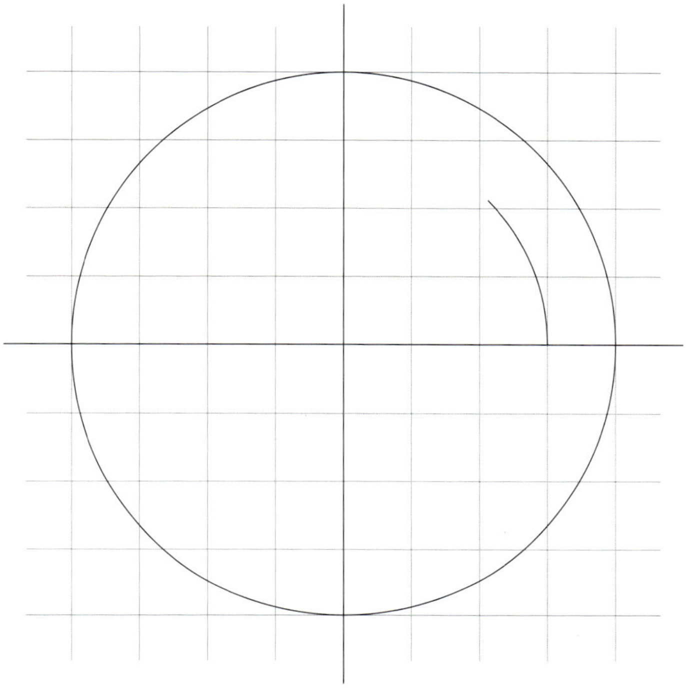

그림 14.12: 원과 호에 대한 그림(3배 확대)

타원의 호를 만들려면, 원에서 호를 그리는 것과 유사하게 장축과 단축 길이의 반을 입력한다. 타원에 호는

```
\draw (xunit, yunit) arc (startangle:endangle:xradius and yradius);
```

으로 그린다. (*xunit, yunit*)는 호를 그리기 시작하는 좌표이고 *startangle*은 호를 그리는 시작각, *endangle*는 끝각이며 *xradius*는 x축 길이의 절반, *yradius*는 y축 길이의 절반이다. 14.13에 타원 모양의 호를 그린 것이 있으니 확인하자.

\begin{tikzpicture}

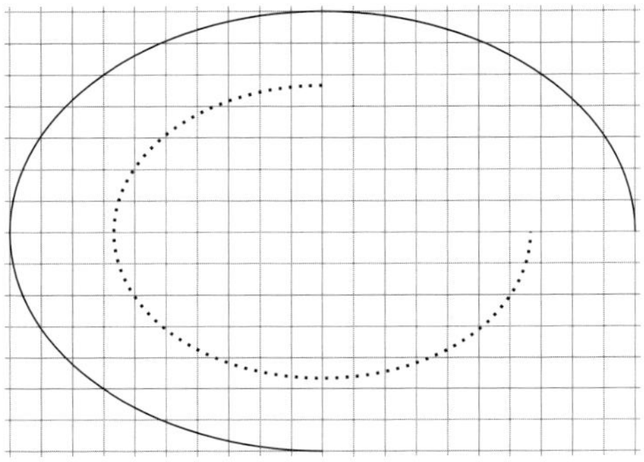

그림 14.13: 두 원에 대한 호 그리기

```
  \draw[step=.3cm,gray,very thin] (-3.05,-2.15) grid (3.05,2.15);
  \draw (3,0) arc (0:270:3 and 2.1);
  \draw[dotted, thick] (0,2) arc (90:360:2.9 and 2);
\end{tikzpicture}
```

그림 14.13의 타원 모양의 호에 대한 소스를 살펴보자. 실선으로 그린 타원의 호는 x축의 길이가 `3cm` × `2` = `6cm`, y축의 길이는 `2.1cm` × 2 = `4.2cm`인 타원의 일부분으로 호를 그리는 시작각은 0°이므로 타원의 오른쪽 가장자리 좌표인 `(3,0)`에서 호를 그리기 시작한다(세 번째 줄). 점선으로 그린 다른 타원은 x축의 길이가 2cm × 2 = 4cm, y축의 길이는 `1.4cm` × 2 = `2.8cm`인 타원의 일부분으로 이 타원의 호를 그리는 시작각은 90°이므로 호를 그리는 시작하는 좌표는 맨 위 좌표인 `(0, 1.4)`에 해당된다(네 번째 줄).

14.3.7. 부분(clip) 그리기

그래프를 그릴 때, 영역의 일부분을 확대하여 그릴 경우가 있다. 이 때 일부분을 그릴 때 사용하는 명령이 `\clip`이며, `\draw` 명령에 `clip` 옵션을 사용할 수 도 있다. 그림 영역의 일부분를 그리려면

```
\clip[draw] area;
```

로 한다. \clip 명령은 *area* 부분을 그릴 영역으로 원, 타원, 사각형 등 도형을 설정한다. 이후 \draw로 선이나 도형을 그리면 설정된 영역만 그려진다.

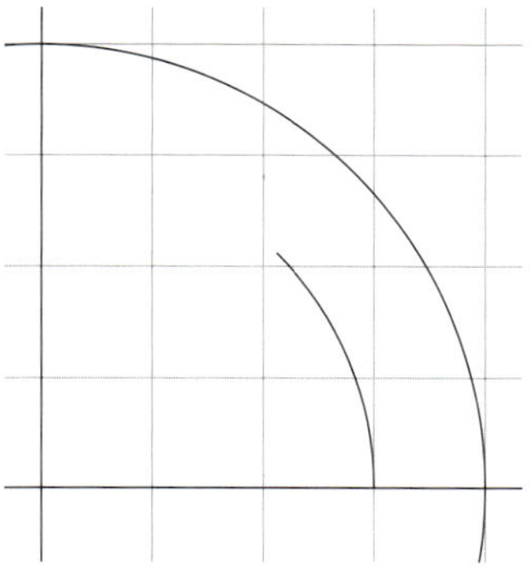

그림 14.14: 영역의 일부분 그리기

그림 14.14에 \clip 명령으로 그릴 영역의 일부분만 설정하였으며 소스는 다음과 같다.

```
\begin{tikzpicture}[scale=3]
  \clip (-0.1,-0.2) rectangle (1.3,1.3);
  \draw[step=.3cm,gray,very thin] (-1.4,-1.4) grid (1.4,1.4);
  \draw (-1.5,0) -- (1.5,0);
  \draw (0,-1.5) -- (0,1.5);
  \draw (0,0) circle (1.2cm);
  \draw (9mm,0mm) arc (0:45:9mm);
\end{tikzpicture}
```

두 번째 줄의 `\clip`은 그래프가 그려지는 영역을 설정한 것으로, 왼쪽 아래 좌표 `(-0.1, -0.2)`와 오른쪽 위 좌표 `(1.3, 1.3)` 안의 사각형의 영역에 `scale=3` 옵션으로 3배 확대한 그래프가 그려진다. `\clip` 명령에 `draw` 옵션을 사용하면, 그릴 영역도 도형으로 설정하고 영역도 그린다.

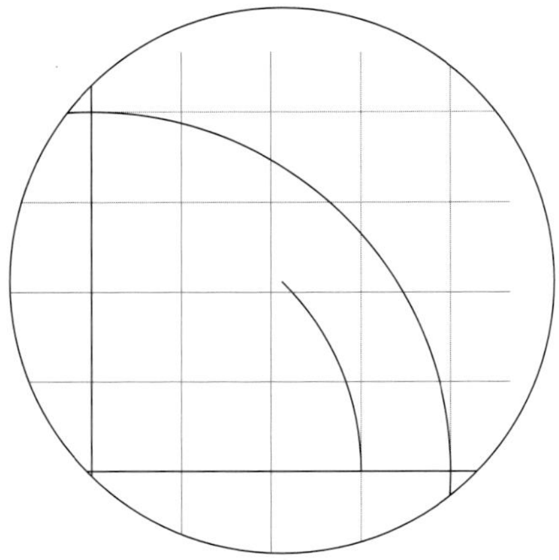

그림 14.15: 그림 영역을 원으로 선택하기

다음은 그림 14.15의 소스로 그릴 영역을 원으로 설정하였으며 배율을 3배 확대하였고 테두리도 그렸다.

```
\begin{tikzpicture}[scale=3]
  \clip[draw] (0.636,0.636) circle (0.91cm);
  \draw[step=.3cm,gray,very thin] (-1.4,-1.4) grid (1.4,1.4);
  \draw (-1.5,0) -- (1.5,0);
  \draw (0,-1.5) -- (0,1.5);
  \draw (0,0) circle (1.2cm);
  \draw (9mm,0mm) arc (0:45:9mm);
\end{tikzpicture}
```

소스에서 두 번째 줄의 `\clip[draw]`는 중심이 `(0.636, 0.636)`이고 반지름이 0.91cm인 원을 그릴 영역으로 설정하면서 영역도 그렸다. 이 명령 이후에 그리는 선이나 곡선, 도형 등은 두 번째 줄에서 그린 원의 안에서만 그림이 그려지며 원 밖에서 그린 것들은 화면에 나타나지 않는다. 그래서 세 번째 줄에서 그린 격자와 네 번째 줄과 다섯 번째 줄에서 그린 직선은 `\clip` 명령에서 그린 부분만 보이며 마찬가지로 일곱 번째 줄의 원과 여덟 번째 줄의 호도 일부만 보이게 그려진 것이다.

14.3.8. 포물선(parabola)과 삼각함수 그리기

포물선은 `parabola`를 사용하여 그리며 사용법은 지정한 두 점 사이를 포물선으로 연결한다. 사용방법은

`\draw` *coordinate*$_1$ `parabola [`*options*`] bend [`*bend_coordinate*`]` *coordinate*$_2$

이다.

평면 좌표에서 세 개의 점이 결정되면 포물선이 결정되므로 `parabola` 경로 명령으로 포물선을 그리기 위해서는 세 개의 점을 지정하여야 한다. 이 중 *coordinate*$_1$과 *coordinate*$_2$는 포물선이 시작하는 점과 끝나는 점의 (x, y) 좌표이며 순서가 바뀌어도 상관없으며 *bend_coordinate*에는 포물선의 휘는 좌표 (x, y)를 설정한다.

*options*에는

`bend=`*coordinate* 이 옵션은 위의 사용법 중 옵션 밖에서 사용하는 `bend` *bend_corrdinate*와 동일한 효과를 주는 것으로 *coordinate*에서 그래프를 포물선 형태로 곡선이 휘어지도록 설정한다. *coordinate*를 포물선 영역 밖의 점으로 설정하면 포물선이 그려지지 않고 뾰족한 형태의 그래프가 그려진다.

`bend pos=`*fraction* `pos`는 포물선을 그리는 두 좌표의 x축 범위에서 휘는 점

의 위치로 0과 1사이을 값을 가지며 0.5는 좌우 대칭, 0.5보다 크면 오른쪽, 0.5보다 작으면 왼쪽에 휘는점이 위치하게 된다. 만일 `pos=0.5 bend = +(3,0) +(0,2)`이면 `+(0,2)`는 포물선의 높이가 2, `+(3,0)`은 포물선의 너비가 3인 포물선을 그리게 되며 한 번에 `+(3,2)`와 같은 형태로는 사용하지 않는다.

`parabola height=`*dimension* 이 옵션은 그릴 포물선이 좌우 대칭이고 높이가 *dimension*인 포물선을 그리는 것으로 `pos` 옵션으로 그린 포물선 `[bend pos=0.5, bend=+(0pt,`*dimension*`)]`과 동일한 곡선을 그린다.

`bend at start` *bend coordinate* 시작 점에서 휘게하여 그래프를 그린다.

`bend at end` 끝 점에서 휘게하여 그래프를 그린다.

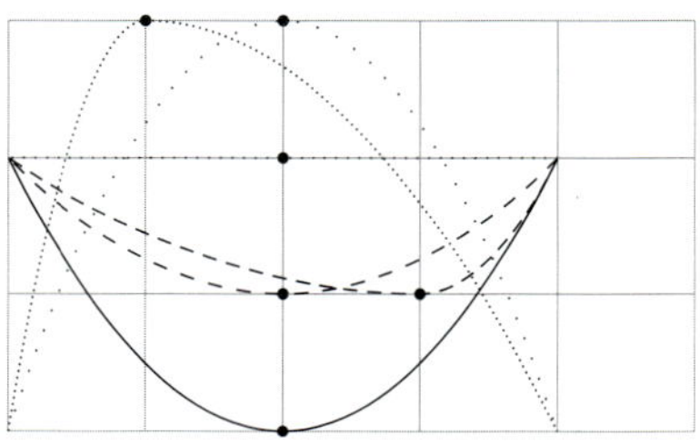

그림 14.16: 여러 가지 포물선 그리기

다음은 포물선을 그린 그림 14.16의 소스이다.

```
\begin{tikzpicture}[scale=2]
 \draw[help lines] (-2,0) grid (3,3);
 \draw (2,2) parabola bend (0,0) (-2,2);
 \draw[dashed] (2,2) parabola bend (0,1) (-2,2);
 \draw[dotted] (2,2) parabola bend (0,2) (-2,2);
 \draw[densely dashed] (2,2) parabola bend (1,1) (-2,2);
 \draw[densely dotted] (-2,0) parabola[bend pos = 0.5]
                              bend +(0,3) +(4,0);
```

```
  \draw[loosely dotted] (-2,0) parabola[parabola height = 3cm]
                                   +(4,0);
  \filldraw (0,0) circle (1pt);
  \filldraw (1,1) circle (1pt);
  \filldraw (0,1) circle (1pt);
  \filldraw (0,2) circle (1pt);
  \filldraw (0,3) circle (1pt);
  \filldraw (-1,3) circle (1pt);
\end{tikzpicture}
```

소스에서 다섯 개의 포물선을 그렸는데 세 번째 – 여섯 번째 줄은 점 `(-2,2)`와 `(2,2)` 사이에 휘는점을 각각 `(0,0)` `(0,1)` `(0,2)`,`(1,1)`로 하였고, 일곱 번째 – 여덟 번째 줄은 `(-2, 0)`을 시작점으로 포물선의 x축 위치가 `0.5`로 가운데이고 높이는 `3` 너비는 `4`이며, 아홉 번째 – 열 번째 줄은 `(-2, 0)`을 시작점으로 높이가 `3cm`이고 너비가 4인 포물선을 그렸다.

14.3.9. 그리기와 채우기

그래프를 그릴 때, 경우에 따라서 일정 영역을 특정 색으로 채울 때가 있다. 이 때 사용하는 명령이 `\fill`이다.

> `\fill[`*options*`]` *area*;

*options*에는 *area* 영역에 그릴 색을 지정한다.

다음 소스는 14.17의 그림 영역에 색칠하는 것이다.

```
\begin{tikzpicture}[scale=3]
  \clip (-0.1,-0.2) rectangle (1.3,1.3);
```

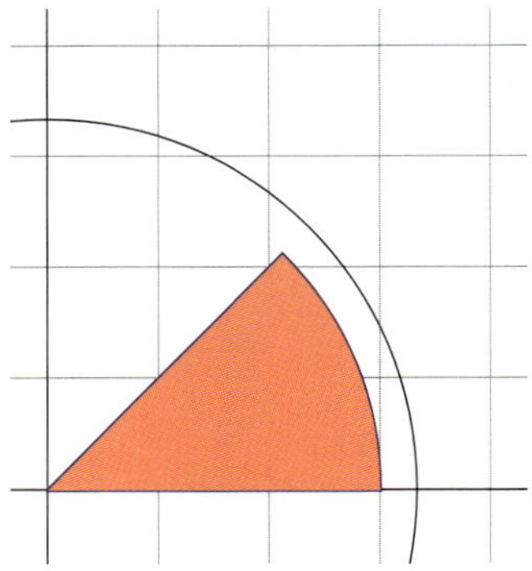

그림 14.17: 그림 영역에 색칠하기

```
  \draw[step=.3cm,gray,very thin] (-1.4,-1.4) grid (1.4,1.4);
  \draw (-1.5,0) -- (1.5,0);
  \draw (0,-1.5) -- (0,1.5);
  \draw (0,0) circle (1cm);
  \draw[blue, thick] (0,0) -- (9mm,0mm)
                        arc (0:45:9mm) -- (0,0);
  \fill[red!60!white] (0,0) -- (9mm,0mm)
                         arc (0:45:9mm) -- (0,0);
\end{tikzpicture}
```

\draw와 \fill 명령으로 그래픽을 그린 것으로 일곱 번째 – 여덟 번째 줄은 호의 영역을 파란색으로 연결하였고 아홉 번째 – 열 번째 줄은 시작 점 (0,0)에서 끝 점 (0,0)까지 호의 내부를 색칠하였다. \fill 명령에 사용한 옵션 red!60!white는 색 혼합비율이 red 60% white 40%를 의미한다. 만일 열 번째 줄에서 맨 끝에 점 -- (0,0)으로 닫지 않았더라도 자동으로 그릴 영역을 지정하여 그려준다. 그러나 선을 굵게 그리는 경우에 이 방법은 마지막 부분에서 매끄럽지 못한 그림이 그려지며 그 때 영역을 지정하는 더 좋은 방법은 다음과 같다.

```
  \fill[green!20!white] (0,0) -- (4mm,0mm) arc (0:45:4mm)
```

```
      -- cycle;
```

circle 경로 연산자를 사용하면 자동으로 그릴 영역을 닫아주며, 다음 예와 같이 이 연산자를 사용할 때는 끝 부분 처리기 매끄러운 반면 사용하지 않을 때는 시작점과 끝 점에서 선 처리가 잘 되지 않는다.

그림 14.18: 선을 굵게 그리기

다음은 그림 14.18의 선을 굵게 그린 것에 대한 소스이다.

```
\begin{tikzpicture}[line width=5pt]
  \draw (0,0) -- (1,0) -- (1,1) -- (0,0);
  \draw (2,0) -- (3,0) -- (3,1) -- cycle;
  \useasboundingbox (0,1.5);
\end{tikzpicture}
```

첫 줄은 선의 굵기를 5pt로 설정하여 두 번째 줄에서 세 점을 연결한 것으로 연결만 한 것은 최종 연결점이 매끄럽지 못하게 되었으나, 세 번째 줄과 같이 circle 명령을 사용하면 최종 연결점 끝부분이 매끄럽게 그려진다.

그래픽을 그릴 때, \filldraw 명령을 사용하면 테두리와 그림 안 영역의 색을 다르게 지정할 수 있다.

`\filldraw[`*options*`]` *area*;

*options*에는

`fill=`*color* 그릴 영역의 테두리 색을 설정

`draw=`*color* 그릴 영역의 내부 색울 설정

이 있다.

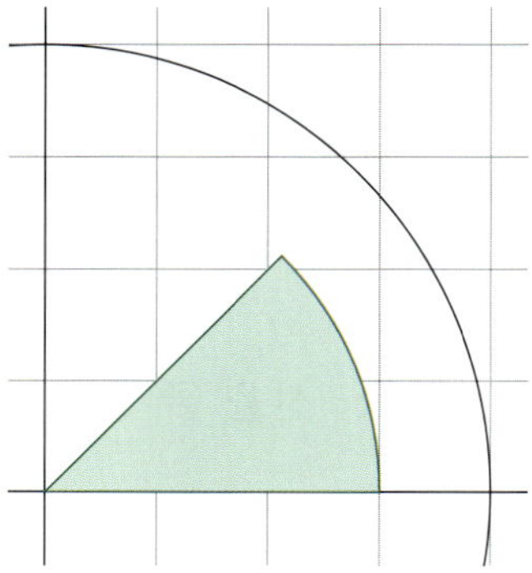

그림 14.19: 그림 영역에 채우고 그리기

다음은 그림 14.19의 영역에 색을 채우고 영역의 테두리를 그린 것에 대한 소스이다.

```
\begin{tikzpicture}[scale=3]
  \clip (-0.1,-0.2) rectangle (1.3,1.3);
  \draw[step=.3cm,gray,very thin] (-1.4,-1.4) grid (1.4,1.4);
  \draw (-1.5,0) -- (1.5,0);
  \draw (0,-1.5) -- (0,1.5);
  \draw (0,0) circle (1.2cm);
  \filldraw[fill=green!20!white, draw=green!50!black]
    (0,0) -- (9mm,0mm) arc (0:45:9mm) -- cycle;
\end{tikzpicture}
```

두 번째 줄은 그릴 영역을 사각형으로 설정하였기 때문에 세 번째 줄 부터 그린 그림은 모두 사각형 안에서만 보여지게 된다. 세 번째 줄은 격자, 네

번째 줄과 다섯 번째 줄은 직선, 여섯 번째 줄은 원을 그린 것이다. 일곱 번째 줄은 `fill` 그림 명령을 사용하여 그래프 호의 영역 안에 녹색 20% 흰색80%의 혼합색으로 그렸고 여덟 번째 줄은 호의 영역 테두리를 녹색 50% 검정색 50%의 혼합색으로 그렸다.

14.3.10. 그림에 음영 넣기

그래픽 작성시, 일정 영역 안에 색과 음영(shading)을 같이 표현하면 더욱 효과적으로 보일 수 있다. TikZ에서 음영은 `\shade`, `\shadedraw` 명령을 사용하여 표현할 수 있다.그림에 음영의 설정은

`\shade` 또는 `\shadedraw[`*options*`]` *area*

으로 표현하며 *options*에 음영의 모양은 다음과 같이 설정할 수 있다.

`shading=axis` 그림 영역을 가로로 세 부분으로 나눈 후 세 부분에 수평으로 색을 위에서 아래로 음영색을 그린다. 만일 색의 방향을 변경하려면 `shading=axis, shading angle=`*degrees*에 각을 주어 반시계 방향으로 회전시킨다. 만일 반시계 방향으로 90° 회전하면 왼쪽에서 오른쪽으로 음영색이 그려진다.

`shading=radial` 음영 효과를 원으로 주며 기본으로 설정된 색은 원의 안쪽은 회색 바깥쪽은 흰색이다.

`shading=ball` 음영 효과를 공 모양 형태로 주며 음영을 주는 위치는 공의 왼측 상단에서 빛이 내릴때 공에 반사되는 형태로 음영이 주어진다.

`shading angle=`*degrees* 음영을 주어진 각 *degree*만큼 회전하여 그린다.

다음은 그림 14.20의 음영에 대한 소스이다.

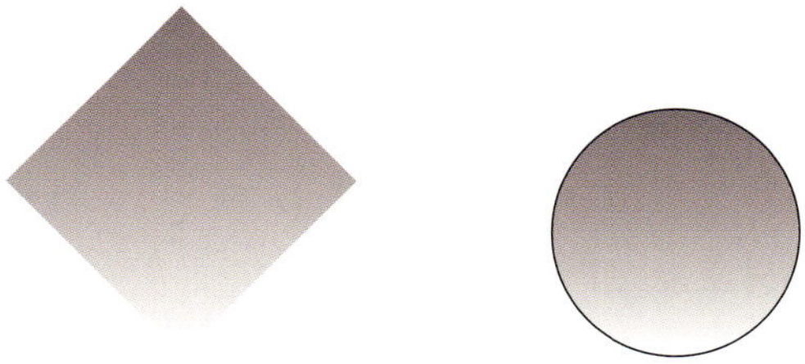

그림 14.20: 기본 설정값으로 음영 그리기

```
\begin{tikzpicture}
\shade[rotate=45] (0,0) rectangle (2,2);
\shadedraw (4,1) circle (1cm);
\end{tikzpicture}
```

두 번째 줄은 사각형 45° 회전하여 기본 설정색 `gray`로 음영을 그렸고 세 번째 줄은 원 안에 음영과 원의 테두리를 함께 그렸다.

*options*에 음영색의 기본값은 회색에서 검정색으로 변하도록 설정되었고, 다음과 같은 옵션을 사용하면 음영의 방향이나 색을 변경하여 적용할 수 있다.

`top color=`*color* 음영에서 위쪽 색 설정

`bottom color=`*color* 음영에서 아래쪽 색 설정

`middle color=`*color* 음영에서 가운데 색 설정

`left color=`*color* 음영에서 왼쪽 색 설정

`right color=`*color* 음영에서 오른쪽 색 설정

`inner color=`*color* 음영에서 안쪽 색 설정

`outer color=`*color* 음영에서 바깥쪽 색 설정

`ball color=`*color* 공 모양에서 hightlight 색 설정

그림 14.21: 네 도형에 음영 그리기

그림 14.21에 여러 가지 도형의 음영을 표현하였으며 소스는 다음과 같다.

```
\begin{tikzpicture}[rounded corners,ultra thick]
  \shade[top color=yellow,bottom color=black] (0,0)
                                          rectangle +(2,1);
  \shade[left color=yellow,right color=black] (4,0.5)
                                        ellipse (1 and 0.5);
  \shadedraw[inner color=yellow,outer color=black,draw=red]
          (6,0.5) -- (7,0) -- (8,0.5) -- (7, 1) -- cycle;
  \shade[ball color=green] (9,.5) circle (.5cm);
\end{tikzpicture}
```

소스에서 두 번째 – 세 번째 줄은 음영이 위에서 아래로, 네 번째 – 다섯 번째 줄은 왼쪽에서 오른쪽으로, 여섯 번째 – 일곱 번째 줄은 안에서 밖으로 음영을 그리면서 마름모의 테두리 색을 빨간색으로 하였으며, 여덟 번째 줄은 원 모양에 음영은 공으로 표현하였다. 세 번째 줄에서 +(2,1)은 x축으로 2만큼 증가하고 y축으로 1 증가한 좌표값이다.

호에 대한 음영은 \shadedraw 명령으로 작성할 수 있으며 그림 14.22에서 결과를 확인할 수 있다.

다음은 그림 14.22의 소스이다.

```
\begin{tikzpicture}[scale=3]
  \clip (-0.1,-0.2) rectangle (1.3,1.3);
```

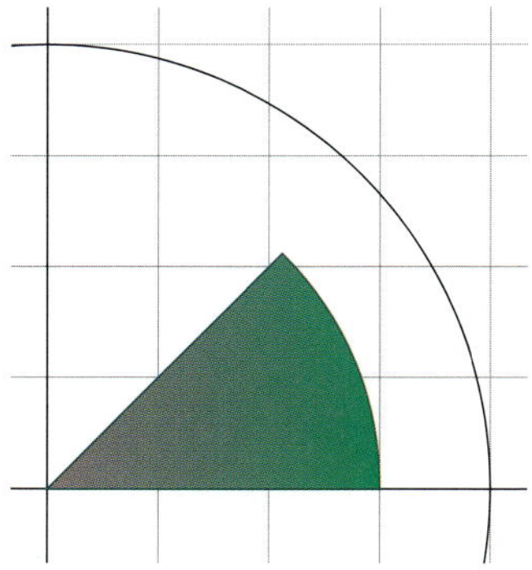

그림 14.22: 도형에 다양한 음영 주기

```
  \draw[step=.3cm,gray,very thin] (-1.4,-1.4) grid (1.4,1.4);
  \draw (-1.5,0) -- (1.5,0);
  \draw (0,-1.5) -- (0,1.5);
  \draw (0,0) circle (1.2cm);
  \shadedraw[left color=gray,right color=green,
             draw=green!50!black]
            (0,0) -- (9mm,0mm) arc (0:45:9mm) -- cycle;
\end{tikzpicture}
```

위 소스에서 left color=gray는 왼쪽색을 회색, right color=green은 오른쪽 색을 녹색이고 draw=green!50!black은 호의 외곽을 녹색 50%와 검정색 50%로 그렸다

14.3.11. 반복문(Loop)으로 그림 그리기

좌표축에 그림을 삽입하려면 해당 값들을 일일이 입력할 수도 있지만 값이 많은 경우에는 작업양이 많아 진다. 따라서 작업량을 줄이면서 효과적으로 작업할 수 있는 반복문에 대하여 알아보자. 반복문의 사용은 다음과 같다.

\foreach *variable* in {*list of value*} [step *num*] *command*

- *variable*는 반복에 사용할 변수
- *list of value*는 반복에 사용할 숫자로 증감수치가 일정하다면 step(기본값은 1)에 증감 숫자를 입력하여 사용할 수도 있고, 증감값이 일정하지 않은 경우에는 사용자가 직접 반복에 사용할 숫자를 입력할 수 있다. 증감수치가 같은 경우의 예로 1에서 10까지 숫자가 필요하면 {1,2, ...,10}로 하고, 증감수치가 다른 경우의 예로 1,2,5,9 숫자를 사용한다면 {1,2,5,9}로 한다.
- *command*에는 LaTeX 명령을 사용한다.

다음은 반복문을 이용하여 10개의 사각형을 만들었으며

그림 14.23: 반복하여 같은 사각형 그리기

다음은 그림 14.23에 대한 소스이다.

```
\begin{tikzpicture}
\foreach \x in {1,..., 10} step 1.5
  \fill[color=green](\x,0) +(-0.4,-0.4) rectangle +(0.4, 0.4);
 \end{tikzpicture}
```

두 번째 줄에서 1에서 10까지 10번 반복하는데 그 증가값은 1.5이고 세 번째 줄에서 색은 녹색으로 면의 길이가 0.8cm인 사각형을 10개를 그렸다. 사각형은 (\x,0)에서 +(-0.4,-0.4)만큼 이동한 좌표와 +(0.4, 0.4)만큼 이동한 좌표로 그렸다.

14.3.12. 그림에 텍스트 삽입하기

그림에 텍스트 삽입은 \draw 명령에 node 옵션을 사용하거나 \node 명령을 사용한다. \draw 명령에 node 옵션의 사용법은

```
\draw data_points node [loc] {text};
```

이며, \node 명령의 사용법은

```
\node [loc] {text};
```

이다.

- *data_points*는 텍스트를 삽입할 데이터 위치이고,
- *loc*는 데이터 위치를 기준으로 텍스트의 위치는
  - near start : 데이터 범위 중 시작하는 곳 근처에 텍스트를 삽입
  - midway : 데이터 범위 중 중앙에 텍스트를 삽입
  - near end : 데이터 범위 중 종료하는 곳 근처에 텍스트를 삽입
  - left : 데이터의 왼쪽에 텍스트 삽입
  - right 데이터의 오른쪽에 텍스트 삽입
  - above : 데이터의 위쪽에 텍스트 삽입
  - below : 데이터의 아래쪽에 텍스트 삽입

  이다.

이 옵션들은 순서에 상관없이 여러 개를 동시에 사용할 수 있다. 그림14.24에 직선을 긋고, 그 직선을 기준으로 텍스트를 삽입하였다.

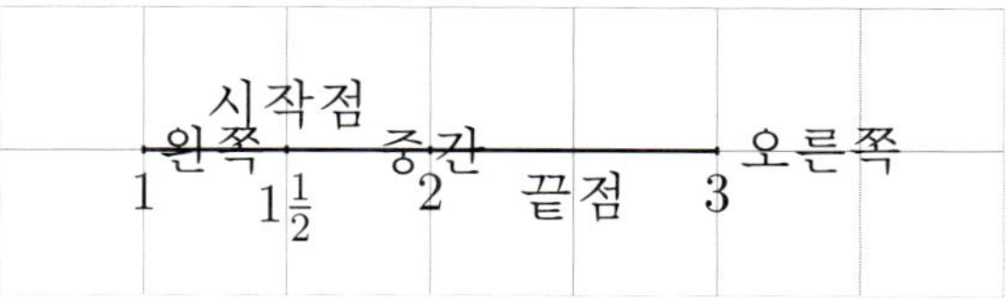

그림 14.24: 그림 영역에 글씨 쓰기

```
\begin{tikzpicture}[scale=2]
\clip (.5,-.5) rectangle (4, 0.5);
\draw [step=.5cm, help lines] (.5,-.5) grid (4,0.5);
\draw [thick](1, 0) --  (3, 0) node[near start, above]{시작점}
                                node[midway]{중간}
                                node[near end, below]{끝점}
                                node[near start, left]{왼쪽}
                                node[right]{오른쪽};
\foreach \x/\xtext in {1/1, 1.5/1\frac{1}{2}, 2/2, 3/3}
  \draw[shift={(\x,0)},thick] (0pt, 0.4pt) -- (0pt, -0.4pt)
                                 node[below] {$\xtext$};
\end{tikzpicture}
```

위 소스에서 node가 들어간 부분(네 번째 – 여덟 번째 줄)은 한 줄에 입력하며 그렇지 않으면 오류가 발생한다. 두 번째 줄은 그려질 영역을 사각형으로 설정하여 이후에 직선이나 텍스트는 이 영역 안에서만 보이게 된다. 세 번째 줄은 격자를 그린 것이고 네 번째 줄에서 여덟 번째 줄은 그림에 텍스트를 추가한 것으로 네 번째 줄은 직선의 시작점인 (1,0) 근처 위에 텍스트가 추가되고 다섯 번째 줄은 직선의 가운데, 여섯 번째 줄은 직선의 끝 점 아래에, 일곱 번째 줄은 직선의 시작점 왼쪽 부근에, 여덟 번째 줄은 직선의 오른쪽에 텍스트가 추가된다. 아홉 번째 줄은 좌표에 수학모드를 사용하여 분수도 표현하였다.

주의할 점은 반복 리스트 내에서 수학모드인 경우 `$`를 사용하지 않는다(아홉 번째 줄). 그러나 텍스트를 나타내는 경우는 수학모드 `$`를 사용해야 올바로 작동한다(열한 번째 줄).

14.3.13. 함수로 그리기

`plot` 그림 명령은 PGF에서 제공하는 함수를 사용하여 그래픽을 그릴 수도 있고, Gnuplot이나 *Mathematica*[2] 등 외부 프로그램을 사용하여 그래픽을 그리는 것도 제공한다. *Mathematica*는 Stephen Wolfram가 최초로 만들었으며 수학계산 프로그램이다. `plot`로 그래픽을 그리려면

`\draw plot [`*options*`]coordinates {(`x_1`, `y_1`) (`x_2`, `y_2`) ... (`x_n`, `y_n`)}` 주어진 좌표값으로 그래프를 그린다(14.3.13.1절 참조).

`\draw plot [`*options*`] {`*coordinate_expression*`}` PGF에서 제공하는 수학함수로 좌표를 만들어 그래프를 그린다(14.3.13.1절 참조).

`\draw plot [`*options*`] file {`*directory/filename*`}` 외부에 저장된 데이터 파일을 읽어서 그 내용을 그린다(14.3.13.2절 참조).

`\draw plot [`*options*`] function {`*f*`(x)}` Gnuplot이나 *Mathematica* 프로그램과 연결하여 좌표를 구하고 그래프를 그린다(14.3.13.3절 참조).

네 가지 방법을 이용한다.

14.3.13.1. PGF 내부에서 자료를 직접 만들어 그림 그리기

[2]홈페이지 http://www.wolfram.com/ 참조

PGF 내부에서 자료를 만들어 그래픽을 그리는 것은 14.3.13절에서 소개한 것과 같이 두 가지가 있다. 첫 번째는 좌표 값을 직접 입력하여 그리는 것으로

\draw plot [*options*] coordinates {(x_1, y_1) (x_2, y_2)...(x_n, y_n)};

이다. 다음은 다섯 개의 좌표값으로 정오각형을 그린 것을

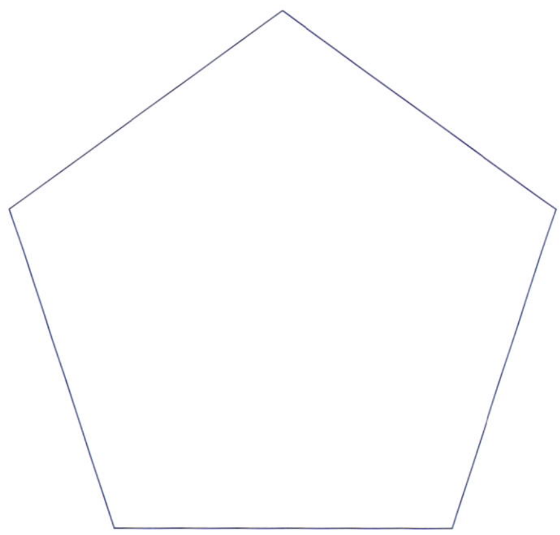

그림 14.25: 오각형 그림

그림 14.25에 있으며 소스는 다음과 같다.

```
\tikz \draw[color=blue] plot coordinates {(0,3) (-2.853, 0.927)
                        (-1.763, -2.427) (1.763, -2.427)
                        (2.853, 0.927) (0,3)};
```

다음은 오각형을 두 개 그린 그림 14.26의 소스로 두 개의 오각형을 그렸으며 plot로 그리면 전에 그려진 선과는 별도로 그림을 그리고 --plot으로 그리면 전에 입력한 선들과 이어서 모든 좌표를 연결하여 그려준다. 다음은 그림 14.26에 대한 소스이다.

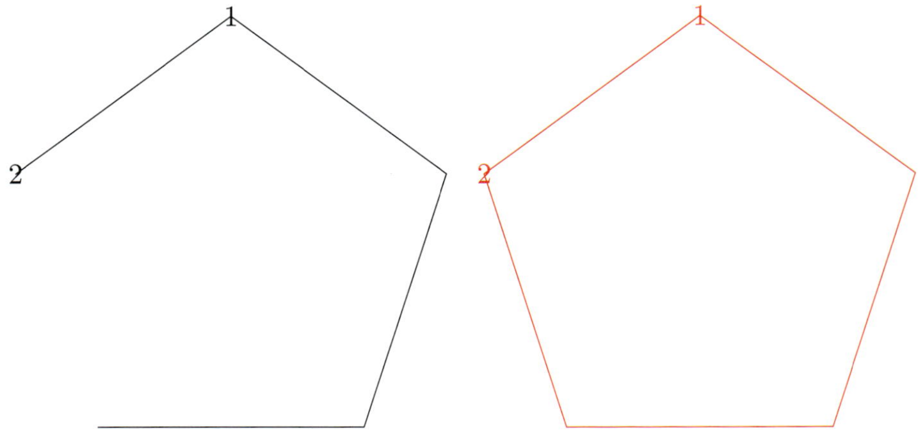

그림 14.26: 오각형 두 개 그리기

```
\begin{tikzpicuture}
\draw (0,3) node{1} -- (-2.853, 0.927) node{2}
      plot coordinates {(-1.763, -2.427) (1.763, -2.427)
                        (2.853, 0.927) (0,3)};
\draw[color=red, xshift=6.2cm]
      (0,3) node{1} -- (-2.853, 0.927) node{2}
      -- plot coordinates {(-1.763, -2.427) (1.763, -2.427)
                           (2.853, 0.927) (0,3)};
\end{tikzpicture}
```

plot로 그린 것은 중간에 좌표를 잇지 않으나(두 번째 – 네 번째 줄) --plot로 그래픽을 그린 것은 앞에 있는 좌표와 연결하여 그린다(다섯 번째 – 여덟 번째 줄). node 그림 명령으로 그리기 시작한 좌표 순서를 두 번째까지 나타내었다.

두 번째는 PGF 패키지에 포함된 함수를 이용하여 것으로

```
\draw plot [options] {coordinate expression}
```

이다. 여기서 *coordinate expression*에는 수식을 입력하여 자료를 구하여 그래픽을 그린다. PGF에는 수학 엔진이 포함되어 있기 때문에 수식계산이 가능하다. 수식 계산을 하려면 `\usepackage{pgfmath}`를 *preamble*에 입력해야 한다. 다음은 PGF에서 제공하는 연산자와 함수들이다. 수식입력은 `\pgfmathparse{expression}`으로 하고 결과는 `\pgfmathresult`로 얻는다.

다음은 PGF에서 사용할 수 있는 수식을 소개하였다.

`x + y`는 두 값을 더하기 한 것으로 결과와 소스이다.

`6.0` .... `\pgfmathparse{4+2pt} \pgfmathresult`

`x - y`는 빼기로 결과와 소스이다.

`41.53899` .... `\pgfmathparse{155.35-4cm} \pgfmathresult`

`x * y`는 두 값을 곱한 것으로 결과와 소스이다.

`17.78395` .... `\pgfmathparse{3.9pt*4.56} \pgfmathresult`

`x / y`는 나누기한 것으로 결과와 소스이다.

`-1.85881` .... `\pgfmathparse{-31.6pt/17} \pgfmathresult`

`x ^ y`는 지수승 x^y로 결과와 소스이다.

`16.0` .... `\pgfmathparse{2^4} \pgfmathresult`

`x == y`는 두 값이 동일하면 1 그렇지 않으면 0으로 결과와 소스이다.

`0.0` .... `\pgfmathparse{2==4} \pgfmathresult`

`x > y` 는 x가 y보다 크면 1 그렇지 않으면 0으로 결과와 소스이다.

`0.0` .... `\pgfmathparse{2>4} \pgfmathresult`

`x < y` 는 x가 y보다 작으면 1 그렇지 않으면 0으로 결과와 소스이다.

`1.0` .... `\pgfmathparse{2<4} \pgfmathresult` `mod(x, y)`는 x를 y로 나누었을 때 나머지로 결과와 소스이다.

2.0 .... `\pgfmathparse{mod(5,3)} \pgfmathresult` S

`max(x, y)`는 두 값의 최대값으로 결과와 소스이다.

5.0 .... `\pgfmathparse{max(5,3)} \pgfmathresult`

`min(x, y)`는 두 값의 최소값으로 결과와 소스이다.

3.0 .... `\pgfmathparse{min(5,3)} \pgfmathresult`

`abs(x)`는 절대값으로 결과와 소스이다.

5.0 .... `\pgfmathparse{abs(-5)} \pgfmathresult`

`round(x)`는 반올림으로 결과와 소스이다.

6.0 .... `\pgfmathparse{round(5.5)} \pgfmathresult`

`floor(x)`는 버림으로 결과와 소스이다.

5.0 .... `\pgfmathparse{floor(5.9)} \pgfmathresult`

`ceil(x)`는 올림으로 결과와 소스이다.

6.0 .... `\pgfmathparse{ceil(5.1)} \pgfmathresult`

`exp(x)`는 e^x로 결과와 소스이다.

7.3888 .... `\pgfmathparse{exp(2)} \pgfmathresult`

`ln(x)`는 자연로그 x값 출력으로 결과와 소스이다.

2.30257 .... `\pgfmathparse{ln(10)} \pgfmathresult`

`pow(x, y)`는 x^y로 `x^y`와 동일하며 결과와 소스이다.

16.0 .... `\pgfmathparse{pow(2,4)} \pgfmathresult`

`sqrt(x)`는 $\sqrt{x}$이며 결과와 소스이다.

1.41422 .... `\pgfmathparse{sqrt(2)} \pgfmathresult`

`veclen(x, y)`는 $\sqrt{x^2+y^2}$이며 결과와 소스이다.

4.47217 .... `\pgfmathparse{veclen(2,4)} \pgfmathresult` `pi`는 원주율 π로 결과와 소스이다.

`3.14159` .... `\pgfmathparse{pi} \pgfmathresult`

`x r`는 라디안을 각으로 변환한 것으로 결과와 소스이다.

`359.99925` .... `\pgfmathparse{2*pi r} \pgfmathresult`

`rad(x)`는 각에서 라디안으로 변환한 것으로 결과와 소스이다.

`1.57079` .... `\pgfmathparse{rad(90)} \pgfmathresult`

`deg(x)`는 라디안에서 각으로 변환한 것으로 결과와 소스이다.

`359.99925` .... `\pgfmathparse{deg(2*pi)} \pgfmathresult`

`sin(x)`는 삼각함수 $\sin(x)$로 결과와 소스이다.

`0.86603` .... `\pgfmathparse{sin(60)} \pgfmathresult`

`cos(x)`는 삼각함수 $\cos(x)$로 결과와 소스이다.

`0.5` .... `\pgfmathparse{cos(60)} \pgfmathresult`

`tan(x)`는 삼각함수 $\tan(x)$로 결과와 소스이다.

`1.73206` .... `\pgfmathparse{tan(60)} \pgfmathresult`

`sec(x)`는 삼각함수 $\sec(x)$로 결과와 소스이다.

`2.0` .... `\pgfmathparse{sec(60)} \pgfmathresult`

`cosec(x)`는 삼각함수 $\mathrm{cosec}(x)$로 결과와 소스이다.

`1.15463` .... `\pgfmathparse{cosec(60)} \pgfmathresult`

`asin(x)`는 삼각함수 $\arcsin(x)$로 결과와 소스이다.

`59.8827` .... `\pgfmathparse{asin(0.866)} \pgfmathresult`

`acos(x)`는 삼각함수 $\arccos(x)$로 결과와 소스이다.

`60.0` .... `\pgfmathparse{acos(0.5)} \pgfmathresult`

`atan(x)`는 삼각함수 $\arctan(x)$로 결과와 소스이다.

`45.0` .... `\pgfmathparse{atan(1)} \pgfmathresult`

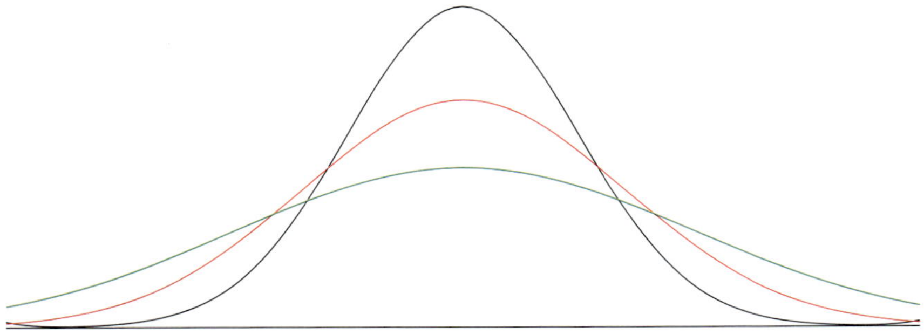

그림 14.27: plot 함수로 그린 정규분포

rnd는 0에서 1 사이의 난수값 출력으로 결과와 소스이다.

0.51329 .... \pgfmathparse{rnd} \pgfmathresult

rand는 –1에서 1 사이의 난수값 출력으로 결과와 소스이다.

0.65028 .... \pgfmathparse{rand} \pgfmathresult

PGF에서 제공하는 수식과 함수를 사용하여 plot으로 그래프를 그려보자. plot에 함수 사용은 \pgfmathparse 명령을 사용하지 않고, 그 안에서 사용한 함수만 사용한다. 사용법은

```
\draw plot(variable, {expression});
```

이다. 수식은 {*expression*}에 입력한다. 그래프는 기본단위 cm을 사용하기 때문에 그림이 작게 나오거나 자료의 수가 적은 경우 그림 모양이 보기에 좋지 않은 경우가 있다. 이때 그림 전체에 영향을 주는 scale이나 xscale, yscale 옵션으로 화면에 그리는 단위를 설정할 수 있다. 이 옵션들은 14.2.3절에 소개하였으니 참조하자.

그림 14.27에 111 면의 식 4.14c에서 소개한 정규분포를 그렸으며 소스는 다음과 같다.

```
\begin{tikzpicture}[domain=-4:4,samples=100,scale=1.4,yscale=7]
\draw plot (\x, {1 / sqrt(2*pi)* exp(-\x*\x/2)});
\draw[color=red] plot (\x, {1 / sqrt(2*pi*2) * exp(-\x*\x/4)});
\draw[color=green] plot (\x, {1 / sqrt(2*pi*4) * exp(-\x*\x/8)});
\draw (-4, 0) -- (4,0);
\end{tikzpicture}
```

소스에서 그래프 영역은 −3에서 3까지이고, x축은 1.8배, y축은 9배 크게 그렸으며 데이터의 개수는 100개를 만들었다.

14.3.13.2. 외부 데이터로부터 그림 그리기

외부 데이터를 PGF 패키지로 불러서 그림을 그리려면

```
\draw \plot file{directory/filename}
```

로 한다. 데이터 파일은 다음과 같은 조건이 있다.

- 케이스 당 두 개의 값만 불러올 수 있고
- 값의 구분은 빈 공간이며
- 자료가 더 있더라도 그 데이터는 무시한다
- 데이터파일에서 줄의 맨 앞에 #나 % 문자를 사용하면 그 행은 주석처리된다.

다음은 데이터 파일 pearson.dat에서 두 자료를 불러서 산점도를 그린 것으로 그림 14.28에서 그 결과를 확인할 수 있다.

그림 14.28: 외부 자료를 불러서 그림 그리기

```
\begin{tikzpicture}[xscale=0.4, yscale=0.4]
\clip (55,55) rectangle (80, 80);
\draw plot[mark=*, only marks]  file {pearson.dat};
\end{tikzpicture}
```

소스에서 세 번째 줄은 데이터 파일 `pearson.dat`을 불러 산점도를 그렸다. 세 번째 줄에서 `mark`는 산점의 모양을 설정하는 것으로 `mark=*`를 입력하면 산점의 모양은 •으로 그려지며, `only marks`는 산점만 그리고 산점끼리 선을 연결하지 않는다. 사용할 수 있는 산점의 종류는 여러 가지가 있으며 그 종류를 알아보자. 우선 `plot`에 산점의 모양을 사용하려면 PGF에서 라이브러리를 호출해야 한다. PGF의 라이브러리 호출은 *preamble*에

\usepgflibrary{plotmarks}로 선언한다. 다음은 산점의 종류에 대하여 출력과 plot 그림 명령에서 사용할 소스를 나타내었다.

mark=*

mark=+

mark=x

mark=|

mark=o

mark=asterisk

mark=star

mark=oplus

mark=oplus*

mark=otimes

mark=otimes*

mark=square

mark=square*

mark=triangle

mark=triangle*

mark=diamond

mark=diamond*

mark=pentagon

mark=pentagon*

14.3.13.3. Gnuplot의 이용하여 그림 그리기

PGF 환경에서 사용할 수 있는 함수는 한정되어 있기 때문에 좀 더 복잡한 계산으로 좌표값을 구하여 그리려면 Gnuplot의 함수를 이용해야 한다. PGF에서 Gnuplot의 사용방법은

```
plot[options]function{f(x)}]
```

이며, plot에 사용할 수 있는 *options*는

parametric=*boolean* 그림을 그릴 때 함수에 전달인자를 사용할지 설정하는 것으로 기본값은 참이다. *boolean*에는 true 또는 false이 온다. 만일 이 옵션을 설정하지 않았으면 전달인자로 x를 사용하지만 true이면 x 대신 t를 반드시 사용해야 하고 함수가 두 개이면 식과 식 사이에 컴마(,)로 두 식을 구분한다.

id=*id* 그래픽을 그릴 때 두 개 파일 *prefix.id*.gnuplot와 *prefix.id*.table이 만들어지는데 파일 이름의 일부를 설정하는 것이다. 파일이름이기 때문에 *나 #는 사용할 수 없다. 만일 옵션을 설정하지 않으면 pgf-plot이 기본값이다.

prefix=*prefix* 그래픽 그릴 때 자동으로 만들어지는 두 파일 명의 일부를 설정하는 것으로 기본값은 \jobname이다. \jobname은 현재 작업중인 .tex 파일에서 확장자를 제외한 파일이름이다.

raw gnuplot Gnuplot의 내부 명령을 *f*(x)에 작성하여 Gnuplot으로 보내고 그 결과 좌표값을 구한다. 이 옵션은 좀더 복잡한 Gnuplot 명령을 사용하여 좌표를 구하는 경우에 유용하다.

every plot plot에 스타일 파일이 설정되었을 때 그 파일을 적용하도록 설정한다. 만일

```
\plot[every plot, ...]
```

로 옵션을 사용하려면

```
\tikzset{every plot/.style={prefix=plots}}
```

을 *preamble*에 설정해야 한다. `.style` 설정방법은 14.2.2 절에 소개되어 있으니 참조하자.

이 작업에는 다음과 같이 세 개의 파일이 필요하며

`.tex` : `.tex` 문서파일

`.gnuplot` : `.tex` 문서파일을 컴파일하면 Gnuplot 명령들이 포함된 파일이 자동으로 생성

`.table` : `.gnuplot` 파일을 실행하면 그리려는 좌표들이 포함된 데이터 파일이 생성

된다. 예를 들어 소스가

```
\draw plot[prefix=dist, id=chisq, domain=0:16, samples=50]
function{1./(gamma(5/2.)* 2**(5/2.))*x**(5/2. -1)*exp(-x/2.)};
```

이고, LaTeX 파일이름이 `graphtest.tex`이면 실행과정은 다음과 같다.

`% latex graphtest.tex` 컴파일하면 `distchisq.gnuplot` 파일에 Gnuplot 명령들이 저장되고

`% wgnuplot distchisq.gnuplot` Gnuplot 명령을 실행하면 `distchisq.table` 파일에 좌표값이 저장되며(`wgnuplot`은 Gnuplot 실행 명령)

% pdflatex graphtest.tex 명령으로 PDF 파일을 만들어 그 결과를 확인 할 수 있다.

LaTeX 파일을 컴파일한 결과 생성된 파일 distchisq.gnuplot에 Gnuplot 명령이 다음과 같이 만들어지며

```
set terminal table; set output "distchisq.table";
set format "%.5f"
set samples 50;
plot [x=0:16] 1./(gamma( 5/2.)*2**(5/2.))*x**(5/2.-1)*exp(-x/2.)
```

Gnuplot 명령을 실행하여 distchisq.table 파일에 $(x,\ y)$의 좌표값들이 50개 저장된다. 다음은 저장된 좌표값들의 일부이다.

```
#Curve 0 of 1, 50 points
#x y type
0.00000 0.00000  i
0.32653 0.02108  i
0.65306 0.05063  i
0.97959 0.07900  i
1.30612 0.10331  i
1.63265 0.12263  i
1.95918 0.13692  i
2.28571 0.14655  i
2.61224 0.15208  i
    중간 생략
13.38776 0.00807  i
13.71429 0.00710  i
14.04082 0.00625  i
14.36735 0.00550  i
```

```
14.69388 0.00483  i
15.02041 0.00424  i
15.34694 0.00372  i
15.67347 0.00326  i
16.00000 0.00286  i
```

좌표를 만들기까지 과정이 정상적으로 진행되려면 당연히 Gnuplot 프로그램이 설치되어 있어야 하고, 실행파일 `wgnuplot.exe`가 있는 곳까지 경로(path)가 설정되어 있어야 한다.

그림 14.29에는 통계분포함수 중 하나인 카이제곱분포(χ^2, df=5)에 대한 좌표값을 Gnuplot로 구하고 분포에 대한 그래프를 그렸다.

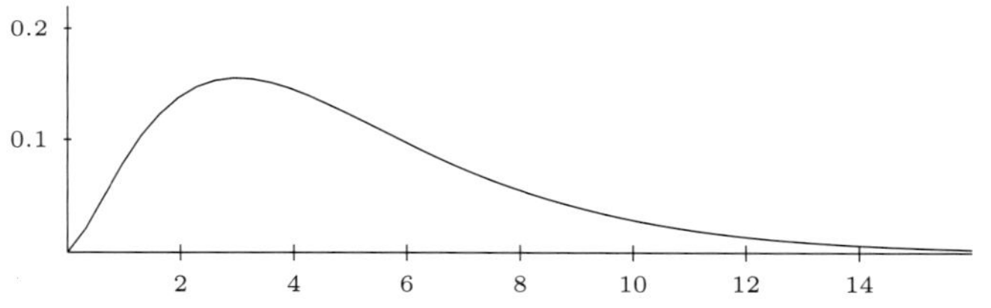

그림 14.29: Gnuplot에서 자료를 구하여 그림 그리기

다음은 카이제곱분포를 그린 소스이다.

```
\begin{tikzpicture}[xscale=0.5, yscale=10]
\clip (-1, -0.05) rectangle (16, 0.22);
\draw[-] (0,0) -- (16, 0);
\draw[-] (0,0) -- ( 0, 0.5);
\draw plot[prefix=dist, id=chisq, domain=0:16, samples=50]
function{1./(gamma(5/2.)*2**(5/2.))*x**(5/2.-1)*exp(-x/2.)};
\foreach \x/\xtext in {2/2, 4/4, 6/6, 8/8, 10/10, 12/12, 14/14}
  \draw[shift={(\x,0)}] (0pt, 0.2pt) -- (0pt, -0.2pt)
  node[below] {\tiny{$\xtext$}};
```

```
\foreach \y/\ytext in {0.1/0.1, 0.2/0.2}
  \draw[shift={(0,\y)}] (2pt, 0pt) -- (-2pt, 0pt)
  node[left] {\tiny{$\ytext$}};
\end{tikzpicture}
```

소스에서 다섯 번째 줄은 좌표를 구하기 위한 설정값으로 dist와 chisq는 distchisq.gnuplot 파일 이름과 distchisq.table 파일이름에 사용되고 domain=0:16은 그릴 함수의 범위가 0에서 16을 나타내며, samples=50은 만들 자료의 개수를 50로 하였다.

여섯 번째 줄에 카이제곱분포의 확률밀도함수를 입력하였다. 현재 PGF의 내부에서 있는 함수 중 gamma 함수($\Gamma(z) = \int_0^\infty t^{z-1}e^{-t}\,dt$)가 제공되지 않기 때문에 Gnuplot으로 함수를 전달하여 좌표값을 구하였다. 일곱 번째 – 아홉 번째 줄은 x축 레이블이고 열 번째 – 열두 번째 줄은 y축 레이블이다.

제 15 장

graphics와 color 패키지

LaTeX 2ε에서 얻을 수 있는 graphics 패키지는 그림이나 글자의 확대, 축소 및 색깔, 박스의 대칭, 회전, 확대 및 축소 등을 조정할 수 있다. 이 장의 내용을 사용하려면 graphics와 color 패키지 등을 사용하여야 한다. 즉, LaTeX 2ε의 입력 파일의 *preamble*(\documentclass와 \begin{document} 사이)에

```
\usepackage[option]{color, graphics}
```

명령이 있어야 한다. 이 두 패키지를 사용하지 않으면 이 장에서 소개할 명령은 에러를 발생시킨다. *option*에는 이 두 패키지로 만든 .dvi 파일을 처리할 구동자를 지정하는데 dvips가 많이 사용된다.[1] dvips의 사용은 17.6절을 참고하기로 한다.

option 없이 사용하려면 color.cfg와 graphics.cfg라는 파일을 .sty 파일이 있는 곳에 두면 된다. 이 두 파일에는 .dvi 파일을 처리할 구동자(dvi driver)를 지정하는데 dvips를 사용할 경우

[1]일부 오래된 dvi driver는 이 패키지의 기능을 지원하지 않으므로 dvi 형식에서 PostScript 지원 형태로 바꾸어 주기 위해 이 옵션이 필요하나 최근의 dvi driver들은 dvi driver에서 PostScript 설정을 해 줌으로써 이 패키지의 기능을 바로 지원 받는 경우가 많다.

```
\ExecOptions{dvips}
```

라고 설정한다.

이 장에서 얻어지는 결과로 만들어지는 .dvi 파일을 처리할 수 있는 적절한 DVI 구동자가 있어야 한다.[2] dvips는 CTAN에서 얻을 수 있으며 MiKTEX 이나 KC2008 등을 설치하면 기본적으로 설치되며 그 기능은 .dvi 파일을 PostScript(.ps)나 Encapsulated PostScript(.eps) 파일로 변환하는 데 있다.

15.1. graphics 패키지

graphics 패키지에서 제공하는 중요한 명령 중의 하나인 \includegraphics 명령은 18.2절에서 따로 다루기로 하고 여기서는 이 패키지가 제공하는 다른 기능에 대해서 알아보기로 한다.

15.1.1. 축소 확대 및 회전

먼저 LR 박스의 내용을 확대 축소 또는 회전하는 것에 대해 알아보기로 하자. \scalebox 명령은 주어진 내용을 가로 세로 비율을 일정하게 유지하면서 확대 또는 축소하는 명령이다. \scalebox 명령의 사용법은 다음과 같다.

\scalebox{*width_scale*}[*height_scale*]{*contents*}

여기서 *width_scale*는 가로의 배율이며 옵션인 *height_scale*은 세로의 비율이다. *contents*는 확대 또는 축소할 내용이다. 가로와 세로의 배율이 1보다 크

[2] 17.6절에서 dvips를 이용하여 여기에 설명한 graphics 패키지의 기능을 출력하는 방법에 대해 알아보기로 한다.

면 확대이고 1보다 작으면 축소이다. 만일 세로의 배율이 주어지지 않으면 세로의 배율은 주어진 가로 배율과 같은 배율로 확대 또는 축소된다.

ABCD는 ABCD보다 두 배 확대되었고 가나다는 가나다의 반 크기이다. 배율을 달리하면 길쭉한 글자체로도 만들 수 있다.	`\scalebox{2}{ABCD}는 ABCD 보다 두 배 확대되었고 \scalebox{.5}{가나다}는 가나다의 반 크기이다. 배율을 달리하면 \scalebox{.75}[2]{길쭉한} 글자체로도 만들 수 있다.`

위의 `\scalebox`가 가로와 세로에 주어진 배율 만큼 확대 또는 축소하는 데 반하여 `\resizebox` 명령은 가로와 세로의 크기를 주어진 길이만큼 늘이거나 줄인다. 이 명령의 사용법은

`\resizebox{`*width_scale*`}{`*height_scale*`}{`*contents*`}`

이다. *width_scale*, *height_scale* 및 *contents*는 `\scalebox` 명령과 마찬가지이지만 *height_scale*가 옵션이 아니라는 점에 주의하여야 한다.

여기서 가로나 세로길이로 특히 `!`를 줄 수 있는데 둘 중의 한 길이에 `!`가 주어지면 확대 축소가 같은 비율로 이루어진다.

코끼리	`\resizebox{5cm}{1cm}{코끼리}`
코끼리	`\resizebox{3cm}{!}{코끼리}`

`\rotatebox` 명령은 박스 안에 주어진 내용을 주어진 각도만큼 회전시킨다. 이 명령은

```
\rotatebox{degree}{contents}
```

으로 사용하며 *degree*에 사용하는 각은 원의 각을 360°로 하며 음수값도 가능하다. 다음은 회전의 몇가지 보기이며 색을 사용한 것이 원래 박스를 회전한 것이다. 색깔 사용은 15.2절을 참고하기로 한다.

회전 회전 `\rotatebox{30}{회전}`

회전 회전 `\rotatebox{180}{회전}`

회전 회전 `\rotatebox{-30}{회전}`

This GNU is 30 degree rotated. . . This `\rotatebox{30}{GNU} is 30...`

This a rotated GNU . . . . `This a rotated \rotatebox{180}{GNU}`

`graphics` 패키지의 확장인 `graphicx` 패키지를 사용하면 회전의 방식에 몇가지 옵션을 줄 수 있다. `graphicx` 패키지를 사용할 때의 사용법은

```
\rotatebox[options]{degree}{contents}
```

로 회전 옵션을 설정할 수 있다. `options`에는

`origin=`*label* 는 회전의 기준을 *label*로 한다는 것으로 *label*에는 `l`, `r`, `c`, `t`, `b`, `B` 중의 하나 또는 둘 이상의 조합으로 사용한다. 이들은 각각 회전의 기준을 왼쪽, 오른쪽, 중앙, 위, 아래 및 베이스라인으로 설정한다. 베이스라인은 그림 3.4의 그림에서 세 번째 줄이다.

x=*dim* 원래의 회전 기준점의 x좌표에서 회전 기준점의 x좌표를 dim만큼 가로로 이동한다.

y=*dim* 원래의 회전 기준점의 y좌표에서 회전 기준점의 y좌표를 dim만큼 세로로 이동한다

units=*numb* 회전 각도 *angle*의 단위로 -360이면 시계 방향, 6.23185이면 radian 각도이다.

을 설정할 수 있다. 다음은 회전의 기준점이나 회전 위치 및 단위를 변경한 결과이며 색을 사용하지 않은 것은 원래 모양, 색을 사용한 것은 회전한 모양이다.

```
\rotatebox[x=4cm, y=2cm]{45}{회전}
```

```
\rotatebox[origin=l]{45}{회전}
```

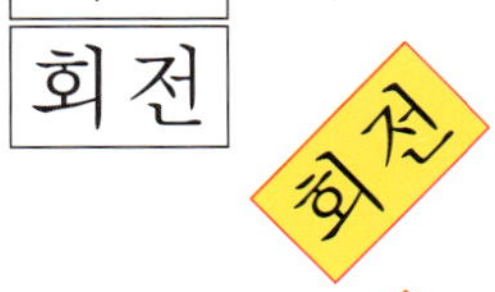


```
\rotatebox[origin=r]{45}{회전}
```

```
\rotatebox[origin=c]{45}{회전}
```

```
\rotatebox[origin=cb]{45}{회전}
```

```
\rotatebox[origin=ct]{45}{회전}
```

回 회전 회전　　`\rotatebox[units=-360]{45}{회전}`

`\reflectbox`는 주어진 박스를 원래 모양에서 좌우로 대칭인 모양을 만든다. 즉 거울에 비친 것과 같은 역상을 얻고자 할 때 사용하는 명령이다.

대칭는 대칭의 좌우가 바뀐 모양이다.
ABCD는 ABCD의 좌우가 바뀐 모양이다.

```
\fbox{\reflectbox{\Large
대칭}}는 \fbox{\Large
대칭}의 좌우가 바뀐
모양이다.\\
\fbox{\reflectbox{\Large
ABCD}}는 \fbox{\Large
ABCD}의 좌우가 바뀐
모양이다.
```

15.1.2. 외부 그림 파일

graphics나 그의 확장인 graphicx 패키지는 `\includegraphics` 명령 또는 `\includegraphics*` 명령을 사용하여 외부 그림 파일을 불러 들일 수 있다. 이 명령은 18.2절에서 따로 다루기로 한다.

15.2. 색조정 – color 패키지

color 패키지를 이용하면 각종 색깔을 인쇄할 수 있다. `\textcolor` 명령은 주어진 글자의 색을 정하는대로 바꾸어준다. 이 명령의 사용법은

```
\textcolor{color}{text}
```

인데 *text*를 원하는 색 *color*로 바꾸어 준다.

붉은색, 녹색 및 파란색은 3 원색이다.

```
\textcolor{red}{\LARGE
붉은색}, \textcolor
{green}{\LARGE 녹색} 및
\textcolor{blue}{\LARGE
파란색}은 3 원색이다.
```

*color*에 사용할 수 있는 색의 이름은 black, white, red, green, blue, cyan, magenta, yellow의 여덟 개의 기본색과 \definecolor 명령으로 사용자가 정의한 색의 이름이 가능하다. colordvi 패키지를 사용하면 기본 색깔보다 더 많은 색의 이름을 사용할 수 있다.

\colorbox 명령은 박스를 원하는 색으로 칠한다. 위의 \textcolor와 다른 점은 \textcolor는 글자의 색을 바꾸는 데 반해 \colorbox는 글자 이외의 여백의 색을 바꾼다는 것이다. 사용법은

\colorbox{*color*}{*box*의 내용}

이며 *color*에는 *box*의 내용에 줄 색깔을 설정한다. 다음은 \colorbox 명령의 입력과 그 결과이다.

노란색의 박스와 CYAN 박스는 단색에서 구별될까?

```
\colorbox{yellow}{\LARGE
노란색}의 박스와
\colorbox{cyan}{\LARGE
CYAN}박스는 단색에서
\textcolor{red}{\LARGE
구별}될까?
```

color 패키지에는 \colorbox에 추가하여 특정한 색으로 외곽선을 칠하게 명령인 \fcolorbox 명령도 포함된다. 사용법은

```
\fcolorbox{border_color}{box_color}{box의 내용}
```

인데 *border_color*에는 외곽선의 색, *box_color*에는 박스 안의 색을 정해준다. 다음은 녹색을 박스 안에 칠하고 붉은 색을 테두리에 칠한 예이다.

세줄의
큰
박스

```
\fcolorbox{red}{green}{\shortstack{{\Large 세줄의} \\
    {\Lagre 큰} \\ {\Large 박스}} }
```

위에서 사용한 색의 이름은 비교적 표준의 색이름이다. 이러한 표준적인 색이 아닌 경우의 특별한 색을 만들려고 할 때 사용하는 명령이 `\definecolor` 명령이다. 이 명령의 선언은 다음과 같이 하는데

```
\definecolor{name}{model}{ratio}
```

*name*에는 새로 정의할 색의 이름을 주며 *model*는 사용할 색깔 모델 이름을 주고, *ratio*에는 색깔 모형에 따른 각 색깔의 비율을 설정한다.

*model*에 사용할 수 있는 것은 세 가지가 있으며 *model*에 따라 *ratio*를 주는 방법도 달라진다.

`rgb` 빛의 삼원색인 '빨녹파'의 비율을 색깔 모델로 사용하며 *ratio*에는 이 색의 농도를 준다. 빨간색(`r`), 초록색(`g`), 파란색(`b`)의 농도를 0부터 1 사이의 값으로 준다. 숫자가 클수록 짙은 농도를 의미한다.

`cmyk` CYAN, MAGENTA, YELLOW 및 검정(`k`) 을 기본으로 사용하며 *ratio*는 이 네 가지 색의 농도를 0부터 1사이의 값으로 준다. 숫자가 클수록 짙은 농도를 의미한다.

gray 검은 색의 농도를 정해 준다. 숫자가 0에 가까우면 짙은 회색으로 된다.(최대 1 까지.)

이제 다음과 같이 세 가지 색을 정하고 위에서 본 명령어들을 응용하여 보자.

```
\definecolor{dgray}{gray}{.5}
\definecolor{lgray}{gray}{.8}
\definecolor{mypink}{rgb}{.9,0,.8}
```

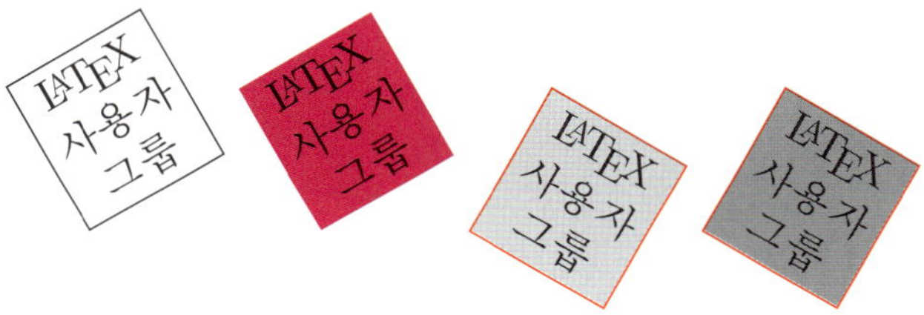

위의 네 박스는 순서대로 다음 명령으로 만들어진 것이다. 여기서 사용한 박스인 \testbox는 \newsavebox 명령으로 미리 정의되어 있어야 한다.

```
\savebox{\testbox}{\shortstack{\LaTeX \\ 사용자 \\ 그룹}}
\begin{center}
\rotatebox{30}{\fbox{\usebox{\testbox}}}
\rotatebox{30}{\colorbox{mypink}{\usebox{\testbox}}}
\rotatebox{-30}{\fcolorbox{red}{lgray}{\usebox{\testbox}}}
\rotatebox{-30}{\fcolorbox{red}{dgray}{\usebox{\testbox}}}
\end{center}
```

처음 박스는 원래 박스이며(테두리 제외) 두 번째 박스는 분홍색 계통의 mypink 색으로 박스를 칠하고 시계 반대 방향으로 30도 회전하였고 세 번째 박스는 연회색을 박스에 넣고 다시 붉은 색으로 테두리를 만든 다음 시계 방향으로 30도 회전하였으며 마지막 박스는 짙은 회색의 박스 만들고 붉은 색 테두리를 쳐서 시계 방향으로 30 도 회전하였다.

\textcolor 명령은 특정한 부분의 색을 바꾸는 명령인데 \color 선언을 사용하면 그 이후의 모든 문장의 색을 바꿀 수 있다. 사용법은

```
\color{color}
```

인데 이 선언 후의 모든 출력은 *color*에서 지정한 색으로 바뀐다.

이 부분의 문장은 "초록" 색으로 인쇄 됩니다. This part is will be printed in "green."	이 부분의 문장은 ''초록'' 색으로 인쇄 됩니다. This part is will be printed in ''green.''

문장의 색을 원래대로 돌리려면 \color{black} 명령을 사용한다.

\pagecolor 명령은 배경 색을 바꾸는데 이 선언이 있으면 이 선언 이후의 모든 면의 배경 색은 이 선언에 주어진 색으로 바뀐다. 사용법은

```
\pagecolor{color}
```

인데 이 선언의 효과를 없애려면

```
\pagecolor{white}
```

라고 한다. 제 677 면은 노란색의 바탕을 만들기 위해

```
\pagecolor{yellow}
```

라고 한 결과이다.[3]

[3]노란색은 흑백으로 복사할 때 나오지 않을 수도 있음.

15.3. colordvi 패키지를 이용한 색깔 만들기

colordvi 패키지는 dvips에 포함되어 있는데 이 패키지를 사용하여 색깔을 만들 수 도있다. 이 패키지를 사용하려면 다른 패키지와 마찬가지로 *preamble*에

```
\usepackage{colordvi}
```

를 먼저 명령한 후에 사용한다. colordvi 패키지에서는 색깔 이름은 크레용에서 사용하는 이름을 사용하므로 사용자의 입장에서 조금더 편리하게 사용할 수 있다는 장점이 있다. 또는 LaTeX 2_ε에서 사용한 것처럼 사용자가 cmyk의 비율로 색을 정의할 수 도있다. 기본적으로 사용할 수 있는 색깔의 이름은 표 15.1에 실었다. 이 표에서 흰색과 노란색은 흑백으로 만들 때 바탕에 잘 묻히므로 회색으로 하였다.

colordvi 패키지를 사용하면 먼저 배경 또는 바탕의 색을 정해 줄 수 있다. 이 때 사용하는 명령은 \background 명령이며 사용법은

```
\background{Color}
```

이며 *Color*에는 표 15.1에 주어진 이름 중의 하나를 사용한다. 여기서 표 15.1의 색깔 이름은 대소문자를 반드시 구분하여야 한다.

글자의 색깔을 조절하고자 하면

```
\textColor
```

라고 하면 글은 *Color*에 주어진 색으로 인쇄된다. 예를 들어

```
\textBlue\background{Yellow}
```

표 15.1: colordvi에서 사용할 수 있는 색상표: 색이 흰색과 잘 구별되지 않을 경우에 대비하여 글자체를 조금 크게 하였으며 특히 구별되지 않는 색은 회색으로 배경을 넣었음.

\Apricot	\Aquamarine	\Bittersweet
\Black	\BlueGreen	\BlueGreen
\BrickRed	\Brown	\BurntOrange
\CarnationPink	\CadetBlue	\CornflowerBlue
\Cerulean	\Cyan	\Dandelion
\DarkOrchid	\Emerald	\ForestGreen
\Fuchsia	\Goldenrod	\Gray
\Green	\GreenYellow	\JungleGreen
\Lavender	\LimeGreen	\Magenta
\Mahogany	\Maroon	\Melon
\MidnightBlue	\Mulberry	\NavyBlue
\OliveGreen	\Orange	\OrangeRed
\Orchid	\Peach	\Periwinkle
\PineGreen	\Plum	\ProcessBlue
\Purple	\RawSienna	\Red
\RedOrange	\RedViolet	\Rhodamine
\RoyalBlue	\RoyalPurple	\RubineRed
\Salmon	\SeaGreen	\Sepia
\SkyBlue	\SpringGreen	\Tan
\TealBlue	\Thistle	\Turquoise
\Violet	\VioletRed	\White
\WildStrawberry	\Yellow	\YellowGreen
\YellowOrange		

라고 선언하면 바탕은 노란색으로, 색깔은 파란 색으로 인쇄된다. 특정한 부분만 특정한 색으로 하고자 할 때는 표 15.1에 주어진 색상 앞에 \를 붙이고 { 와 } 사이에 색을 바꾸고자 하는 입력을 준다. 예를 들어

```
\textBlue
This part is in \Green{green}
```

라고 하면 This part is in green 와 같이 "This part is in"은 푸른 색으로, "green"은 초록색으로 인쇄된다. `\Color` 명령은 `cmyk`의 비율를 주어서 사용자가 색깔을 정의하여 쓸 수 있게 한다. 사용법은

```
\Color{p1 p2 p3 p4}{text}
```

인데 여기서 p_1, p_2, p_3 및 p_4 는 각각 cyan(`c`), magenta(`m`), yellow(`y`) 및 검정색(`k`)의 비율을 나타내고 *text*는 이렇게 하여 만든 색으로 출력할 부분이다. 예를 들어

```
\Color{.05 .5 .89 0}{This is a hand-made color}
```

라고 하면 "This is a hand-made color"가 인쇄되는데 이는 5% Cyan, 50% Magenta, 89% Yellow 및 0% 검정색으로 만들어진 색이다.

제704면의 A.5절에는 `colordvi`로 만든 예를 실었으니 참고하자.

참고문헌

[1] 심송용(1996) LaTeX으로 쓴 LaTeX 안내, 경문사, 서울.

[2] 심송용(2005) 통계그래픽스, 교우사, 서울.

[3] American Mathematical Society (1995) *AMSLaTeX version 1.2 User's Guide.*

[4] Lamport, L (1986) LaTeX *User's Guide & Reference Manual* Addison-Wesley, Reading, MA.

[5] Lamport, L (1994) LaTeX *User's Guide & Reference Manual Updated for LaTeX 2ε*, Addison-Wesley, Reading, MA.

[6] Goossens M., Mittelbach F., Samarin A. (1994) *The LaTeX Companion Book*, Addison-Wesley, Reading, MA.

[7] Kopka, H. and Daly, P. W. (1993) *A Guide to LaTeX* Addison Wesley Publishing, Reading, MA.

[8] Kopka, H. and Daly, P. W. (1995) *A Guide to LaTeX 2ε* Addison Wesley Publishing, Reading, MA.

[9] Knuth, D. E. (1984) *The TeXbook*, Computers and Typesetting, Vol **A**, Addison Welsley, Reading MA.

[10] Spivak, M.D. (1986) *The Joy of TEX*, American Mathematical Society, Providence, RI.

찾아보기

저자 약력

심 송 용

서울대학교 계산통계학과 졸업
서울대학교 계산통계학과 석사
University of Wisconsin-Madison Ph.D.
현재 한림대학교 통계학과 교수
홈페이지 : http://jupiter.hallym.ac.kr

강 희 모

한림대학교 통계학과 졸업
한림대학교 통계학과 석 · 박사
현재 한림대학교 통계학과 재직 중
홈페이지 : http://pluto.hallym.ac.kr

아름다운 수식문서작성 프로그램

LATEX (I) 기초편

2009년 7월 20일 초판 인쇄
2009년 8월 1일 초판 발행

편저자 / 심송용 · 강희모
발행자 / 오판근
발행처 / 교우사

주 소 / 서울 동대문구 제기2동 148-19
전 화 / 925-2861(代), 편집부 / 925-2825
팩 스 / 925-2860
E-mail / kyowoo@kyowoo.co.kr
http://www.kyowoo.co.kr

등록 / 1994. 3. 24 제6-0256호

ISBN 978-89-8172-804-5 (93000)
978-89-8172-803-8 (93000) (세트)

값 **30,000**원